文
景
———
Horizon

双又文化

托尔金的世界

中洲的灵感之地

［英］约翰·加思 著

邓嘉宛 石中歌 译

上海人民出版社

To Lorelei and Jessica,
my fellow adventurers,
with love.

谨将此书并满怀的爱
献给我一同冒险的伙伴
罗蕾莱与杰西卡

目录

6　　　序言

11　　从英格兰到夏尔

25　　四方的风

43　　露西恩之地：从仙境到不列颠

61　　海岸与大海

83　　群山之根

101　　河流、湖泊与水域

113　　林木交织之地

133　　古老的印记

147　　警戒与保卫

159　　战争之地

175　　工艺与工业

187　　附录

189　　注释

202　　部分参考书目

204　　索引

216　　致谢

217　　图片来源

序言

托尔金曾惋惜叹道："许多评论家似乎都把中洲当作另一个星球！"[1]中洲就是我们自己的世界，它的名字取自盎格鲁－撒克逊人对已知世界的称呼。它有太阳和月亮，有橡树和榆树，也有水和石头。当我们与托尔金笔下的人物一起旅行时，我们造访了一些感觉真实无比的地方。

托尔金如何召唤出一个地方的精魂，仍是个未解之谜。如果你在谷歌上搜索"激发［某人］灵感的地方"，"托尔金"会出现在推荐搜索的前列。但是，可查到的答案有时大错特错，在最好的情况下也不令人满意。本书企图使这个问题得到应有的重视。

几乎无需说明，这种灵感对创作至关重要，但有些托尔金信徒认为这是一个禁区。他们会引用甘道夫的格言说："倘若借由破坏事物来发掘其本质，那就已经背离了智慧之道。"[2]然而，即使是甘道夫，在别人要求他使用巫师的法力来清除积雪时，也抗议说，他必须要"有东西可点"才能生火。[3]同样，无论托尔金自己有多么出色非凡的想象力，他都需要燃料。他说："我像其他人一样，从我所了解的'生活'中取材作为范本。"[4]

关于托尔金从哪里取得笔下地点的灵感，现有的探讨往往无法令人满意。大多数探讨可归结为循环论证，即某些森林、山脉或河流"必定"启发了他，因为它们看起来很有"托尔金风格"。这类断言不能代表托尔金。旅游局和企业家经常为了当地的商业利益而忽略或歪曲传记材料里的事实，而他们的主张经过报纸或维基百科的重复，就造成了仿佛事实的印象。另一个极端则是，一些真正的托尔金专家善于识别出可能有影响的地方，但不善于判断其可信度，结果写出一堆杂乱无章的线索。

如果处理得当，搜寻灵感的来源可以充实我们对托尔金那非凡创造力的欣赏。这项调查有助于我们了解他所知道的世界——那个世界现在正迅速倒退，没入失落的过去。这项调查揭示，他的作品就像倒影，反映出他对那个世界充满深情的观点和想法。这项调查也发掘了他为实现这个创造的目的而转化现实的多种方法。

本书提出了许多我自己对中洲"传说故事集"灵感来源的理论，同时包括了其他人士提出的最有说服力、最有趣的主张。但本书并不局限于找出哪个真实地点是中洲某个特定地点的灵感来源。本书还考察了托尔金从阅读中获知的那些真实或虚构的地点，并且审视了那些塑造了他想象中的文化及宇宙观的影响。本书将地点视为位置、地质、生态、文化、命名和其他因素的组合。本书力图展示灵感是怎么来的，以及原因何在。

为了进行调查，我着重研究了传记、历史、风景和语言。我仔细观察了托尔金的足迹，思考故事的来龙去脉，并尝试设身处地，代入他的创作思路和情感。我倾向于那些既自洽又符合更广泛的语境的结论。有时候，我会对某个特定想法的起源提出不止一种建议——比如，霍比特人的洞府——然后让你们形成自己的观点。虽然我的直觉有时难免出错，但一切都是在事实和可能性

1966 年，托尔金在他位于牛津桑菲尔德路的花园里。

的天平上权衡过的，所仰赖的是丰富的出版资料和我自己广泛、大量的研究。

《托尔金的世界》是为了让读者按顺序阅读而编写的，但同时也鼓励读者翻看，特别是那些散布在全书各处的小栏目，每一个都侧重于与所属章节主题相关的专题。

旅程理所当然地始于英格兰和霍比特人的夏尔。第二章"四方的风"着眼于中洲的民族、语言和宇宙观背后的广泛文化影响，同时概述了托尔金最深层的动机。第三章"露西恩之地"考察了他最初在英格兰和精灵之间建立的联系，通过他几十年来的传说故事集写作来追溯其曲折的线索。

接下来四章跟地形有关，涵盖了内陆水域、山脉和森林，但从"海岸与大海"讲起 —— 这是个至关重要的论题，尽管在《霍比特人》和《魔戒》中几乎没有提及。

最后四章讲述由人建造或塑造的地方，从考古学（"古老的印记"）到防御地（"警戒与保卫"），从战场到工业废墟。

关于托尔金和地点灵感曾经有过不依不饶的辩论，本书附录试图澄清其中一些争议。本书结尾的注释中还包括了一些大众感兴趣的焦点问题（在正文中有星号标记的数字）。

读者如果不熟悉《精灵宝钻》和传说故事集的创造演变，可以在第 44 页的栏目"随着讲述而成长的故事"和第 55 页的贝烈瑞安德地图处插入书签，方便随时查考。

去而复返

　　托尔金的读者见到的第一处幻想景观，是他为《霍比特人》封面所绘的包含森林、湖泊和雪峰的壮丽世界。一条路沿着书脊向上延伸，消失在最雄伟、最不祥的神秘山峰当中。然而，这份惊奇和冒险的邀请函，其实来自一位只在壮观的山脉中旅行过一次的作家。

　　《霍比特人》中的下一幅图，向我们展示了他真正的来处——《小丘：小河对岸霍比屯》。阳光明媚的原野上点缀着杨树、花朵盛开的栗树和其他树木。

前景中的水磨坊是仅有的几座建筑之一。一条沙土小路越过小河上的桥，蜿蜒在庭园和五彩缤纷的花坛之间，一直延伸到开凿在山坡上的终点。那里有一扇圆门通向一处洞府，一个家。

　　小丘与它那温馨的霍比特洞府是一面舒适的镜子，映照出封面上的孤山，而在山中，恶龙斯毛格潜伏在强夺来的大厅里。那条路从一幅画通往另一幅画。但霍比屯的图景向我们承诺去过那里之后，会再归返。

上图：托尔金 1937 年为第一版《霍比特人》绘制的护封图。

对页图：托尔金 1937 年绘制的插图《小丘：小河对岸霍比屯》。

The hill : hobbiton~across~the Water

从英格兰
到夏尔

一片遥远的青翠原野

对托尔金来说,英格兰是一片耳目一新之地。虽然双亲都是英国人,但他实际上是在 1892 年 1 月出生于非洲草原上,因此他是作为新来者抵达这个后来成为他祖国的地方。1895 年 4 月,他随母亲离开炎热的布隆方丹(位于奥兰治自由邦,现属于南非)返乡探亲,度个长假。他再也没有见到父亲。一年后,亚瑟·托尔金孤身在布隆方丹死于风湿热。没有什么是永恒不变的——这一深刻的教训在后来的几次搬家和丧亲之痛以及更大的变故中,一再重复。

与此同时,风景的变化也十分彻底。年幼的罗纳德·托尔金离开了一个夏日的阳光极其强烈,就连圣诞节时也要拉上窗帘的地方。现在,他爱上了西米德兰兹郡的榆树和小河景观,并爱上了乡村风情。

但他后来回忆说,这段经历的影响还要更深更广,给他留下了一个永恒不变的"非常生动的儿童视角"。[1] 从某种意义上说,所有他虚构的风景都源于这段经历。"英格兰的乡村,"他说,"在我看来美妙极了。如果你真想知道中洲的基础是什么,那就是我对大地本身的惊奇和喜爱,尤其是自然状态的大地。"[2] 这远远超出英格兰,意思是:欧洲的"西北部风情"整体来说给他留下了深刻的印象,"既是'家园',又是'新发现的东西'"。[3]

从马尔文山望向伍斯特郡的风景,使托尔金在 3 岁来到英格兰时,就爱上了这块翠绿宜人的土地。

11

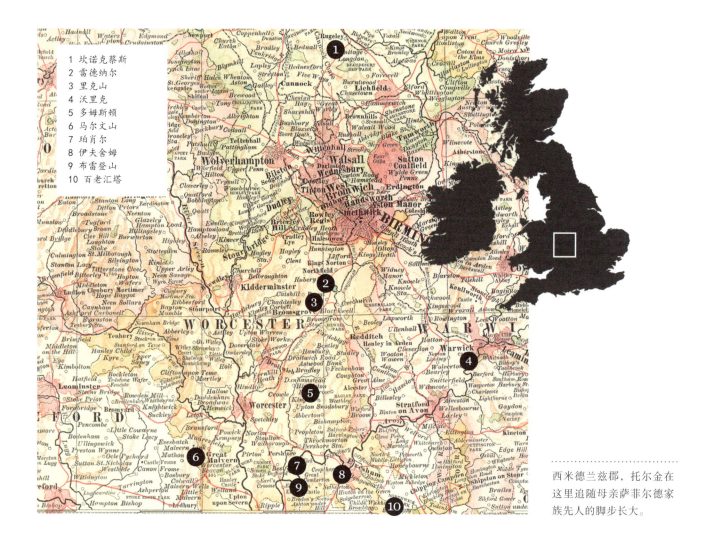

1 坎诺克蔡斯
2 雷德纳尔
3 里克山
4 沃里克
5 多姆斯顿
6 马尔文山
7 珀肖尔
8 伊夫舍姆
9 布雷登山
10 百老汇塔

西米德兰兹郡，托尔金在这里追随母亲萨菲尔德家族先人的脚步长大。

在他自己的故事里，值得注意的是冒险者经常意外抵达既陌生又亲切的避风港——贝奥恩的厅堂、洛丝罗瑞恩、刚多林、幽谷、汤姆·邦巴迪尔之家。他笔下的一些旅人还越过大海，到达了一片"遥远的青翠原野"——这基于托尔金与英格兰的初次邂逅。[4]看来，这就是他那种敏锐品位的来源——他偏爱在仙境奇谭中发现的那种突如其来、意想不到的振奋，它瞥见了"超越人世藩篱的喜悦，如悲恸一样深刻"。[5]

新旧世界之间的突然错位，也给了托尔金一种将事物视觉化的超能力。他脑海中总能浮现出一个生动的画面，那是一栋从未真正存在过的房子，是他在布隆方丹的故居和他外祖父母在伍斯特郡的国王荒地阿什菲尔德路的房子的精致融合。他把这个画面比作摄影的双重曝光。他想象生涯

的另一个过程也正在形成，那是完美地将虚幻的地方具象化的能力，还有将他所居住的世界投射到他想象中的世界的倾向。

萨尔霍

萨尔霍是一个位于国王荒地以东约 1.5 英里（2.5 公里）的小村庄，夏尔就是它的映像。托尔金曾对一家报纸的采访者表示，它是"受了备受珍爱的几平方英里的萨尔霍真正乡村美景的启发"。[6]他对他的出版商说的则是，它"大致就是钻石庆典时期一个沃里克郡的村庄"——1897 年是维多利亚女王登基 60 周年。[7*]

从 1896 年夏天开始，梅贝尔·托尔金租下了格雷斯威

尔路 5 号，那是一栋新的半独立式小屋，可以俯瞰山坡下的小科尔河，以及一座有高耸的烟囱和滚动的水车的磨坊。虽然距离蓬勃发展的工业城市伯明翰市中心只有 5 英里（8 公里），但萨尔霍本身所在的乡野却几乎没有被摩登时代改变。主宰道路的仍然是马。在晴朗的夜晚，主宰天空的仍然是星星。托尔金回忆说，这是一个更像"最原始、最狂野的故事里的大地和山陵"的世界。[8] "我爱极了它，这爱与思乡情绪相反"——一种对新找到的家园的渴慕之爱。[9]

比尔博在经历了一场大冒险后，再次见到霍比屯，"这片土地和树木的形状，对他而言就像双手和脚趾一样熟悉"。[10] 虽然托尔金再也无法回到他年幼时的萨尔霍，但他在六十多年后宣称："我可以把它的每一寸都画出来，画张地图给你。"[11] 成年人不可能像孩子那样——或更确切地说，像个贴近大地、完美适应大自然的霍比特人那样——对一小片地区了如指掌。

罗纳德和比他小两岁的弟弟希拉里会在水磨坊周围闲逛（见第 175 页，"工艺与工业"），那里有天鹅在柳树环绕的池塘里划水。他们会在长着巨大的守卫橡树的磨坊草地上玩耍，探索就在路另一头的大沙坑，或一头扎进长满鲜花和黑莓的"美妙小山谷"。[12] 他们按当地对黑莓的叫法称它"邦波谷"，该地后来被确认是莫斯利沼泽（见第 114 页，"林木交织之地"）。

托尔金曾经说，他"从那座村子里的大人和孩子身上获得了霍比特人的点子"。[13] 他和当地的男孩们打成一团，"被他们的方言和 pawky 的生活方式迷住了"。[14] pawky 这个方言词有一个意思就是冒失地问东问西。托尔金当时不费吹灰之力就能招来这样的态度，因为他留着长发，穿着"小爵爷[†]的服装"，还通身都是受过教育的气派。[15] 他就是身在一群甘姆吉当中的巴金斯。

他们还会拜访 2 英里（3 公里）外阿科克斯

---

† 原文是 Little Lord Fauntleroy，这是美国儿童文学作家、剧作家弗朗西丝·霍奇森·伯内特的作品《小爵爷》中的主角。——译者注

1 萨尔霍
2 莫斯利的奥尔斯特路
3 国王荒地的威斯特菲尔德路
4 爱德华国王学校
5 埃奇巴斯顿的奥拉托利会教堂

格林的一位叔叔，还会步行到更远的地方。[16]托尔金说："那时候的小孩子会走很远的路。"[17]他们也讲一些荒诞的故事。罗纳德无疑让希拉里确信，附近的风车磨坊里住着一个黑女巫，而农舍的糖果店里住着一个白女巫。[18]他已经开始迈开自己的步伐，把熟悉的风景变成一片险境。

但萨尔霍对他著作的影响恰恰相反。在广大、古老、充满危险与魔法的世界中，它变出了一个地方，你可以在那里喝茶，查看壁炉上的时钟，

漫步到邮局，或在绿地上玩耍。

《霍比特人》的创作开始于1928年（或更有可能是1929年），当时托尔金的三个儿子分别是12岁、9岁和5岁——托尔金自己在维多利亚女王的钻石庆典时也是5岁。他是在邀请三个儿子和他一起进入他自己的童年世界，那个世界离他们的不太遥远，这样就能让他们踏上通往远方的冒险之路。

上图：托尔金的伯明翰。从1902年到1911年，他基本都住在奥拉托利会教堂附近的一系列寄宿房子里。

对页图：7岁的托尔金戴着宽边帽，和他5岁的弟弟希拉里。

时代的终结

　　萨尔霍的田园牧歌岁月很快就结束了。8 岁时，罗纳德赢得了伯明翰的爱德华国王学校的入学资格。从村庄到学校往返有 8 英里（13 公里），其中一半路程要靠步行。去市中心的教堂也不容易，因为梅贝尔已经皈依天主教。因此，从 1900 年开始，他们搬到了莫斯利的奥尔斯特路。这是一系列搬迁的开始，搬去的房子都更接近城市的人群、噪声和烟雾。

　　四年后，梅贝尔罹患严重的糖尿病，他们又暂时回到了乡下。伯明翰奥拉托利会的一位天主教神父朋友安排她到雷德纳尔的伍德赛德小屋，与村庄邮递员和他的妻子一同疗养，那里离奥拉托利会在伯明翰南部的静修所很近。罗纳德和希拉里在母亲住院期间曾被送到别处，现在又回到了她身边。在风和日丽的天气里，他们度过了一生中最美好的假期，和弗朗西斯·摩根神父一起放风筝、采覆盆子、写生和爬树（见第 114 页，"林木交织之地"）。教会的静修所背靠林木茂密的里克山，男孩们能在山林里自由漫步。他们的母亲写

道："比起四周前在火车上那两个迎接我的虚弱苍白的幽灵，他们看起来好得离谱。"[19]

　　1904 年 11 月，梅贝尔·托尔金去世。托尔金曾经说，他写霍比特人"一定程度上是始于对那段快乐童年的怀念（Sehnsucht，一种怅惘的渴求），它在我成为孤儿后就结束了"。[20]

　　萨尔霍自身也没能坚持多久。它被并入繁忙的郊区霍尔格林后，甚至失去了自己的名字（见第 181—182 页，"工艺与工业"）。莫斯利沼泽如今在一条"托尔金小径"上，小径穿过已更名为"夏尔乡村公园"的地方——科尔河沿岸的一窄条绿地。每年这里都会以萨尔霍磨坊为中心，举办一场"中洲周末"活动——这是向托尔金那个大地终年常青的"失落的天堂"献上的温柔礼赞。[21]

极乐之地和其他地方

　　托尔金写霍比屯时并没有直接照搬萨尔霍。霍比屯没有原始林，萨尔霍也没有高山丘。他的本能是浸蘸、混合、层层堆叠，汲取个人经验、阅读和想象力——这里轻取一笔，那里暗示一下，凭空造出一片绚丽。他还说，夏尔是基于他参观伍斯特郡小农场的记忆，小农场是希拉里在第一次世界大战——就是他们那一代人所知的"大战"——之后买下的。[22]

　　伊夫舍姆谷是他们母亲萨菲尔德家族的祖籍所在，托尔金觉得自己与那里有一种脐带相连的关系。在成长期间，以及在牛津大学读本科（1911—1915 年）的时候，他喜欢坐火车去那里。后来，他也带自己的孩子去伊夫舍姆附近的布莱克敏斯特农场看望他们的叔叔和堂兄弟姐妹，他们会在那里放风筝或帮忙摘李子。埃文河慵懒地蜿蜒流过肥沃的土壤，这种土壤种植水果最理想，因此整个谷地挤满了像希拉里家一样的菜园和果园。

　　在 1923 年夏天的一次造访中，托尔金再次转向他在大战期间开始创作的神话故事，那时他刚从严重的肺炎中康复。在接下来的几年里，他也开始为自己的孩子们写作，把熟悉的地标和地名编织进故事里。在《罗弗兰登》这个故事中，一个问路要回波斯老家的巫师，被误导到伊夫舍姆附近的珀肖尔，成了一个水果采摘工。

另一个故事《幸福先生》着重讲述了一场开车穿过田野、丘陵，经过乡村客栈、尖顶教堂、有围墙的菜园，以及风景如画的村庄的惊险之旅。托尔金可爱讨喜的插图让故事看起来就像发生在科茨沃尔德丘陵地区，该地位于牛津郡和伊夫舍姆谷之间。从山顶俯瞰全景，能看见依山而建的村庄，以及宽阔的山谷对侧远处的丘陵。这样的景色可从科茨沃尔德西面边界上的百老汇塔附近看到，越过希拉里的农场则可以眺望布雷登山以及马尔文和威尔士的高地。韦恩·哈蒙德和克里斯蒂娜·斯卡尔表示，《幸福先生》可能就是在拜访希拉里时创作的。（有个说法是，故事的灵感来自1932年到那里的旅行，当时托尔金开着他新买的莫里斯·考利牌汽车撞坏了一堵石墙。另一个说法则是，故事创作于他们买车的四年前，如果真是这样，幸福先生的这趟驾驶之旅就成了预言。）

牛津在托尔金还是个本科生的时候就在他的作品里留下了印记（见第147—149页，"警戒与保卫"），同样也在他的第一部神话《失落的传说》

托尔金在牛津的家周围的"小王国"，《哈莫农夫贾尔斯》的背景。

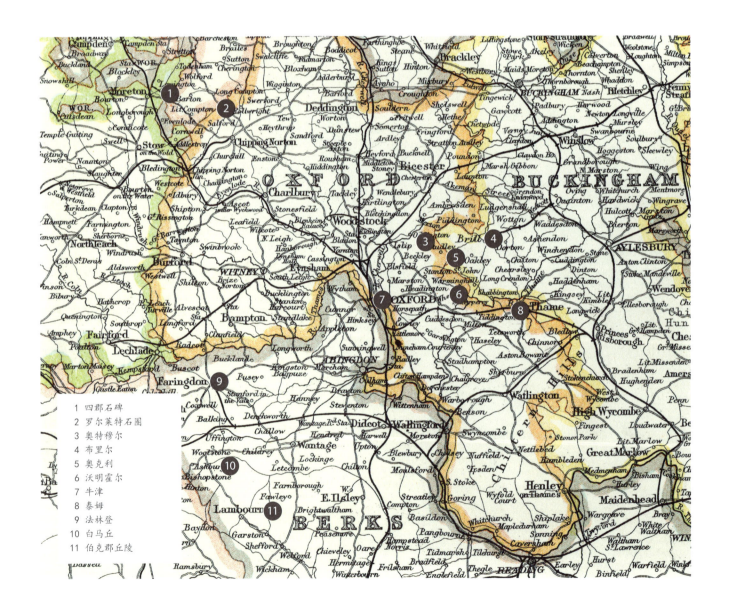

1 四郡石碑
2 罗尔莱特石圈
3 奥特穆尔
4 布里尔
5 奥克利
6 沃明霍尔
7 牛津
8 泰姆
9 法林登
10 白马丘
11 伯克郡丘陵

里留下了印记（见第 105—106 页，"河流、湖泊与水域"）。1925 年，他从利兹回到牛津后，那些与家人一起散步或开车的经历激发了他的想象。于是，汤姆·邦巴迪尔横空出世了。这个名字最初属于托尔金兄弟儿时的一个玩具——一个有关节的木制玩偶，但这个名字后来遁入了更大的世界。[23]*《汤姆·邦巴迪尔历险记》是一首写于 1931 年或更早时候的诗，诗里汤姆意气风发地从山丘奔到河谷，奔到水边的低草地，在水鼠和大黄蜂中间跑跳，在阳光和雨水中都一样欢笑。

邦巴迪尔当时还不是中洲的一部分。1937 年，托尔金绞尽脑汁想要给《霍比特人》提供后续，于是他把邦巴迪尔当作一个独立人物提供给出版商，因为邦巴迪尔体现了"（正在消失的）牛津和伯克郡乡村的精神"。[24] 但是，如果邦巴迪尔如汤姆·希比所言，是个地方守护灵，那么他也开心地与邻居们不停争闹。他掌控着它们全部——獾、古墓尸妖、柳树老头和河婆的女儿（见第 105—106 页，"河流、湖泊与水域"）。他喜欢大自然，就像一个对危险免疫的孩子，或泰晤士河谷的亚当。当托尔金将邦巴迪尔纳入《魔戒》时，他将邦巴迪尔的力量与歌谣联系在一起，并让他成为"至为年长者"——我认为，就像芬兰的原始英雄万奈摩宁一样，而牛津中世纪学者玛丽亚·阿塔莫诺娃补充："但也许加入了一点牛津郡的农夫气息。"[25] 虽然他的乡村可能正在消失，邦巴迪尔身上却没有托尔金在其他地方——比如洛丝罗瑞恩——表现出来的那种忧郁或不祥的痕迹。

汤姆第一次出场是在一首划船歌谣中，歌词里有真实和编造的英国地名，以及一个故事片段，其背景设在虚构的英国古代国王邦赫迪格统治的时期。它奠定了另一个灵感来自牛津周围各郡的故事——《哈莫农夫贾尔斯》[26]*的基调。在那个故事里，牛津周围的乡野属于一个"小王国"，托尔金称之为"一个不存在的时代，霰弹短枪之类的任何东西都可能出现"，尽管那是在罗马人和亚瑟王之间的某个时候。[27] 故事取材的真实地点有泰姆、奥克利、奥特穆尔和罗尔莱特石圈（见第 137、139、141 页，"古老的印记"）。然而，虚构的地形就像那个时代一样是拼凑而成的，所以，即便具有这些名称的地点仍然存在，也如布林·邓西尔所说："去这些地方寻找贾尔斯的地标没有意义。"[28]

汤姆·邦巴迪尔和河婆的女儿金莓，由波琳·贝恩斯绘制。

《哈莫农夫贾尔斯》其实与地方本身并无关系，而是关乎地名——晦涩的地名常常和错误的民间词源连在一起，而这个故事就是对此的戏谑。托尔金说，它来自"我们紧邻的乡村里玩的本地家庭游戏"。[29] 整个故事就是精心编造的对白金汉郡沃明霍尔村（Worminghall）这个地名的错误解释，这个村子离牛津只有几英里。托尔金把它变成了"沃明家族的地盘"（hall of the Wormings），沃明家族是一个驯服了龙（worm）的农夫的后人。这就是在一本正经地胡说八道（沃

明霍尔本来的意思是，属于一个名叫威尔马［Wyrma］的人的土地）。

另一个晚得多的故事《大伍屯的铁匠》，也突出了没有解释但同样令人信服的地名。英格兰有一长串令人尴尬的"伍顿"（Wootton，即"伍屯"），仅牛津郡就有三个。这个 1960 年代的故事指的肯定不是它们当中的任何一个。Wootton 的意思就是"树林里的定居地"，这表示这个虚构的村庄再普通不过，尽管它是一扇通往仙境森林的隐蔽之门。当铁匠史密斯的名声从远伊斯顿（Far Easton）传到韦斯特伍德（Westwood）时，托尔金玩的是东向（eastern）和西向（westward）的双关语。

霍比特人的地域与地名

托尔金将夏尔与沃里克郡和伍斯特郡相提并论，但他同时表示，他对毗邻威尔士的边界诸郡的"忠诚热爱"，对"把霍比屯安置在夏尔的西区有一定的影响"。[30] 他对牛津郡和伯克郡的热爱肯定也影响到了夏尔。他想让人们把它理解为英格兰的郡 —— 不是任何一个，但又是它们全体。夏尔就是"每一个郡"（Everyshire）。

托尔金为《霍比特人》中的"霍比特地"设计了几个名字，目标是要找出显然比"伍顿"更普遍、更具原始意味的名称。[31] 他曾经说：

> 如果一个故事说"他爬上一座小山，看见下方山谷中有条河"……每个听到这话的人心里都会有自己的图景，由他所见过的所有山丘、河流和山谷构成，尤其是那些对他来说第一个体现"山丘"、"河流"和"山谷"的词义的。[32]

所以比尔博的山丘就是"小山"，他的河就是"小河"；霍比特人的城镇就是"霍比屯"，它的邻居就是"傍水镇"。托尔金知道，许多真正的地名最初都具有同样的简单性（见第 108 页，"河流、湖泊与水域"）。

威尔士雄鹿地

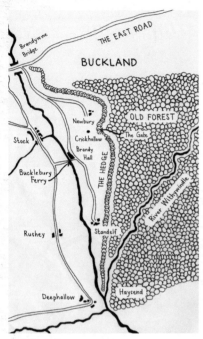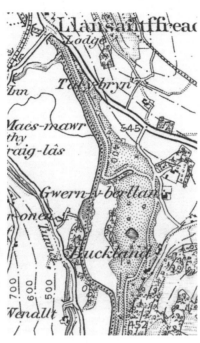

除了英格兰的众多雄鹿地，在南威尔士还有一个雄鹿地庄园，与托尔金的雄鹿地惊人地相似。那地虽然小得多，但形状、方位和布局都很相符，还有一座位于河流和林木高地之间的大厅。

谢默斯·哈米尔－凯斯发现了这座波伊斯郡（以前在布雷克诺克郡）的庄园与《魔戒》的另外几个相似之处。托尔金笔下的雄鹿地在白兰地河对岸有雄鹿镇渡口，弗罗多·巴金斯的父母就是在河上划船时出事溺死。厄斯克河上的雄鹿地也曾有一处渡口，且在 19 世纪时发生过一场船难。

不过，要说托尔金的灵感来源于此，势必要求托尔金小时候参观过这座私人庄园，而此事未经证实。哈米尔－凯斯的仔细研究表明，通过弗朗西斯·摩根神父的祖先和葡萄酒贸易，必要的社交联系"可能"存在。①

我们不能排除这是个巧合。托尔金在试用了其他名字后，选择了雄鹿地这个名字，也许是出于有充分根据的文学上的原因，与真正的雄鹿地没有任何具体的关系（见第 128 页，"林木交织之地"）。

夏尔直到《魔戒》中才被命名，变得有血有肉；它与《哈莫农夫贾尔斯》的小王国（托尔金在 1938 年初同时扩张了这个小王国）齐头并进，一同成长。两者都以地名和温和地嘲弄英国人的小缺点与癖好为乐。托尔金认为夏尔的地名命名法是"对英格兰乡村地名的'戏仿'，其居民在这个意义上也一样：他们和谐相配，理当如此。"[33]

托尔金肆意使用真正的英国地名点缀了整个夏尔，比如雄鹿镇（伯克郡）、斯托克（埃塞克斯、约克郡和萨默塞特）和纽伯里（伯克郡和其他四个郡）。这些真实的地方几乎没有一处告诉你任何关于它们的夏尔对应地的事，不过有些可能会告诉你一些有关夏尔的普遍状况。

这种游戏也延伸到了夏尔东边的布理。在《魔戒》中，"布理"就是"山丘"的意思，就像威尔士语的"山丘"bre。布理山（Bree-hill）是个自译名称，例如牛津附近有个村庄名

叫布里尔（Brill），就是把两个单词略作压缩，变成一个词。布里尔传达了一段历史 —— 它由凯尔特人命名，后由取代他们的盎格鲁－撒克逊人重新命名。"布理山"和"切特森林"（Chetwood，布立吞语－英语的意思是"树林－树林"）这两个名字在悄声讲述一个类似的故事，一场已被遗忘、穿过托尔金笔下的埃利阿多的迁徙。

布理和布里尔的灵感背后，考虑的可能不止名称。真正的布里尔村坐落在高出白金汉郡田野约 400 英尺（120 米）的一座小山上，而托尔金笔下的布理则依偎在布理山脚下；但布里尔位于牛津东边，恰似布理在霍比屯的东边。埃德蒙·韦纳是继托尔金之后编纂《牛津英语词典》的人之一，他相信真实的地点对托尔金的创作有一定的影响。"布里尔有一种极其神奇的气氛，具有那种你会从风云顶看到的视野风景。"[34]

夏尔的其他地名，如"越河"、"长谷"和"灯芯草岛"，都是纯粹虚构的。它们看起来眼熟，是因为它们是一位专家用真正的地名元素构建出来的——托尔金自英国地名协会1923年成立以来就是它的成员。有些名字，包括"新厦镇"，实际上是他儿子克里斯托弗在绘制夏尔地图时（经他允许）添进去的，而不是托尔金本人的发明。[35*]

托尔金的作品中经常玩一定程度的私人文字游戏，娱人或自娱。夏尔的"蛙泽屯"（Frogmorton）听起来像戏谑或幼稚地错读了"斯罗克莫顿"（Throckmorton，在伊夫舍姆附近）。这种私人间有意义的典故可能比比皆是。"袋底洞"得名于托尔金的姨母简·尼夫（梅贝尔的妹妹）位于伍斯特郡多姆斯顿的家。山姆·甘姆吉的心上人罗西·科顿的姓氏来自伯明翰莫斯利的科顿巷；1904年起，托尔金的萨菲尔德家外祖父母就住在这里。托尔金称之为"纯粹的私人玩笑，对故事无关紧要"，但他也说："它属于童年记忆，而童年记忆是构成夏尔的一大要素。"[36*]

皮平·图克的妻子黛蒙德的家——长崖镇，可能隐藏着更严肃的个人信息。在科茨沃尔德丘陵的最高峰云崖上，越过格洛斯特山谷可眺望到布里斯托尔海峡的壮观景色。它

的山脚下坐落着切尔滕纳姆，1913年托尔金就是在那里向伊迪丝·布拉特求婚的（见第47—48页，"露西恩之地"）。

他从没想到世界各地的读者会发现这些名称有本地或私人的出处。他其实从没想到他的读者会遍布世界各地。托尔金写作首先是为了娱乐自己和身边亲密的人。《霍比特人》和《魔戒》主要是为他的家人和墨象社——他在牛津大学的朋友圈子，每周朗读自己的作品给彼此听——而写的。圈内笑话和会心（或不那么会心）的典故十分适合霍比特地，因为那些本来就有意让人觉得熟悉。

颇有一批中洲客栈能让人想到现实中的对应。"常春藤"使人联想到古代酒商的招牌标记，众多英格兰的酒吧都因此取了同样的名字；但托尔金不可能忘记埃奇巴斯顿的哈格利路上的"常春藤"——离他从1902年起在伯明翰的各处住所不到半英里（0.8公里）远。霍比屯的另一家客栈——绿龙酒馆，与他1911年在牛津读本科时圣阿尔达特街上的一家客栈同名。

托尔金最初把布理的"跃马客栈"取名为"白马"，这是墨象社在牛津中心聚会的酒馆的名字。皮平渴望前去"金鲈酒馆"品尝东区最好的啤酒，这个名字让人联想到就在牛

津上游的宾西的"鲈鱼酒馆"。倘若把注意力从啤酒挪到小圆面包上，博芬面包店是牛津最有气派的糕点店——很适合用来作为一个显赫的霍比特家族姓氏。在牛津学期的最后一个周六，兴奋过头的学生们会在博芬二楼的餐厅里投掷面包卷和黄油团。

更远的野外地标肯定也占了重要地位——他是在乡间散步和开车出游的日子里认识它们的。基本可以确定的是，标志着牛津郡、格洛斯特郡、沃里克郡和伍斯特郡交界处的"四郡石碑"（Four Shire Stone），暗示着三区石（Three Farthing Stone）的由来——它是夏尔三个区的交汇点，只有一区不在此列。"区"（farthing）这个词在规范的英语中表示"四分之一"，它的夏尔用法是托尔金直接仿照了 riding（"三分之一"，源自 thriding），这是代表约克郡三个区中任一个的旧词。[37] 这也是个双关语——在他写作时使用的前十进制系统中，一个 farthing 指的是四分之一便士。彼得·吉利佛和他《牛津英语词典》的同事们说："这名字会把夏尔的小人儿和英国流通的最小硬币巧妙地联系起来。"[38] 它要么是这个意思，要么是讽刺挖苦——夏尔实际上一文不值。

玛丽亚·阿塔莫诺娃经常重游托尔金的旧地，她相信托尔金常常从观察中获取他描写的风景。她说："它是如此详细，感觉就像真实风景的真实写照。"[39] 她边走边听《魔戒》，有时会被"身临其境"那种不可思议的感觉所震撼。托尔金的故事被形容为针对墨象社而写的"精心设计的幻想闯荡故事"。[40] 这一点在穿越夏尔的旅程里显得再真实不过，那时托尔金还对他这部《霍比特人》续集的情节走向毫无概念。C.S.刘易斯从故事一开始就跟着阅读。他们前一年4月在萨默塞特的匡托克丘陵的徒步旅行，无疑为托尔金一些最优美的风景描述贡献了色彩和细节。

山姆与其他来自生活的速写

托尔金的小说人物中有一小部分可以追溯到萨尔霍和其他地方。

萨尔霍磨坊主和他儿子都叫乔治·安德鲁，对年幼的托尔金兄弟来说，他们是"令人惊奇和恐惧的人物"。[①]那个儿子有一双锐利的眼睛和沾满灰尘的脸，于是孩子们给他起了个绰号叫"白食人魔"，如果他们游荡得太靠近磨坊的机器或闯进他的庄稼地里，他就会对他们大吼大叫。托尔金把他故事里的磨坊主与儿子写得心胸狭窄又平庸刻薄。《哈莫农夫贾尔斯》中的磨坊主与故事中的英雄是"死对头"，就像霍比屯磨坊主的儿子泰德·山迪曼与山姆·甘姆吉是死对头一样。[②]

山姆的父亲可回溯到1931年托尔金一家度假的地方——康沃尔的拉莫纳湾，那里有个"有趣的当地人，是位经常跟人交换八卦和天气经验之谈的老人"。托尔金给这个康沃尔人起了个绰号叫"甘姆吉（一种脱脂棉，以其伯明翰发明者命名）老头儿（意为'祖父'）"。这成了他们家里对"这类老家伙"的标准昵称，其中一位曾在《幸福先生》里短暂出场。[③]*当这样一个人物突然出现在霍比屯，这个名字就跟定了他，流传至今。

山姆综合了萨尔霍的小伙子和第一次世界大战中普通士兵的品质，特别是指派给托尔金这样的初阶军官的仆人或"勤务兵"。托尔金写道，山姆"大体上反映了英国士兵——嫁接在早年乡下男孩的形象上，是我对1914年的大战中所认识的士兵和我的勤务兵的记忆"。[④]

萨尔霍还有一个"黑食人魔"，是个曾经因为罗纳德采摘了蘑菇而追赶过他的农夫。他也被记下了——弗罗多小时候逃离农夫马戈特的田地的情节中。在出版的书中，马戈特是个明智又令人愉悦的人物，但在一份试验性的草稿里，他是个暴力、具有威胁性的人物。

托尔金在"英格兰南部一座安静的教堂墓园的一块古老灰石碑"上看到了巴纳巴斯·巴特（Barnabas Butter）这个名字。[⑤]*拥有这个独特名字的人，持续好几代生活在德文郡的西德茅斯附近，托尔金一家曾于1930年代末在那里度假。1938年，当托尔金在写布理那几章的草稿时，它又在他的脑海中冒了出来，导致了跃马客栈的老板麦曼·黄油菊（Barliman Butterbur）的诞生。

霍比特人的灵感是来自肯塔基人的传说吗？丹尼尔·格罗塔给托尔金写的一本早期的、未经授权的传记，以及记者盖伊·达文波特的文章里，都如此断言。据说，托尔金在牛津读本科时，他的美国朋友艾伦·巴涅特曾给着迷的托尔金讲述了"肯塔基人，他们对鞋子的蔑视，他们的烟草田，以及他们土气古老的英语名字，例如'傲足'和'巴金斯'"。[⑥]

来自谢尔比维尔的巴涅特于1970年去世，他的大部分文稿都散失了。他自1940年代起与托尔金偶有交流，但都未曾提到霍比特人或肯塔基。[⑦]

达文波特声称，谢尔比维尔或列克星敦的电话簿上出现过每个霍比特名字，但是大卫·布拉特曼慎重地揭穿了这一说法。聚集在肯塔基州的霍比特人姓氏为数不多，其中有科顿这个姓氏，但我们知道托尔金对此的灵感是来自伯明翰。布拉特曼评论说："巴涅特的故事有可能给托尔金的故事大锅提供了一汤匙的料，但他不是通往夏尔的秘密钥匙。"[⑧]

像这样的冰岛草皮屋与霍比特洞府有很多共同之处。

霍比特洞府

霍比特人来自霍比特洞府，但霍比特洞府从何而来却没有定论。罗伯特·布莱卡姆指向了那些拥有马蹄形大门的老铁匠铺，就像沃里克郡克拉弗登的一家。此外还有考古学的解释（见第134—136页，"古老的印记"），以及迷人的海边民俗解释（见第72、74页，"海岸与大海"）。

有位记者追问有关霍比特洞府的事，托尔金因而提到了舒适得令人惊讶的战壕掩体（见第163—164页，"战争之地"），以及受欢迎的程度经久不衰的茅草屋。他的写生簿显示，这些吸引了他的注意——也许足以被纳入幻想。1912年他在伯克郡的伊斯特伯里画了一些小屋，它们的窗户从不规则的茅草屋顶底下朝外窥视。[41] 伞屋是莱姆里吉斯的风景明信片上的地标，曾被认为是他1914年绘制的一幅无题的奇幻小屋的灵感来源，后来他重画了它，作为圣诞老人在北极的住所。[42]

不过，罗蕾莱·加思认为，冰岛的草皮屋更接近霍比特洞府。托尔金对冰岛传说有很深的研究，而《霍比特人》是在来自冰岛的互惠生照看托尔金家的男孩们时开始创作的。互惠生给男孩们讲了食人妖的故事，也许亦激起了他们对草皮屋的兴趣，很多草皮屋现在还能在冰岛看到。在雄鹿地的克里克洼为弗罗多预备的房子，听起来和这些草屋几乎一模一样——"尽量仿照霍比特洞府建成：又长又矮，没有第二层楼；屋顶是草皮铺的"。[43]

起点与边界

从夏尔望向朦胧的远方——无论是现在还是过去——可以更清楚地意识到，我们是站在英格兰的某种样貌里。据说，夏尔和英格兰都是由兄弟奠立的，他们的名字都是"马"的意思——马尔科和布兰科是霍比特人的名字，亨吉斯特和霍萨是日耳曼人的名字。这两处定居地都涉及三个民族——夏尔的霍比特人是白肤族、毛脚族和壮躯族，英格兰则是日耳曼盎格鲁人、撒克逊人和朱特人。从"魔戒大战"或"维多利亚女王钻石庆典"的角度来看，这一切都发生在1400年前。

两者之间有个很大的不同之处。盎格鲁-撒克逊人不得不与已经住在不列颠的凯尔特人打交道。霍比特人则是发现夏尔无人居住，不过从前阿尔诺王室的庄稼地和葡萄园使它成为"幸运之地"（见第68—69页，"海岸与大海"）。

尽管如此，仍有一支古老得多的民族在夏尔出没。夏尔保留了他们迷人的痕迹，但是料想没几个林木地的霍比特居民知道精灵把附近的一片林间空地作为宴会场所。同样地，牛津郡也有一个埃尔文顿，但很少有人知道这个名字的原意是"精灵之丘"。[44]*

向西望去，英格兰和夏尔都能看见仍被先他们而来的民族所占据的土地。托尔金觉得，与威尔士接壤的英格兰西部诸郡受到了祝福，因为他所热爱的两种文化彼此间的长期接触，催生了一种特殊的魅力。这里曾经是麦西亚王国，给了托尔金重塑盎格鲁－撒克逊文化——洛汗的灵感（见第32页栏目"北方的民族"）。边界诸郡可能体现在夏尔的西区（他是这么说的），但它们在西区以外那片地区体现得更明显——那就是西界，山姆·甘姆吉的子孙与红皮书的家乡，是夏尔最靠近精灵国度林顿的地方（见第59页，"露西恩之地"）。

小丘

当托尔金描绘霍比屯的小丘时，他创造了一个如今已成标志的影像，确切地说是一个原型。它被拿来和距离伊夫舍姆5英里（8公里）远的布雷登山的景色相比。[①]安德鲁·弗格森指出，它与威廉·奥彭爵士在1917年所绘的《德国飞机造访卡塞尔》（1917）有相似之处。[②]

但我认为它更像牛津附近一处新的、有争议的地标的照片——托尔金于1937年1月第一次画了霍比特屯的景观，而在此前的几个月里，这幅画几乎随处可见。[③]*1936年，壳牌石油与汽油运输卡车的侧面广告，醒目地采用了伯纳斯勋爵为他所拥有的法林登荒唐塔画的油画（见下图）。除了几处明显的差异（一幅画是横的，一幅是竖的），从前景建筑到树冠覆盖的小山丘，托尔金的画和伯纳斯的无论角度、比例、形状还是构图都惊人地相似。

《霍比特人》的其他插图，如"贝奥恩的厅堂"（见第137页，"古老的印记"），都是用已出版的先例为蓝本画的。[④]托尔金肯定注意到了壳牌石油在1930年代的广告策略，目的是说服人们开车到乡村和古迹遗址去游玩（见第180页，"工艺与工业"）。还有其他原因让我们相信托尔金曾对法林登荒唐塔感兴趣（见第156—157页，"警戒与保卫"）。

TO VISIT BRITAIN'S LANDMARKS

FARINGDON FOLLY LORD BERNERS

YOU CAN BE SURE OF SHELL

四方的风

在《魔戒》中，阿拉贡唱道："猎猎朔风啊，今天你从北边带来什么消息？"在涝洛斯瀑布前唱的这首歌中，北风是最强烈的。它"犹如冷冽号角绕塔而鸣"。[1]托尔金的想象也是如此：北方——对他而言特指日耳曼的过去——是他最主要的灵感来源，甚至塑造了他的根本兴趣、目标和方法。了解这些文化的影响，有助于接下来深入研究特定地区的影响。我们将会看到，这四种风的每一种，都将一些事物吹入了中洲的宇宙观和种种文化。

他借鉴西方——凯尔特人的仙境传统的程度，逐渐变得清晰起来。古典南方——希腊和罗马的影响尽管主导了他自己的文化时代，但仍旧几乎未被探索。然后是东方，他主要通过盎格鲁－撒克逊的奇谈得以接触。所有这一切都完美地融合在他所创造的世界里，使人感到它既独特又新颖。

一、北方

来自北方的消息

罗纳德·托尔金从小就迷上了安德鲁·朗在 1890 年出版的《红色童话》里那个西古尔德的故事。他永远记得故事开篇的第一句："很久很久以前，北方有一位国王，他打过许多胜仗，但是现在他已经老了。"[2] 托尔金很喜欢来自他乡的故事，但"最喜欢的是无名的北方"。[3] 在他成长的岁月里，那个北方的巨大影响力将奠定中洲的基础。

那个北方就是日耳曼的北方，一千多年前居住着盎格鲁－撒克逊人、维京人、冰岛人和其他民族。在托尔金之前的三个世纪里，这个古老的北方一直是边疆地带，有越来越多的爱好者前往探索。托马斯·格雷被誉为"18 世纪最有说服力的古代北方倡导者"，是他首先将古老的冰岛诗歌翻译成了具有同等感染力的英语。[4] 即便如此，由于中世纪语言的形式随着时间的推移发生了变化，许多中世纪的著作依旧晦涩难懂。

随后，比较语言学（现在称为历史语言学）的兴起，为理解语言的变化带来了一次重大飞跃。在 19 世纪，"比较方法"开启了中世纪的词汇宝库。学者们破译了这些语言，让人能越来越清楚地了解阿斯加德的神话，像伏尔松的西古尔德这样的古斯堪的纳维亚传奇，以及包括史诗《贝奥武甫》在内的古英语诗歌。

在民族构建时期，这些神话和传奇被视为祖传瑰宝和民族遗产，备受珍视。维多利亚时代的博学家威廉·莫里斯的作品给托尔金留下了深刻的印象。莫里斯说，英国人应该以"希腊人对待特洛伊故事"的态度来对待《伏尔松萨迦》。

托尔金十几岁时，他的语言天赋就促使他去探索古英语、古冰岛语（或古斯堪的纳维亚语），

以及它们的东方表亲哥特语。语文学能够重建从未被记录下来的文字，甚至整套语言——这让他激动不已。他的爱好就是发明语言，这下他运用想象力"重建"了一种失传的日耳曼语。

1911 年，他进入牛津大学学习拉丁语和希腊语（有天赋的语言学家的标准学科），但在两年之后，他放弃了这些古典研究，转而学习英语，这是一门沉浸在日耳曼语言学中的学科。

这是一条通往过去的道路，那里充斥着基督教信仰之前的神话或"仙境"的遗迹，而现在托尔金发现自己对"仙境奇谭"产生了浓厚的兴趣。在 14 世纪的中古英语诗歌《高文爵士与绿骑士》中，英格兰的荒野是魔法师、食人妖和神秘的"林中野人"出没的地方（见第 116 页栏目"森林与野人"）。在《贝奥武甫》和《伏尔松萨迦》中，拥有超人能力的英雄要直面恶龙和致命的仙女。语文学家们意识到，这些相互关联的传说，一定是

从如今已经失传的更古老的日耳曼故事中流传下来的。

北方的语言和文学将成为托尔金职业生涯的核心。他将在1915年获得英语一等荣誉学位，1918年从战场归来后为《牛津英语词典》工作，接着在利兹大学教五年书，直到1925年。回到牛津后，他将成为盎格鲁－撒克逊学罗林森与博斯沃思讲席教授，直到1945年；最后，他将任职默顿学院的英语语言文学讲席教授，直到1959年。

但在这一切之前，大约在1914年底，自北方扑来的风助他打开了进入中洲的大门。

日耳曼的火花

倘若失落的语言可以重新创造出来，那么失落的传说亦可。在托尔金对失落信仰的学术推测中，他总是一丝不苟地坚持使用语言学的证据，但私下里他的想象力却几乎无法克制。让他一发不可收拾的，是一丁点火花。

他被古英语中暮星的名字 Éarendel 迷住了。一些语文学家指出，古英语的 ear 可能意味着"海、波浪"，他们主张 Éarendel 可能源于一个已被遗忘的日耳曼英雄水手。海洋与天空这两个概念似乎互相矛盾，不过，如果你有托尔金的想

一切皆始于此

托尔金称他的神话试图"在世上重新点燃一种古老的光"。适逢其意，它始于凤凰农场，一个以神话中从灰烬中重生的鸟命名的地方。①这里是他的姨母简·尼夫在诺丁汉郡盖德灵的家。1914年9月24日，托尔金在这里写了《暮星埃雅仁德尔的远航》。

他似乎以一个三十年后写下的故事中英雄的名字纪念了盖德灵的周边地区。《慕想社档案》写的是一个和托尔金自己的墨象社非常相似的文学圈子，近乎描述了托尔金的诗歌在文学和语言上的灵感来源。洛德姆是慕想社的成员之一，他回忆了自己第一次在古英语诗歌《基督》的诗句中看见 Éarendel 这个名字时的感受。看到这些词让他感到"一种奇怪的战栗，仿佛有什么沉睡的东西在我体内被唤了半醒，萌动了一下"。②*他描述的显然是托尔金自己的记忆。他的名字也很重要——洛德姆也是一个村庄的名字，离盖德灵路程很短，可以愉快地步行前往。

凤凰农场（在盖德灵被称为"盖羊农场"），很可能是托尔金在1913年左右画的。1914年，他在这里写下了那首开启了他神话世界的诗。

象力，那可就不矛盾了。1914 年 9 月，他写了一首诗，讲述水手埃雅仁德尔（Éarendel）驶离了世界的边缘，航入夜空 —— 一段暮星，也就是金星的起源神话（见第 64—65 页，"海岸与大海"）。那时他只有 22 岁，在对未来一无所知的情况下，他创造了第一个中洲的英雄。

托尔金在思量埃雅仁德尔航向天空之前的世间航行时，决定让这位水手从冰岛航向格陵兰，再进入西方 —— 就像索尔芬·卡尔塞夫尼那样，他是托尔金当时正在研究的一段有关发现文兰的冰岛萨迦里的英雄。在《魔戒》里，比尔博在幽谷中吟诵了一首关于星辰水手的诗歌 —— 这是托尔金在 1940 年代写的一首诗 —— 他的航行也有一些相同的航线节点。他抵达了埃尔达玛（即精灵家园），甚至到了神圣的维林诺。不过，1914 年的大纲把故事明明白白地设定在我们自己的世界里，既没有精灵背景，也没有精灵语名称。这些都属于托尔金要迈出的下一大步。

来自芬兰的燃料

托尔金第一种精灵语的灵感也来自北方，但不是来自日耳曼语。过去三年里，托尔金一直在探索芬兰史诗《卡勒瓦拉》，也就是"英雄之地"中的传奇和民间传说。《卡勒瓦拉》由仍在芬兰卡累利阿的林中和湖畔传唱的民歌拼凑而成，脉动着从基督教以前的时代流传下来的故事。托尔金充满热情地说，读它就像跨越一道鸿沟进入一个崭新的世界。故事和名字都使他着迷。1914 年，他开始重述一个《卡勒瓦拉》里的传说，它讲述的是饱受困扰、注定要遭遇厄运的青年库勒沃的故事 —— 我们所知的托尔金最早的故事。尤其独特的是，他还试图提炼芬兰语的精髓 —— 其特有的发音 —— 融进自己发明的语言里。

让他印象特别深刻的是，这些芬兰名字与芬兰传说无比契合，而这些传说又给这些名字注入了无比的活力。他看到了语言和传说的共生关系。这促使他做了个有趣的实验。在他的《库勒沃的传说》里，他用的名字都来自他那种听起来像芬兰语的新语言，比如卡累利阿叫作"泰勒亚"（Telëa），俄罗斯叫作"凯门努米"（Kemenúmë），上帝叫作"伊露"（Ilu）。

这是他第一次把自己发明的语言归入故事中。不过，在一个芬兰故事里加入芬兰语的精髓，就像用盐换盐一样，他很快就放弃了这种实验。

取而代之的，是他决定用他的新语言来给"失落的传说"调味，比如酝酿中的埃雅仁德尔的情节。在他的创作之路上，这个伟大的转折点似乎是在那年 12 月与朋友交谈之后出现的。

精灵、芬兰人和英格兰人

最近一项研究表明，托尔金有关精灵的灵感，部分来自中世纪古斯堪的纳维亚人对芬兰人的看法 —— 而正是芬兰人的语言赋予了昆雅语的灵感。日耳曼斯堪的纳维亚人认为，他们的邻居芬兰人 —— 又称为 Kvæns—— 是精灵和魔法师。古英语中的同义词 Cwénas，单数是 Cwén，出现在阿尔弗雷德国王记述的与一名北欧水手的对话中，托尔金在 1914 年研究了这份文稿。这一切使安德鲁·希金斯认为，语言名称 Quenya 和"精灵"一词 Quendi，都是模仿 Cwén，也就是 Kvæn——"芬兰人"（换句话说就是"精灵"）而来。[①]

Cwén 恰好也是古英语中"女人"的意思，托尔金用它给埃里欧尔的妻子取名 —— 埃里欧尔就是那个听了精灵"失落的传说"的水手。希金斯认为这是一个双关语，暗示着她是个芬兰人，而他们的儿子亨吉斯特和霍萨，传奇中英格兰的缔造者，也有芬兰血统。[②]这听起来确实很有托尔金风格。但是古物学家托马斯·威廉·肖在 1906 年就已经提出，有些英国地名，如昆因斯顿（Queninstone）、昆顿（Quinton）、芬宁汉（Finningham）和芬伯勒（Finborough），可能意味着"Cwéns"或"Quéns"或芬兰人已经和英格兰岛上的日耳曼居民混居在一起了。[③]

　　关键在于,托尔金必须决定由谁来讲这种新发明的语言,来讲述这些"失落的传说"。他们不能是芬兰人,也不能是早期的日耳曼人。讲述者必须比我们任何民族都古老得多才行,他们见证了那些如今只存在于欧洲支离破碎的传说中的事迹。他决定,他们应当是一个已经半被遗忘的民族,他们自身的存在已经变成了一种仙境奇谭——他们就是仙灵。

　　仙灵又称精灵,在日耳曼和凯尔特的传说中十分普遍,但在托尔金的英格兰,他们被莎士比亚和其他人简化缩小为长着翅膀的漂亮小东西。他们的故事正是一个失落的传说,亟待人们去重新发现。

　　不久,托尔金就开始用他的精灵语——昆雅语来给他最后称为"传说故事集"的作品起名字。1915年夏天他写了一首诗《仙境的海岸》,其中提到了维林诺,它的圣山叫塔尼魁提尔,还有一名水手名叫"埃雅仁德尔"(Eärendel)。

一个充满敌意的世界

托尔金想要模仿早期盎格鲁－撒克逊人的宇宙观，不只是出于喜爱或盲目的推崇。他说："它超越了天文学。"[①]对他来说，现代科学的宇宙完全不具有前者的丰富诗意。

对于异教信仰的盎格鲁－撒克逊人来说，天上没有天堂，只有"天空那无法接近的屋顶"。他们想象自己的世界被危险和黑暗团团围住，就好像"有一小圈光围绕着他们的厅堂"。由于缺乏基督教那种战胜邪恶的确信，他们预期最终会输给"黑暗的子孙"，就像北欧诸神在"诸神的黄昏"中失败那样。[②]托尔金感到这令人沉痛，他非常钦佩像贝奥武甫这类英雄所展现的不屈不挠的精神，他称之为"北方的勇气"。[③]

一个遍布危险的世界包围着中洲少数几个安全地点，其中许多危险直接来自日耳曼传说——龙、食人妖、古冢尸妖（出自冰岛萨迦）和奥克（来自《贝奥武甫》中的 orcnéas，托尔金把这个词翻译成"地狱般的鬼怪"[④]）。

身为基督徒，托尔金给自己的神话设立了一位造物主——伊露维塔，以及一个最终战胜邪恶的大佑计划。然而，出于若干原因，这并不能缓解中洲各个民族的问题。伊露维塔身在世界之外。他的仆人，也就是众维拉，已经基本退居西方，任由他们的大敌魔苟斯和索隆肆虐中洲。虽然按照人类的标准来看，精灵是不朽的，但他们似乎注定在世界终结时，肉体和灵魂都被消灭。绝大多数的凡人似乎都不知道伊露维塔的存在，不知道天佑之力，也不知道自己死后灵魂的命运。因此，盎格鲁－撒克逊人那"北方的勇气"的概念非常适合中洲。无论是精灵还是凡人，托尔金的英雄们所面对的，是几成定局的失败——却绝不屈服。

世界之树怀抱着米德加德（中洲），
这是维多利亚时代北欧宇宙观的
视觉化。

托尔金把这名水手的古英语名字改成昆雅语，其中包含了一个他发明的词 eären，意思是"鹰"。

巨大的发明就在前方，巨大的改动亦然（见第 44 页栏目"随着讲述而成长的故事"）。举一个微小的细节为例，托尔金后来决定 eären 的意思是"海"，而星辰水手的名字是"埃雅仁迪尔"（Eärendil，这是《魔戒》中人们熟悉的拼法，本书通常也会采用这个拼法），意思是"热爱大海的人，水手"。

然而，坚韧的丝线贯穿着不断变化的挂毯。《失落的传说》始于第一次世界大战期间，在 1920 年代初被废弃，但它的大部分素材被重塑成了《精灵宝钻》，这部作品托尔金一直写到他 1973 年去世。就连传说故事集之前的名字"泰勒亚""凯门努米"和"伊露"，都可以在《精灵宝钻》的泰勒瑞族（一支精灵亲族）、凯门塔瑞（大地之后雅凡娜的称号）和伊露维塔（造物主，独一之神）中看到。埃雅仁迪尔、塔尼魁提尔和维林诺也都在其中。

一个北方的世界观

早在《魔戒》问世之前许久，托尔金就想为英格兰创作一套神话。这意味着两件事。第一，它是反事实的，是建立在有仙灵存在、宇宙以地球为中心等等被抛弃的信仰上的。第二，它是属于英格兰的，而不是属于不列颠的——表面上看，它与盎格鲁－撒克逊人到来之前居住在不列颠的凯尔特人毫无关系。他把神话设定在一个虚构的更遥远的过去，那时不列颠被称为"孤岛"，由精灵统治（见第 45 — 52 页，"露西恩之地"）。一个名叫埃里欧尔的凡俗旅人听了精灵的"失落的传说"，用古英语把它们记录下来，然后传给了他的盎格鲁－撒克逊子孙。因此，虽然精灵们最终扬帆离去或隐藏起来，但他们的"真正传说"仍被英格兰保存下来。[5]

按理，托尔金应该采用盎格鲁－撒克逊信仰，而非其他。但这样一来就得设法聆听那些大约 1500 年前去世的说书人讲故事。他们曾在宴会厅里讲述真正的英格兰神话，而那些神话已经被唯一能把它们写下来的人——基督教的修士们放任遗忘了，流传下来的只剩断简残篇。

托尔金尽其所能地抢救了它们。正如他后来告诉学生的，早期的盎格鲁－撒克逊人认为大地是个扁平的圆盘，圆盘上宜居的土地被"无边的大海"包围，大海又被一堵巨墙包围。[6]当太阳下山时，他们认为它是在"黑暗的下方世界"里行进，然后从东方再次升起。[7]这正是《失落的传说》和《精灵宝钻》的宇宙观。托尔金将传说故事集的主要情节设定在盎格鲁－撒克逊人称为 middangeard，即"中洲"的地方，它位于东西海洋之间，位于南方高温和北方冰寒之间。

从盎格鲁－撒克逊人那里找不到的讯息，托尔金可以转去求助于保存得更好的、他们的表亲斯堪的纳维亚的神话。他将极北地区设定为恶魔一般的大敌魔苟斯的疆域，这就是采用了北欧的说法，认为那里是亡者女王赫尔的家。精灵家园位于神圣的维林诺旁边，这是借用了北欧的阿斯加德概念（见第 66 页，"海岸与大海"）。连接阿斯加德和人类世界米德加德的彩虹桥，在《失落的传说》中先是被照搬借用，随后被抛弃，但在后来以一种巧妙得多的形式重新引入，即"笔直航道"（见第 80 — 81 页，"海岸与大海"）。但是

托尔金从来没有使用过北欧人的这个观点：即阿斯加德位于上方的天堂，或位于米德加德的中心，或在一棵巨大的"世界之树"的根部。与这些都不同，他将他的神圣之地安置在大海的西边。

托尔金肯定被《贝奥武甫》中的一个暗示打动了，就是盎格鲁－撒克逊人和斯堪的纳维亚人相信西方有个天堂乐园。但我们有理由认为，他在创造维林诺时，也听到了一场有关中世纪对西方这个概念的激烈争论。在北欧的传奇史诗中，从冰岛向西探险会到达一个叫文兰的地方，一般认为那是北美一个真实的地点。但是，世界著名的探险家弗里乔夫·南森却辩称那是文学虚构，是片仙境，当时这是个大新闻（见第 67 — 69 页，"海岸与大海"）。

精灵是什么样子的？有几个值得注意的盎格鲁－撒克逊词语和名称，暗示他们是神奇又有智慧的生物——ælf-scýne（精灵－美丽），Ælfred（精灵－忠告），Ælfwine（精灵－朋友，精灵之友）。从拉丁文翻译过来的古英语提供了一份简单的精灵类别清单——森林精灵（树精 dryad），海洋精灵（水中仙女 naiad），等等。古斯堪的纳维亚神话更清晰地描绘了"光明精灵"（Liós-álfar），他们比阳光更美，侍奉掌管生育和魔法的众神。

不过，有关仙境和仙灵之民的真实"传说"（craic），托尔金需要请教凯尔特人。

二、西方

"凯尔特人的东西"

托尔金对凯尔特西方的借鉴，长期以来都被严重低估了，这主要是因为他自己的评论。他曾经说，"凯尔特人的东西"就像"一扇破碎的彩色玻璃窗，不经设计就重新组装起来……事实上就是'疯狂'"。[8]《失落的传说》里有个注释说，爱尔兰人和威尔士人对于精灵只知道一些"乱七八糟的东西"。[9]

这句"疯狂"的评语，是一个受伤男人的爆发——1937年，

北方的民族

整个中洲的文化都带有"北方特质"的印记。它在景观上留下了痕迹：从第一纪元布瑞希尔的"会议之环"到贝奥恩那同样具有北欧风格的厅堂（见第137、142页，"古老的印记"）。[①]它最常见的痕迹是在名字里。在《霍比特人》中，托尔金顺手采用了北欧神话《诗体埃达》中矮人的名字梭林、比弗、格罗因等。《魔戒》则把这种做法归入了更大的幻想，摆出了全书都是从霍比特人使用的"西部语"或"通用语"翻译成英语的姿态，并采用其他日耳曼语言来代表相关的语言。因此，它给河谷城的人类起了古斯堪的纳维亚语名字，给古罗瓦尼安的北方人类起了哥特语名字，给安都因河谷的人类起了古英语名字。

最突出的一点，是洛汗骠骑使用古英语。托尔金坚称，这并不意味着"洛希尔人在其他方面与古代英国人很相似"，但这话站不住脚。[②]美杜塞尔德大殿和通往大殿的整个场景，都来自《贝奥武甫》（见第152页，"警戒与保卫"）。洛汗骠骑把自己的国家洛汗称为"马克"，盎格鲁－撒克逊人若在托尔金的西米德兹郡和牛津郡，就会如此称呼自己的王国，而我们知道这个王国的拉丁名字是麦西亚。这表明他对他们的英国特性是有私人投入的。就像汤姆·希比说的，希奥顿的子民和盎格鲁－撒克逊人相似"到了微小的细节"。[③]

最大的区别是，骠骑是骑兵，而据说盎格鲁－撒克逊人不是（众所周知，他们在1066年输给了征服者威廉的诺曼骑兵）。和别处一样，托尔金的原型不是历史，而是古老的信仰，他根据盎格鲁－撒克逊人记得自己曾经是骑手的迹象，创造了洛汗。标记着麦西亚边界的，可能是伯克郡阿芬顿那刻在白垩中的巨大白马（见第137、144、145页，"古老的印记"）。传奇中英格兰的缔造者亨吉斯特和霍萨，他们的名字都是"马"的意思。古撒克逊人的家乡——欧洲大陆上的萨克森，其徽章就是一匹马。希比认为，盎格鲁－撒克逊人如果不是生活在岛上，而是在大草原上，他们就会像洛希尔人一样。

艾伦·李所绘的在米那斯提力斯战斗中的洛汗骠骑。撇开马不说，他们是彻头彻尾的盎格鲁－撒克逊人。

就在他的《精灵宝钻》和其他神话作品作为《霍比特人》的续集遭到拒绝之后，他说了这话。出版商的审稿人抱怨说，托尔金的史诗历史和诗歌具有"一种令人眼前一亮的疯狂之美，所有盎格鲁－撒克逊人在面对凯尔特艺术时，都为这种美而感到迷惑不解"。[10]托尔金在心平气和时，对凯尔特的事物表达了不同的看法。而"乱七八糟"的说法也完全不是真实的观点——它是虚构作品里的说法。作为语文学家，托尔金的研究领域就是这些乱七八糟的东西；作为一个富有想象力的作家，他则视它们为灵感来源。为了他想象中的盎格鲁－撒克逊的"仙境的真正传统"，他需要挖掘凯尔特的素材——他无疑做得很开心。[11]

小时候，他很向往亚瑟王和梅林的不列颠。从八九岁起，他在伯明翰国王荒地威斯特菲尔德路86号（托尔金一家在那里生活了一年左右）后面的运煤卡车上，瞥见了几个威尔士语的名字，因而迷上了威尔士语。早年在一趟去威尔士的火车旅行中，他看到了Ebbw这个名字，并"始终无法忘怀。不久之后，我就开始发明自己的语言"。[12]在牛津大学读本科时，他深入研究了威尔士语言学和《马比诺吉昂》中的威尔士传奇。1920年代初，他在利兹大学除了教授英语，还教中古威尔士语。后来，他的凯尔特语言学专长帮助了牛津的同事，还帮助了格洛斯特郡利德尼公园的国家考古发掘工作（见第187—188页，附录）。1955年，他发表了具有里程碑意义的演讲《英语和威尔士语》，表达了威尔士语对英格兰的重要性，特别是对他所钟爱的西米德兰兹郡的重要性。他在各种假期中去了西部乡野、威尔士、苏格兰和布列塔尼。从1949年开始，他为了工作和游玩，还经常走访爱尔兰（不过为时已晚，这没有影响到《魔戒》）。[13]*

1930年代初，托尔金直接将一个布列塔尼传奇改编为《领主与夫人之歌》，并长期致力于写作《亚瑟王的陨落》这部史诗。在两部未完成的小说《失落之路》（1937年）和《摹想社档案》（1946年）中，他计划将凯尔特传奇与自己的传说故事集明确地联系起来。但他其实从一开始就悄悄地将凯尔特的丝线编织进了他的故事。[14]

西方的奇景

我们不妨直说：凯尔特有关奇异航行的传说，比任何斯堪的纳维亚的同类传奇都精彩。因为这类传说在基督教时代继续发展，他们所想象的西方带有某种永恒的暗示，远远超出异教的信仰。这点尤为符合托尔金的世界观。在托尔金的世界观里，众维拉是被独一的真神派

精灵语和威尔士语

托尔金受威尔士语启发所创造的语言，最初命名为"诺姆族语"，给他在1917年写的《刚多林的陷落》里的诺多族使用。不过，后来写《魔戒》时，托尔金决定把它挪给辛达族或灰精灵使用。辛达语或许看起来、听起来都和托尔金当时已经创作成型的诺多语很像，但其虚构的历史却非常不同（主要在于辛达族和诺多族不同，辛达族从未去过维林诺）。

尽管如此，托尔金还是坚持了一点。诺多语或辛达语是中洲的活语言，而昆雅语是书面语，只有在大海彼岸的不死之地才真正用于口语。这刻意反映了占领过英国的罗马人在撤退过英吉利海峡到欧洲大陆后，拉丁语和布立吞语（威尔士语的祖先）在凯尔特不列颠的使用方式。有时托尔金确实把昆雅语称为"精灵拉丁语"；随着岁月流逝，他把诺多语／辛达语在发音和语法上塑造得越来越像威尔士语。

托尔金说，威尔士语是《魔戒》的灵感基础之一，他认为他受威尔士语启发而创造的辛达语"比起书中所有其他事物，也许给更多读者带来了更多乐趣"。[①]*这当然是一厢情愿的想法。但我可以保证，托尔金地图上的"刚铎""安都因""洛丝罗瑞恩"和其他名字把9岁的我吸引进了他的史诗，就像运煤卡车上的Senghenydd和Tredegar把托尔金吸引进了威尔士语一样。

到世间的类似天使的生灵。最著名的凯尔特奇异航海故事（imram，爱尔兰语，意思是"航海"）是圣布伦丹的《航海》。托尔金在一首题为"圣布伦丹之死"的诗中重述了它，这首诗后来以"伊姆兰"为题出版。他把它塞进了《摹想社档案》，这样它就可以用凯尔特的方式来讲述前往他笔下"不死之地"的航海之旅（见第66页，第80—81页，"海岸与大海"）。

整个欧洲都能找到西方天堂岛的传说，但凯尔特世界尤甚——中世纪的爱尔兰诗人在讲述幻想岛屿的比赛上，轻而易举地摘取了桂冠。面对看似无边无际的神秘大西洋，他们幻想出一片蒙福的群岛，从"青春永驻之地"提尔纳诺到"幸运之岛"海布拉塞尔。托尔金想象了一个精灵的"孤岛"——托尔埃瑞西亚，作为向西航行时第一处抵达的魔法之地。他从威尔士和亚瑟王的传奇中借用"阿瓦隆"作为"孤岛"的精灵语别名。他的托尔埃瑞西亚漂浮在水面上，就像爱尔兰传说中的几个岛屿一样（见第66页，"海岸与大海"）。

与此同时，临海的凯尔特传说提到的沉没的人地，也给他贡献了贝烈瑞安德（第一纪元的精灵战争发生的地方）沉没的故事，以及努门诺尔（第二纪元一个强大的海上国度）的沦亡（见第77—78、80页，"海岸与大海"）。当然，他的传说故事集尽管借鉴了这些传说，却装作自己才是它们的"真正"起源。

凯尔特的仙境

托尔金笔下的精灵与爱尔兰神话中又称为"仙族"（Áes Sídhe，意为"山丘之民"）的达南神族最相似。他们既像神又像仙子；他们从大海彼岸的魔法之地来到凡人之地；他们或者渡海归去，或住在地下。这些都适用于诺多族或诺姆族，他们是最著名的精灵族，其非凡的成就包括神圣的宝石精灵宝钻，以及天堂般的洛丝罗瑞恩。而纳国斯隆德、明霓国斯和黑森林的精灵地下城堡，都具有与仙族的精灵丘相同的特征（见第134—135页，"古老的印记"）。倘若托尔金需要在同时代艺术中寻找灵感，他可以看看约翰·邓肯在1911年创作的《仙族骑士》中那些高大、美丽又高贵的人物。

"凯尔特人，"玛乔里·彭斯说，"说起他们在尘世之外的归宿时，都不怎么倾向于谈论到达不了的地方。"她假设

约翰·邓肯1911年的画作《仙族骑士》，画中的凯尔特仙灵与托尔金自己想象中的精灵极为相似。

这是不列颠群岛温和的气候和风景所导致的。[15]同样，托尔金笔下的精灵领地大多可以通过自然的入口到达——流水、阴影笼罩的下坡路、树木形成的拱道，所以进入是个迅速的过程，几乎无法察觉。

一旦进入，旅人可能会受到大方的款待。就像爱尔兰讲库·丘林诞生的故事里描述的一间房子，托尔埃瑞西亚的"失落嬉游的小屋"（埃里欧尔就是在这屋中听到了"失落的传说"）看起来很小，却奇迹般能容纳许多客人。但凡人也可能发现自己遭到了囚禁，就像进了黑森林的矮人，或者就像17世纪的苏格兰作家罗伯特·柯克——他是《精灵、羊人和仙灵的秘密联邦》的作者，据说他被带进了阿伯福伊尔的"仙丘"。

在仙境里，时间的流逝异乎寻常。欧辛从似乎待了三年的提尔纳诺返回人世时，发现在爱尔兰已经过了三百年。离开洛丝罗瑞恩之后，山姆发现月相对不上，"简直就好像我们压根没在精灵的地界里待过一样。"[16]

托尔金自己的通往凯尔特仙境的大门，是亚瑟王的故事。他做了个勇敢的尝试，让自己与亚瑟王的世界保持距离，他宣称那个世界太不列颠化（而不是英格兰化），太明显地信奉基督教，"太浮滥，过于异想天开，并且既不连贯又啰唆重复"。[17]然而，他却以"国王将会归来"的概念来支撑《魔戒》，以同盟小队的一次危险征途作为它的中心，以受伤的英雄被送往仙境疗伤作为终结。有很长一段时间，他将贝烈瑞安德称为"布罗塞利安德"（Broseland），令人想起亚瑟王传说中的魔法森林布罗赛利安德（Broceliande）（见第78页栏目"名字里有什么？布罗塞利安德和贝烈瑞安德"）。

就连"魔多"和"莫德雷德"（亚瑟王的死对头的名字）之间的相似之处，也可能不仅仅是巧合。正如大卫·道根所指出的，"魔多"和无可争议属于亚瑟王传奇的"阿瓦隆"，都是在1937年的一篇短文中杜撰出来的。彼时，托尔金仍希望能写完《亚瑟王的陨落》，在那个故事里，莫德雷德是个渴望权力的暴君和毁灭者，与索隆颇为相似（见第184页，"工艺与工业"）。道根说，被压抑的亚瑟王元素"不断冲破阻力"，进入了托尔金的传说故事集。[18]*

亨利·沃兹沃斯·朗费罗笔下的英雄海华沙（N.C. 韦思在1911年所绘）对早期的托尔金产生了关键影响。

另一个西方

除了凯尔特，托尔金还受到另一个西方——美洲的启发。在他的孩提时代，似乎只有不列颠亚瑟王和北方西古尔德的故事能比"印第安红人"（这是他对美洲原住民的称呼，是他那个时代的说法）的故事更令人兴奋。他回忆道："有弓和箭……有奇怪的语言，能瞥见一种古老的生活方式，最重要的是，这些故事里有森林。"[19]

即使是粗略的阅读，亨利·沃兹沃斯·朗费罗的《海华沙之歌》也在1914年秋助托尔金走向中洲的边缘。他肯定注意到海华沙乘独木舟进入了"日落之门"，正如他自己的埃雅仁德尔向西的航程。几年后，托尔金为《牛津英语词典》

研究 wampum† 一词时，去牛津大学的博德利图书馆"阅读《海华沙》，并继续阅读了早期对阿尔贡金语言的描述，以及早期对北美东部沿海地区的种族经战争、语言或贸易而接触的描述"。[20] 也许在某个时刻，他也探究了朗费罗的主要资料来源——亨利·罗·斯库尔克拉夫特的《阿尔吉克研究》‡，或（如罗杰·艾科-霍克所主张的）其他民间传说的集锦，比如 1904 年的《斯基迪波尼族的传统》。朗费罗和托尔金的自然世界在"万物有灵论"上相似——他们的河流充满了神灵，他们的树木灌注了语言。在死亡沼泽和希斯路姆（见第 102—103、109 页，"河流、湖泊与水域"）、在迷雾山脉，甚至在塔尼魁提尔（见第 90 页，"群山之根"），也可以观察到《海华沙》的痕迹。[21]

当托尔金需要描绘最隐秘或最偏僻的中洲文化时，北美原住民俨然成了榜样——从德鲁阿丹森林里远远传来的鼓声中可以听到（见第 116 页栏目"森林与野人"），在冰冻的北方像因纽特人一样的洛斯索斯人身上可以看到。汤姆·希比在远征队的大河之旅（见第 111 页，"河流、湖泊与水域"）中看到了詹姆斯·费尼莫尔·库珀的"皮裹腿"《最后的莫希干人》系列作品的影子，在洛汗亦然——那里的大草原和骠骑，就像"穿锁子甲的苏族或夏安族人"。[22] 无论何时一名熟谙林中生活的弓箭手在中洲广袤的森林里（见第 117 页，"林木交织之地"）或大河边瞄准射杀一个敌人，对"弓与箭"的热情都会露出端倪。像贝烈格和莱戈拉斯这样的精灵，有敏锐的感官、无声的脚步和对自然的敬畏，似乎更像易洛魁人，而不像达南神族。

三、南方

一个经典的世界

奥登主张，北方对托尔金来说是个"神圣的方向"。托

尔金驳斥了这种观点。[23] 早在他把目光投向北方的新鲜领域之前，全面的古典学基础训练已经塑造了他的想象力。

他热爱拉丁语，在 10 岁左右就企图发明一种语言来提炼"希腊语的希腊性"——这个着实早熟的尝试是他用芬兰语和威尔士语创造出精灵语的第一个前兆。到 12 岁时，他已经读完了每一本人们认为适合他这年龄的男孩阅读的古典书籍。"我是在古典学的熏陶下长大的，"他写道，"我在荷马的作品中第一次发现了文学的乐趣。"[24]

在学校阅读尤利乌斯·凯撒的《高卢战记》时，他第一次读到厄尔辛尼亚森林——欧洲真正的"黑森林"（见第 123 页栏目"雷霆之林"和第 126 页栏目"拉达加斯特和麦德维德"）。荷马笔下的奥德修斯和维吉尔笔下的埃涅阿斯一定曾是他探索冥界的第一批向导。"极乐世界"和西方赫斯珀里得斯的金苹果园，很可能是他到访的第一片极乐之地。

即便在牛津大学为了学习英语而放弃古典学之后，托尔金仍在北方文学中寻找古典学的共鸣。他在《贝奥武甫》的笔记中着重指出，对大海的描述有"荷马回忆"。[25] 因此，当他读到一篇语言学理论，认为最初的日耳曼人埃雅仁德尔一定是北方的奥德修斯时，他已经准备好把它写成一部属于他自己的史诗故事了。

虽然他的目标是让他的英格兰神话"能够体现我们的'氛围'……不包括意大利或爱琴海地区，更不包括东欧"，但他能够在不借用氛围的情况下借用古典的概念。[26] 他并不是第一个这么做的人——他熟知的中古英语作品《奥菲欧爵士》，就把希腊的俄耳甫斯神话转变为具有凯尔特色彩的仙境故事。在文学文化鼎盛时期获得了极大发展的古典神话，也是托尔金永不停歇的雄心的标尺，要描绘宏大、详细的地理和浩瀚的时间尺度。

诸神和英雄

维拉之首瓦尔妲和曼威，居住在另一个版本的奥林匹斯山——塔尼魁提尔山上。但是还有主管水流、大地、大自然的绿植等的维拉，以及众多次要的神灵。托尔金的世界里充满了各种各样的自然神灵，就像古典神话中的神灵一样。

---

† Wampum：从前印第安人作货币或饰品的贝壳串。——译者注
‡ 阿尔吉克（Algic）：阿尔吉克语系是北美洲原住民语言语系，主要在北美洲的北部地区使用；语系内多数语言属于阿尔贡金语族，分布在北美东岸至落基山脉的地区。——译者注

在亡者当中的奥德修斯，这是一张19世纪的插图。荷马的《奥德赛》助托尔金培养了史诗的品位。

他的主要创新是，所有这些神灵都是由独一的创世神在世界之外和世界诞生之前创造的。虽然维拉经常被称为众神，但在神圣的等级体系里，他们更像犹太－基督教信仰中的天使。

荷马的《伊利亚特》和维吉尔的《埃涅阿斯纪》中的特洛伊，在托尔金的传说故事集中留下了大量印记。希腊对特洛伊的漫长而残酷的战争，与精灵们为夺回精灵宝钻而进行的充满悲剧、不顾一切的战役确实存在激烈的文学竞争。在精灵城市刚多林的陷落里，可以看见特洛伊被围攻的痕迹。就像中世纪想象中的特洛伊一样，它是后来王朝和王国的源头（见第150—151页，"警戒与保卫"）。

托尔金称努门诺尔本身是"我出于个人目的，对亚特兰提斯传奇的个人运用"。他对努门诺尔沦亡的描述，建立在柏拉图对强大的西方海洋帝国被狂妄自大摧毁的描述上（见第78、80页，"海岸与大海"）。[27]

在米那斯提力斯，托尔金模仿《伊利亚特》中希腊军队集结对抗特洛伊的名单，创作了一份"荷马式目录"，罗列来自刚铎周边地区的军队。[28]事实上，正是为了这个目录，他首度命名或者说发明了拉梅顿、品那斯盖林、凛格罗谷地和安法拉斯海滨地区。

刚铎与北方人类及其后裔洛希尔人的关系，呼应了罗马和哥特人之间的长期纠葛——哥特人在公元410年洗劫了罗马城。然而，刚铎的结果有所不同——在野蛮人一般的洛汗骠骑的帮助下，刚铎恢复了和平和力量。米那斯提力斯的历史被贴切地形容为"罗马灭亡的故事有了一个美好的结局"。[29]

然而，即使是表面上最具日耳曼风格的洛汗，似乎也是从古典的种子萌发出来的。骠骑第一次出现在托尔金的笔记中时被称为 Hippanaletians 和 Anaxippians，这两个都是希腊语词，是"驭马者"的意思，暗示他想的是对那些能从马背上射箭的可怕的斯基台人的经典描述。他坚持称他们为"英雄的'荷马式'骑手"，是"处于简单的'荷马式'父权和部落生活状态"的几个民族之一。[30]

炎热的南方

中洲偶尔能让人瞥见另一个更遥远的南方，那里气候更炎热，有充满异国情调的岛屿、城市、战士和战兽。在最初的剧情大纲中，埃雅仁德尔被风吹到了南方，有了奇遇——"树人、太阳居民、香料、火山、红海"。[31] 这也许是在前瞻范贡森林和末日火山，但也可以是在回顾托尔金幼时前往英国途中看见的火山群岛（见第 62、65、66 页，"海岸与大海"）。

非洲对托尔金作品的影响，不单单是促使他爱上青翠的英格兰（见第 11—12 页，"从英格兰到夏尔"）。[32] 他不记得在布隆方丹银行楼的花园里被狼蛛咬伤的事，但他记得在保姆急忙抱起

他并吸出毒液之前，他惊恐地奔跑穿过一片干燥的长草。在他的第一份精灵语词汇表中，非洲是 Salkinor（"草地"）和 Andisalkë（"长草"）。

1944 年，他给参加了皇家空军、在南非训练的儿子克里斯托弗写信说，非洲故事总是以"一种奇特的怀旧感觉"深深地打动他。[33] 他阅读有关非洲探险的书籍，并喜欢亨利·赖德·哈格德一些关于地图上未知疆域里那些失落文明的绝妙故事。哈格德在 1886 年的浪漫故事《她》里写的科尔城及其女王阿伊莎，在精灵家园和洛丝罗瑞恩中留下了清晰的印记（见第 118 页，"林木交织之地"；第 148、152、154 页，"警戒与保卫"）。

托尔金说，他记得他母亲梅贝尔谈论过在南非占多数的黑人受到虐待的情况，从那时起他就对此"特别感兴趣"。他告诉克里斯托弗："对待有色人种的方式几乎总是让任何从英国出来的人感到恐惧。"[34] 然而，听儿子讲述关于非洲的事，加剧了托尔金想再见它一次的毕生愿望，他真希望自己也在那里。

或许，经由写作，他是去到那里了。他寄给克里斯托弗的新章节里，描述了伊希利恩的异域风景——当然，不是干燥的草原，而是长满了"冷

杰伊·约翰斯通所想象绘制的中洲手稿中的战象或"毛象"。†

† 图中为滕格瓦书写的英语，内容是《魔戒》卷五第五章的战歌："希奥顿魔下骠骑，奋起！奋起！邪恶已苏醒，烧杀掳掠！快震刺长矛，圆盾掷击，快拔剑鏖战，血染黄沙，直到旭日重升！奔向战场，奔向战场，往刚铎前进！"——译者注

一张当代的明信片，捕捉到了南非奥兰治自由邦布隆方丹的炎热气候，那里是托尔金永远不会忘记的出生地。

与此同时，故事也贯彻了他最重要的方法——把偏远的民族和地域描绘成中世纪欧洲人认为的样子，而不是他们实际的模样。大象，或称"毛象"，直接出自中世纪的动物寓言集。无论是好是坏，哈拉德人被描绘得就像中世纪早期著作中遥远的南方和东方的民族。[37]《魔戒》的草稿里称他们为 Silharrows，这是 sigelhearwan 的现代形式，这个词在古英语版本的《出埃及记》和其他书卷里指的是埃塞俄比亚人。1930 年代，托尔金发表了一篇文章，详细分析了这个词及其模糊的起源。回到他世界建构的开始，sigelhearwan 很可能是最早的埃雅仁德尔大纲中提到的神秘南方"太阳居民"的基础。

汤姆·希比认为，还有一个远为致命、不共戴天的托尔金式敌人，可能来自这个古老的词。托尔金对 sigelhearwan 的研究得出了令人瞩目的结论。这词由 sigel（"太阳"）和 hearwa 组成，后者与"煤、煤烟"这样的词联系在一起，它必然要追溯到日耳曼人对非洲一无所知的异教徒时代。托尔金主张，如果它最初指的不是埃塞俄比亚人，那么可能指的是穆斯贝尔（北欧神话中恶魔般的火巨人）的儿子们，他们有"炽热火红、冒出火花的眼睛，脸黑得像煤烟"。[38]汤姆·希比说，这"给了托尔金都林的克星——炎魔"。[39]

四、东方

当阿拉贡和莱戈拉斯唱完北风、西风和南风之歌后，吉姆利拒唱东方之歌。甘道夫说："至于东方，我不去。"[40]这与故事吻合，故事里东方是由索隆统治的。托尔金本人则避免不了东方的影响，不过他的资料似乎来自中东或欧洲中世纪的传统，而不是来自印度、中国或日本的神话。

托尔金说："作为一个对古代感兴趣，特别是对语言和'书写'的历史感兴趣的人，我知道并阅读过许多有关美索不达米亚的记载。"[41*]事实上，他的创世故事——《爱努的大乐章》，似乎脱胎于一个亚述神话——于 1870 年代从一块在尼尼微发现的楔形文字板上翻译过来——在那个亚述神话里，上帝（阿卡德语 Ilu）三次发动他的天使们唱一首赞美诗歌，但有个撒旦般的反叛者给乐曲注入了不和谐音。[42]

杉、雪松和柏树"，他父亲亚瑟在布隆方丹的老家花园里也种了同样的树。[35*]也是在这里，一头巨大的大象带着来自炎热的南方哈拉德的战争队伍，突然闯进众人的视野。

托尔金经常因为道德简化与疑似种族主义而为人诟病。然而，在哈拉德人遭到刚铎人伏击的场景中，敌意和种族的分歧，都在一阵同情中烟消云散。山姆·甘姆吉目睹了一个"黝黑人类"的死亡，他心中对一个他觉得就像他自己的敌人充满了怜悯：

> 他纳闷那个人叫什么名字，从哪里来；内心是不是真的很邪恶，是什么谎言或威胁让他离开家乡长途跋涉到此；以及他是否真的不愿待在家乡过着平静的日子……[36]

山姆的洞察力显然来自托尔金近期对他儿子有关种族的评论。

中世纪亚历山大大帝和他的东进战役的传说，给托尔金自己的世界建构提供了关键部分。在托尔金被问及他的双圣树是否反映了北欧世界的那棵"世界之树"时，他回答说："不，不，它们不像它；它们更像亚历山大大帝的故事里，在远东发现的日与月之树。"[43]《诺埃尔抄本》中不但有《贝奥武甫》的原始手稿，还包括一篇《东方奇观》的记述，以及一封据说是亚历山大写给他的导师亚里士多德的信。

在信里，亚历山大说他在比印度还远的一处天堂乐园里发现了两棵神圣的、会说话的树；它们会滴下一种奇妙的香膏，它们还预言了他将死在巴比伦。太阳树在仙境故事和神话中广为流传，

叶芝曾以令人难忘的方式写下一个青春永驻的地方，那里有：

> 月亮生的银苹果，
> 太阳生的金苹果。[44]

无论东方还是西方，极乐之地都有许多共同之处——只要你能穿过保护它的阴影到达。因此，托尔金很自然地把日月双树移植到不死的西方之地，连带一起的还有古英语《东方奇观》中的日月湖。他的双圣树散发出的不是香膏，而是液态的光。双圣树也不做任何死亡的预言，但它们自身的死亡预示了必死凡人时代的到来。双圣树最

上图：中世纪亚历山大大帝的传奇中神秘的日月双树，被画在一本中世纪的《圣经》中，托尔金曾提到它们是维林诺双圣树的灵感来源。

对页图：位于乌尔的古代美索不达米亚金字神塔。托尔金讲述索隆如何在努门诺尔建造一座魔王神庙的故事，隐约让人想起这样的神塔。

后结出的果实和花朵变成了日与月，而中洲的凡人就在日月升起时诞生了。

　　亚历山大寻求永生的天堂之旅，反映在努门诺尔的黄金之王阿尔－法拉宗在他的谋臣索隆的怂恿下，率领舰队进攻维林诺的故事里（见第 78—80 页，"海岸与大海"）。正如弗里乔夫·南森在《北方迷雾》中所总结的，据说亚历山大曾试图"攀登天堂本身的城墙——并在那里头一次被挡下来：'到此为止，不得再前。'"。[45]

　　托尔金在努门诺尔的故事里植入了多面圣经式预兆的旗帜。努门诺尔的国王就像圣经中的族长们一样长寿，但又像埃及的法老一样，比起宫殿，更重视自己的坟墓（见第 143 页，"古老的印记"）。努门诺尔的语言——阿督耐克语在形式上是闪族语，在韵味上则是阿卡德语。[46*] 索隆的阿督耐克语名字 Zigûr（"巫师"）使人联想到 ziggurat（阿卡德语中的"高处，顶峰，山顶，神塔"），他在努门诺尔的圣山上给魔苟斯建造了一座神殿，就像巴别塔一样傲慢（见第 150、151 页，"警戒与保卫"）。最后，只有大灾难才能扫除腐坏。托尔金将埃兰迪尔逃离毁灭、建立新王朝的航行旅程描述为"诺亚式的"——像诺亚一样。[47]

　　在刚铎，那种古埃及人对建筑停尸所的痴迷仍旧持续。那棵在国王归来之前立在中庭里枯萎了的白树，被拿来和 14 世纪《约翰·曼德维尔爵士游记》中的枯树（Dry Tree）做比较。那棵枯树自基督受难以来就一直光秃秃的，根据预言，当"世界西边的王子"在树下做弥撒时，它将重新开花。[48]

露西恩之地

从仙境到不列颠

托尔金在《魔戒》中写道，在中洲的第三纪元，霍比特人生活在"大海之东，旧世界的西北部"。他指的是欧洲西北边的尽头，面对大西洋，如今不列颠群岛矗立的地方，霍比特人"仍然在那里逗留"。[1]这是个引人入胜的奇想，然而，它只是对另一个大胆想法的最微弱的呼应，那个想法可以远远追溯到他年轻时，那时霍比特人还无影无踪。要追根溯源，就意味着要深入挖掘他的《精灵宝钻》的起源，他曾经把其前身《失落的传说》想象成英格兰的神话。

《魔戒》里第三纪元地图上广袤的中洲——从舒恩湾到鲁恩内海，从积雪的佛洛德地区到炎热的哈拉德地区——虽然是虚构的地理，但惊人地亲切。背景设在更古老过去的《精灵宝钻》，则探索了其他曾经存在过的地区——在第一纪元沉没的贝烈瑞安德，以及在第二纪元沦亡的努门诺尔。另外还有维林诺、埃尔达玛和托尔埃瑞西亚——那片曾经矗立在大海西边的不死之地，但从第三纪元的角度去看，它们都存在于只有精灵船能到达的另一个世界。

一幅不断演变的世界图景

这一切合在一起，构成了一幅极为丰富、优雅、自洽的世界图景，以至于它引发的感觉就像我们对真实的"原初世界"的信赖。托尔金称这种感觉为"次生信赖"。编故事的人"创造了一个你的心智可以进入的次生世界。在这个世界里，他所说的都是'真实的'：它符合那个世界的规律。因此，只要你可以说是在其中，你就会相信它"。[2]托尔金身为虔诚的基督徒，认为创造次生世界是一种"次创造"行为，是受到上帝创造原初世界的启发而来的。

"塔芙洛贝尔的灰桥"：埃塞克斯桥位于斯塔福德郡的大海伍德村，托尔金在那里开始写《失落的传说》，后来将它融入了他的精灵神话。

但托尔金描述自己是个"天生的吹毛求疵者"，事实上，他投入创作多年之后，才成就前文描述的那幅亲切的世界图景。[3]

但这不仅仅是吹毛求疵，这套传说故事集也不是单一的一部不断发展、不断扩大的作品。截至《魔戒》最终定稿出版，托尔金曾数次重新开始创作他的文学世界图景。他没有废弃一切，而是每次都在新的思想基础上重建。用今天的话说，他把传说故事集重启了好几次。

托尔金希望这套传说故事集被想象成英格兰自己的神话（见第47页栏目"给英格兰的神话"），因此，它必须以

随着讲述而成长的故事

托尔金为《魔戒》绘制的第一张地图作于1940—1942年间，地图上有大量大大小小的改动，因为地理和名称随着他故事写作的进展渐渐呈现了出来。有些地区变动极大，以至于他得拿新的纸粘在上面，重新绘制；其他地域则不得不在边缘额外再贴上纸张才可容纳。他在1942年写《尼葛的叶子》这个故事时，内心深处很可能就想着它。尼葛画的一片叶子后来扩展成了一棵完整的树和一幅风景，他不断地"这里加一笔，那里改一块"，并把其他原本分开的画钉在边缘上。[1]这个故事和《魔戒》的地图都说明了托尔金如何打造他的传说故事集。

托尔金写作他的传说故事集的过程中，有很多年都只是在写不死之地和远古时期饱受战争蹂躏的贝烈瑞安德。这段时期始于创世，终于推翻恶魔般的魔苟斯，后者标志着第一纪元的结束。这个神话出现在第一次世界大战期间写《失落的传说》的时候。但是在1920年代，托尔金开始以诗句为主体重述两个故事：头韵体的《胡林的子女之歌》，讲述的是屠龙者图林·图伦拔；还有对句押韵的《蕾希安之歌》，讲述的是贝伦与露西恩这对恋人。1926年，他废弃了过时的《失落的传说》，写了一篇简短得多的所谓《神话概要》，然后，将它扩展为我们称为《精灵宝钻》的严肃编年史——前后分了三个版本，分别是1929—1931年版，1937—1938年版，以及从1950年代到他1973年去世所写的版本。

若不是《霍比特人》这个托尔金在1920年代末开始给他的孩子们讲的故事，我们很可能永远不会知道中洲。他随意地将比尔博·巴金斯的冒险故事设定在同一个世界更晚的时期，在一片新创的地区——大荒野，不过魔苟斯的旧仆死灵法师潜藏在黑森林里。全靠《霍比特人》出乎意料的出版协议，才促使托尔金认真思考自魔苟斯被推翻以来，究竟发生了什么。

在1936—1937年间，托尔金创造了类似亚特兰提斯的努门诺尔，一个给凡人居住的乌托邦岛屿。它在死灵法师（托尔金如今称他为索隆）的诡计下自取灭亡。努门诺尔的幸存者与中洲的精灵结盟，将索隆从其王国魔多驱赶到了黑森林。这标志着第二纪元的结束——这仍然在比尔博出门冒险的时代之前很久。

1937年《霍比特人》的成功，催生了于1954—1955年出版的续作《魔戒》。为此，托尔金设计了一段索隆与后努门诺尔时期的两个王国刚铎和阿尔诺的漫长战争史。他决定，霍比特人的夏尔位于蓝色山脉的一侧，而贝烈瑞安德曾经就在山脉的另一侧。他把《霍比特人》和《魔戒》定在第三纪元的末期。

除了编年史、语言、历法、家谱和画作，托尔金还创作了两部未完成的小说，分别是《失落之路》（1937年）和《摹想社档案》（1945—1946年），说的是在现代英格兰和古代努门诺尔之间进行时间旅行的故事。

但是，是他儿子克里斯托弗根据他的大量手稿编辑了《精灵宝钻》（1977年）。自那以后，克里斯托弗将他父亲的许多手稿做了分析，出版了十二卷的《中洲历史》（1983—1996年），在《未完的传说》（1980年）中提供了额外的材料，还出版了三本远古时代的单独故事：《胡林的子女》（2007年）、《贝伦与露西恩》（2017年）和《刚多林的陷落》（2018年）。约翰·拉特利夫的《〈霍比特人〉的历史》于2007年出版。

就连这个简短的总结，也给人一种连贯一致的错觉。在六十年的传说故事集创作中，无数细节经过了改动。精灵最初曾被称为"仙灵"和"诺姆族"。贝烈瑞安德最初叫作"布罗塞利安德"。大海以东的广袤大地直到1936年左右才被重新命名为中洲。直到1938年，"夏尔"和"远古时代"才被赋予这些名字。事实上，直到1950年，才分出第一、第二、第三和第四纪元这些名称。

某种方式与英格兰的"真实"历史和地理吻合。但是要怎么做呢？每一次重启，都是一个解决问题的新尝试。

托尔金通常不会去精确地匹配地理位置。当他从一个知道或读到的地方获得灵感时，那个地方位于地图的哪里通常并不重要——他会随意地蘸涂。

不过，他的传说故事集与他真实的祖国之间的关系，一开始直接得惊人。《失落的传说》创作于1915—1919年间，旨在讲述精灵的"孤岛"托尔埃瑞西亚本身，是如何"变成"盎格鲁－撒克逊的英格兰的。但是托尔金改变了主意。《失落的传说》在1920年左右重启了并未持续多久的一版，其

托尔金的第一张《魔戒》地图。随着故事展现出广阔的新场景，地图也扩展到额外增添的纸张上。

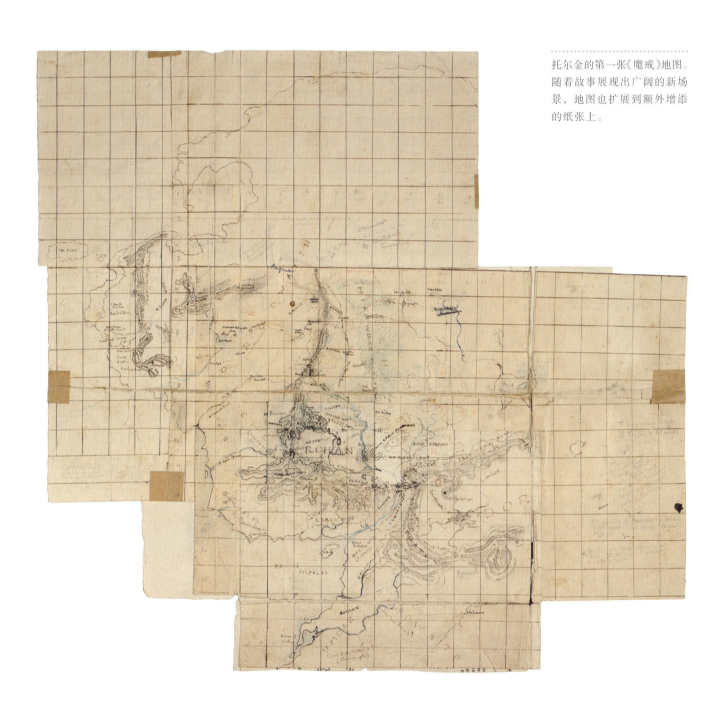

中孤岛和不列颠尽管都是精灵珍爱之地，却一直都是完全分开的两个地方。在托尔金的下一次重启中，也就是他在1926年至1937年间所写的几个《精灵宝钻》的版本里，贝烈瑞安德在远古时期结束时遭到了破坏，残留的碎块成了不列颠群岛。

《魔戒》则是另一次重启。从《魔戒》开始，托尔金设想的只是中洲的西北部和欧洲之间最笼统的地理匹配。不过，有迹象表明，他预见了不列颠群岛最终会从夏尔及其周围地区浮现出来。

有个迹象极其明显，就是霍比特人那股纯粹的、落伍的英国味儿。其他迹象则更微妙。在夏尔及其西边，能瞥见精灵存在的痕迹。与此复杂地交织在一起的，还有托尔金个人生活的隐约印记。所有这些要点的重要性，只有通过追踪它们一次又一次的重启，从一幅世界图景到另一幅世界图景，才能变得清晰。

一、孤岛：最初的"失落的传说"

在托尔金最早的概念以及《失落的传说》里，孤岛和不列颠是同一个地方。他1915年写的早期昆雅语词汇表中称托尔埃瑞西亚为"仙境，英格兰"。[4]由于托尔金偏好盎格鲁-撒克逊人，也为了与他那个时代更广泛的习惯保持一致，他用"英格兰"这个名称来指代地理上的整个大不列颠岛，包括苏格兰和威尔士。类似地，莎士比亚笔下冈特的约翰谈到"这一个持有君权的岛屿……这一片蒙受祝福的土地……这一个英格兰"时，指的也是大不列颠。托尔金的岛屿所受的祝福来自它的精灵过往，和精灵捉摸不定、挥之不去的存在。一首设定在现代的诗《孤岛》，将它描述为一片仍有仙灵的土地：

REJOICINGS AT DEATH OF DUN COW, WARWICK PAGEANT. II.

在寂静中，仙灵们带着一颗渴望的心

随着竖琴和古提琴编织的轻柔曲调起舞。

在我们整个凡人世界里，英格兰是魔法的中心地带。

托尔金除了将他的祖国与他的神话联系在一起，还将他的个人生活编织在其中。1916年，他横渡英吉利海峡前往索姆河战壕之后，在法国写下了《孤岛》，尤其痛切地怀念一个小镇：

我渴望你和你美丽的城堡，

傍晚在那里明亮的榆树间

回荡着高耸的内陆塔楼里长鸣的钟声：

啊，孤独的、闪烁的小岛，永别了！⁵

诗里的"城堡"小镇是沃里克。在过去的三年里，托尔金和伊迪丝·布拉特在那里度过了一段快乐的时光，也是在那里，二人于该年3月结婚。

一处私人之地

托尔金为孤岛上的地点画了一套共三幅的纹章图案，用以纪念他和伊迪丝生活中的里程碑事件，并配上了他发明的第二种精灵语——诺姆族语的名称和短语。

凯尔巴洛斯的纹章代表切尔滕纳姆。伊迪丝在托尔金的监护人禁止他们的一切交流之后，于1910年从伯明翰搬到这里，寻求一个新开始。1913年，刚刚年满21岁的托尔金，就是在这里说服她不要和另一个男人订婚。精灵语名字"拉农"（Ranon）和"埃克塞林"（Ecthelin）代表罗纳德和伊迪

给英格兰的神话

托尔金说："我从早年起就为我心爱的祖国如此贫乏而感到悲伤：它没有属于自己的故事……不具备我所追求的那种品质，而同样的品质，我却在其他国度的传说中（作为一种成分）找到了。"①

在他成长的时代，神话被视为民族认同上不可或缺的组成。但是"不列颠题材"，即亚瑟王和他的骑士们的中世纪故事这个庞大的主体，是凯尔特的根基，又浸透了法国的影响。即使是伟大的盎格鲁-撒克逊史诗《贝奥武甫》，本质上也是斯堪的纳维亚的。与希腊、芬兰、威尔士和其他地方的传统相比，英格兰本土的传奇在他看来简直是"乏善可陈的庸俗货色"。②它们在他年少时重新流行起来，对他来说，它们既是挫折感的根源，又是一种创造的激励。

1906年沃里克盛大的古装游行庆典，证明了大众对历史和传奇的过去拥有共同的热情。八万人蜂拥至该地观看为期五天的演出，《泰晤士报》热情地表示，自伊丽莎白女王一世时代以来，就不曾有过这样的演出。③这个范例开了接下来几十年席卷英国的"古装游行热"或"古装游行比赛"的先河。

当时在沃里克城堡的草坪上有舞台短剧表演，

其中一出重新演绎了一千年前由阿尔弗雷德国王的女儿，麦西亚人的女领主埃塞尔弗莱德击败异教的维京入侵者的故事。其他场景几乎或根本没有历史依据，无论是德鲁伊教徒试图拿无辜的儿童献祭，还是古代沃里克的不列颠领主，如"强大的格瓦尔"，甚或还有中世纪的小镇居民拖着被砍下的怪兽敦牛的头游行，它的眼睛还在眨，鼻孔里会喷火。这里的大部分故事来自古文物学家约翰·鲁斯15世纪写的沃里克历史，他编造了一些传说，又从"蒙茅斯的杰佛里"那完全不可靠的12世纪《不列颠诸王史》中抽取了其他的传奇故事。

也许是某种程度上出于对这场盛会的思念，托尔金写了一首诗，将沃里克描述为一个"褪色的小镇"，"旧日记忆正在消逝"（见第149页，"警戒与保卫"）。④*不管怎么说，他对这些本土传说的不连贯和缺乏丰富的神话色彩感到沮丧。正是这一点，再加上其他国家的伟大神话的光辉典范，促使他试图创作"一套或多或少互相衔接的传奇……我唯愿把它献给英格兰，我的祖国"。⑤

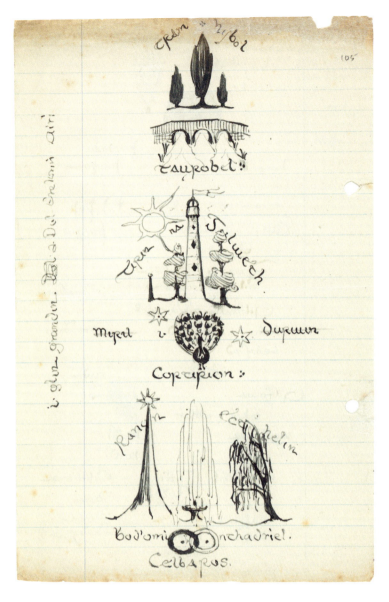

丝，尖顶和金链花大概也是这个意思。下方的短语意思很可能是"团聚"，而喷泉象征着有好几处喷泉的切尔滕纳姆。

拉农、埃克塞林和凯尔巴洛斯从未出现在托尔金的任何故事中。但在《刚多林的陷落》这个托尔金彼时开始描绘的"失落传说"里，这座享有盛名的精灵城邦以跃动的喷泉和一棵"盛开金花"的树为突出的地标，那也是托尔金第一次描写凡人与精灵公主之间的爱情和婚姻。他笔下的英雄图奥娶了精灵王图尔巩的女儿伊缀尔（见第 150 页，"警戒与保卫"）。[6]*

科尔提力安（Cortirion 或 Kortirion）的纹章代表沃里克。他们在 1913 年团聚后，伊迪丝搬到了那里。正是这些树启发了托尔金将沃里克郡称为"榆树之地"阿拉米诺瑞，他 1915 年的诗《林中的科尔提力安》（见第 118 — 120 页，"林木交织之地"）中也凸显了这些树。前景是沃里克城堡的当代明信片上常见的孔雀。而那座塔，根据

上图：给孤岛上的城镇做的纹章设计（从上至下：大海伍德，沃里克和切尔滕纳姆），上面写着诺姆族精灵文，约绘于 1917 年。†

下图：一张当代明信片上，孔雀在沃里克城堡前的草地上踱步，就像托尔金画上的那只一样。

---

† 图中诺姆族语文字从上到下的内容和大意为：tram nybol "雪桥"（或灰桥），Taurobel "陶洛贝尔"（"树林中围出的地方"），Tirin na Gilweth "英吉尔之塔"，Miril i·Durwin "梅里尔女王"，Cortirion "科尔提力安"，Ranon "罗纳德"，Ecthelin "伊迪丝"，bod'ominthadriel "团聚"，Celbaros "凯尔巴洛斯"。左边竖写的是 i·glin grandin a·Dol Erethrin Airi "神圣的托尔埃瑞西亚居所"。（*Early Noldorin Fragments*, 93-96）——译者注

沃里克的传统，可能会让人想起曾经矗立在埃塞弗莉达之丘上的那座城堡旁的圆锥形土楼。

根据这个神话的最早版本，托尔金将那座塔命名为"英吉尔"，他是第一个在孤岛定居的精灵领主。在最早的词汇表里，这个岛名叫"英吉尔诺瑞"，意思是"英吉尔之地"，明显是英格兰的双关语。词汇表给了科尔提力安一位驻守的"爱、音乐、美和纯洁"的女神埃林提，她有一座由精灵守卫的塔楼，但生活在一圈（korin）榆树中。她似乎代表了伊迪丝，却再也没有在神话中出现过。[7*]此外，在纹章设计和《失落的传说》中，岛上有一位精灵女王——梅里尔-伊-图林奇，她也住在一座小山顶上的一圈树木中，这个灵感可能来自埃塞弗莉达之丘（见第 120 页，"林木交织之地"）。

陶洛贝尔或塔芙洛贝尔的纹章代表斯塔福德郡的大海伍德村（精灵语名称的意思与英语名称相同，即"树林中围出的地方"）。1916 年，新婚的伊迪丝从沃里克搬到这里，住在托尔金位于坎诺克蔡斯的军队训练营附近（见第 12 页地图，"从英格兰到夏尔"；第 167 页，"战争之地"）。他几乎立即就被派往西线，但在当年 12 月，又成为一名疗养士

兵与她重聚。他这些纹章就是在这里画的，也许也是为了庆祝他们 1 月份的重聚纪念日。顶部的精灵短语意思可能是"灰色桥梁"，拱桥代表埃塞克斯桥，它在大海伍德村横跨特伦特河（见第 106 页，"河流、湖泊与水域"）。[8*]

托尔金在大海伍德动笔写的《失落的传说》，塔芙洛贝尔在其中扮演了重要角色。塔芙洛贝尔矗立在高荒野旁（让人想起坎诺克蔡斯），有一座"百座烟囱之家"——这肯定是对大海伍德的利奇菲尔德伯爵的祖宅舒格伯勒庄园的重新想象。这座乔治王时代大宅的烟囱并不引人注意，但当地的历史学家大卫·罗比指出，它有八十个烟囱，在 1917—1918 年的寒冬里，它们冒出来的烟应该蔚为奇观。[9*]

魔法之岛

《失落的传说》以埃里欧尔的到来开始，他是个"好奇心旺盛的人"，经过一次海上航行来到了孤岛。[10]也许，这个开始是在有意识地模仿托尔金近期搭乘医疗船返回英国的经历（见第 62 页，"海岸与大海"）。这是一个"框架故

J.R.R. 托尔金少尉和伊迪丝在 1916 年 3 月结婚时，在照相馆拍的肖像。

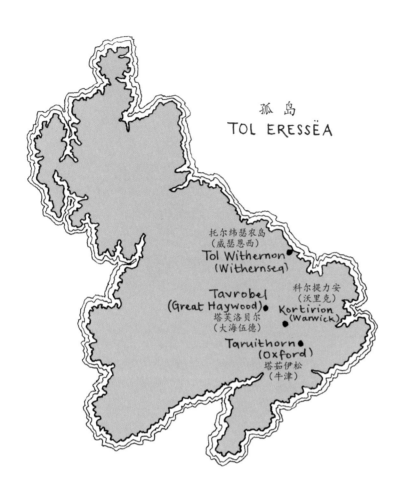

孤 岛
TOL ERESSËA

托尔纬瑟农岛
（威瑟恩西）
Tol Withernon
(Withernsea)

Tavrobel
(Great Haywood)
塔芙洛贝尔
（大海伍德）

科尔提力安
（沃里克）
Kortirion
(Warwick)

Taruithorn
(Oxford)
塔茹伊松
（牛津）

....
艺术家根据托尔
金最早的概念绘
制的爱尔兰崩解
出去之前的孤岛。

事"的开头，以科尔提力安和塔芙洛贝尔为背景，在这个故事中，精灵们向埃里欧尔 —— 也就是真正的作者托尔金的另一个自我 —— 讲述了他们的"失落的传说"。

《失落的传说》讲述的是史前时期，那时孤岛还能移动（就像欧洲神话和传奇中的一些魔法岛屿那样；见第66页，"海岸与大海"）。在孤零零地停驻在大海中央之前，它像一艘巨大的船，先将众维拉载去了维林诺，又将许多精灵载去了精灵家园。传说继续讲到精灵的一支 —— 诺姆族或诺多族 —— 的出奔，他们返回了大海以东的凡人之地，发动战争对抗在后来的版本中被称为魔苟斯的大敌。战争结束后，幸存者大多返回了精灵家园或孤岛。在这个"神圣的岛屿"上，埃里欧尔看见塔芙洛贝尔的精灵们在其辉煌时期，骑着马，"风吹拂着他们的金发，就像生气勃勃的灿烂花朵在黎明的光辉中摇动"。[11]

托尔金计划让埃里欧尔见证精灵衰落的开始。这部未完成的《失落的传说》的结尾注释显示，孤岛将被神圣的力量拉动，进行最后一次航行，因此精灵们可以前去帮助他们在凡人的大陆 —— 欧洲 —— 遭受攻击的亲族。诸神在大陆海岸附近爆发争斗，一大块陆地从岛上崩裂开来，形成了爱韦林（Íverin），或爱尔兰。如此一来，不列颠群岛就到了我们现在所知的地理位置。

埃斯提林、托尔纬瑟农岛和弗拉德威斯·阿姆罗德

托尔金在早期词汇表还给自己人生中几个重要的地点起了精灵语名字。"埃斯提林"就是埃克塞特，他所在的牛津埃克塞特学院就是因此而得名。托尔纬瑟农岛就是约克郡的威瑟恩西，离1917年春托尔金被派去的地方很近（见第138页，"古老的印记"）。弗拉德威斯·阿姆罗德则是吉卜赛格林，这是斯塔福德郡的特德斯利海伊附近的一栋房子。1918年，托尔金因军队任务回到了坎诺克蔡斯，曾在此住过一阵。托尔金曾画过《吉卜赛格林的幸福生活》，图中有伊迪丝弹钢琴以及他们刚出生的儿子约翰在婴儿车里。托尔纬瑟农岛和弗拉德威斯·阿姆罗德从未出现在托尔金的故事里，但他的词汇表把这些词与凡人漫游者埃里欧尔联系在了一起。

精灵的任务将会失败，不列颠将被一大群形形色色的人类和怪物从布列塔尼入侵（见第78—79页，"海岸与大海"）。随着人类的涌入，精灵将开始隐去消失，变成后世民间传说和幻想小说中虚无缥缈的生物。总有一天，他们会被遗忘，只存在于传说中。

到那时，"塔芙洛贝尔将不再记得自己的名字"。[12]事实上，我们知道，它将被称为大海伍德，而科尔提力安将被称为沃里克。这些具有古老名字的古代精灵之地，并不是有意成为现今地点"寓言式"的密码或代号。托尔金说过，他不喜欢寓言，而是"相对偏爱历史，不管历史是真实还是虚构"，所以若说拜占庭或君士坦丁堡是"寓指"现代土耳其的伊斯坦布尔，他很可能也会说这是同样的荒唐。[13]

在这些故事中，现代城镇拥有一段被遗忘的过去，并且对那些能捕捉到的人而言拥有一种挥之不去的魅力或神圣。在大海伍德，仍有一些不死之民徘徊其间，他们是"神秘的半透明存在"，可以从"突然弯下的青草，和桥上呢喃的怀念语声"中辨识出来。[14]在沃里克周围，精灵们仍然"不绝望……自己传唱／怀念以往，与仍然可能的未来的歌"。[15]如果托尔金真想传递什么启示，那也是很简单的一条。现代生活往往会使我们看不见事物的真正价值，而这种价值，你愿意的话，可称它为魔力。他说，幻想是一种"擦拭我们心窗"的方式，因此我们就可以看见事物的本来面貌，"从陈腐或司空见惯的单调模糊中解放出来——从占有欲中解放出来"。[16]

盎格鲁－撒克逊人登场

精灵的托尔埃瑞西亚转变成盎格鲁－撒克逊的英格兰——从神话到历史的转折点——涉及埃里欧尔和盎格鲁－撒克逊传奇领袖之间那清晰的家谱联系。

埃里欧尔所处的时代是黑暗时代，他来自昂格尔恩（Angeln），那里是被称为盎格鲁人的日耳曼民族真实历史中的故乡，位于现今德国的东北海岸。因此，他被恰如其分地描述为"原始英格兰人"。[17]托尔埃瑞西亚长久以来位于大海中央，在他的族人中只是一个遥远的传说。但是，在它最终迁移到欧洲海域，变成不列颠群岛以后，这个地方将遭到圭斯林人和布里梭宁人（Guiðlin 和 Brithonin，即凯尔特盖尔人和布立吞人），以及罗姆人（Rúmhoth，即罗马人）一波又一波的入侵。某种程度的拯救会来自盎格鲁人与他们的日耳曼亲族——撒克逊人和朱特人。

按照英国的传说，这些盎格鲁－撒克逊人在亨吉斯特和霍萨的带领下，于公元449年来到这里。在托尔金的笔

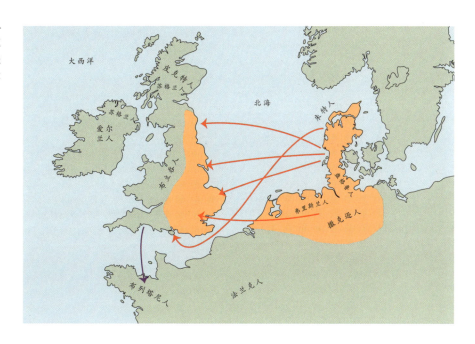

罗马人撤退后，盎格鲁－撒克逊人入侵了凯尔特不列颠。托尔金认为这对孤岛上日渐衰落的精灵而言是个好消息。

记里，这两位传奇的战争领袖都是埃里欧尔本人的儿子，是他的凡人妻子所生，她在他启航前往孤岛之前就去世了。当亨吉斯特和霍萨到达英国时，他们有了一个半精灵的弟弟——希伦达，为埃里欧尔续娶的精灵妻子所生。托尔金给每个儿子分配了一个"都城"，分别是沃里克、牛津（精灵语叫 Taruithorn，见第145页，"古老的印记"）和大海伍德。

《失落的传说》由埃里欧尔动笔写下，由希伦达完成，并传给了他们的盎格鲁-撒克逊子孙。因此，虽然凯尔特盖尔人和布立吞人只有"乱七八糟"的对精灵的描述，但英格兰人保留了"真正的传统"。[18] 盎格鲁-撒克逊人对还逗留在英格兰的精灵依旧十分友好。

《失落的传说》雄心勃勃地融合了托尔金所推崇的二种文学体裁。它是一个失落世界的故事，就像亨利·赖德·哈格德的《她》一样——埃里

欧尔作为探险家，偶然发现了一个仍处在辉煌鼎盛时期的古老文明。它是一个框架故事内的一系列故事，就像乔叟14世纪的《坎特伯雷故事集》，埃里欧尔是听众。它也是英格兰的奠基神话，就像维吉尔的《埃涅阿斯纪》为罗马提供的神话一样——由埃里欧尔扮演埃涅阿斯的角色，成为奠基的英雄。

但是，要让埃里欧尔做到这一切，时间的安排就有一个根本的缺陷。如果他是在孤岛成为凯尔特人的不列颠之前，在它的全盛时期航行到此，那他怎么可能是亨吉斯特和霍萨的父亲？这两个人是5世纪盎格鲁-撒克逊人入侵时的人类领袖。

我怀疑，正是这个缺陷促使托尔金放弃了最初的《失落的传说》框架故事，也放弃了把孤岛变成不列颠群岛的整个想法。

对页图：在托尔金的第二个仙灵不列颠构思里，它与孤岛托尔埃瑞西亚完全不同。

下图：托尔金并不是唯一想要创造一个综合了仙境的世界的人。伯明翰艺术家伯纳德·斯莱于1918年创作的《仙境的古老地图》就颂扬了无数传统故事。

二、分开的岛屿：
艾尔夫威奈的"失落的传说"

在托尔金的下一幅世界图景中，不列颠和孤岛始终是两个不同的地方。不过，这两个岛屿通过居住在岛上的精灵而紧密相连。精灵们称不列颠为路沙尼或露西恩（还要再过几年，托尔金才会给他的精灵女主角缇努维尔取这个名字）。

托尔金似乎是在 1920 年年底左右，在开始第一份学术工作，也就是在利兹大学教书时，发展出了这个新的世界图景。[19*]那时他教授古英语的语言和文学，十分明智地将他的新框架故事的开头设定在他烂熟于心的盎格鲁－撒克逊时代。尽管它的标题是"英格兰的艾尔夫威奈"，但这个简短的文本使传说故事集不仅仅是盎格鲁－撒克逊的英格兰神话，也是整个不列颠的神话——包括其凯尔特的各个方面。这是托尔金唯一一份描述精灵处在基督教时代和真实记录的历

史中的散文叙事。它还利用不列颠11世纪时的情况——处于边缘位置的凯尔特人，位于主流的盎格鲁－撒克逊人，肆无忌惮掠夺的维京人——来勾勒出托尔金认为至关重要的价值观。

到了这个时代，这座岛屿已经成了精灵在凡人之地的最后立足点——"仍是一块圣地，那座岛的很多地方仍萦绕着别处不再有的魔力"。[20] 他们与沃里克的盎格鲁－撒克逊君主交好，那座小镇矗立在他们自己古代的科尔提力安城遗址上。但接二连三的致命入侵，迫使他们要么躲藏起来，要么退到岛屿西部。他们在那里渐渐从莱昂内塞（Lyonesse†）的港口扬帆而去，莱昂内塞乃是"贝烈瑞安更远处的失落之地"。[21] 在古典历史的记载中，康沃尔的"大地尽头"最早已知的名称就是"贝烈瑞安"，而在亚瑟王传说里，莱昂内塞是贝烈瑞安边界上的一块被淹没之地（见第77—78页，"海岸与大海"）。因此，如果精灵在不列颠的某处真有家园，它不是在盎格鲁－撒克逊的中心地带，而是在凯尔特的语言和文化仍能存续的边缘地带。

取代埃里欧尔在《失落的传说》中担任聆听者的凡人旅行者就是英格兰的艾尔夫威奈——不是一个原始英格兰人，而是一个真正的英格兰人。但他是一个融合了西方和北方的

中间人。他母亲是来自莱昂内塞的凯尔特人，与"弄潮者，海滨精灵"十分友好，以至于当艾尔夫威奈出生时，精灵还派使者到沃里克来祝贺她。[22]* 他父亲是盎格鲁－撒克逊人，在保卫家园对抗维京人的时候牺牲了，死时还唱着一首"鼓舞人心的古代英勇之歌"。[23] 那就是古英语诗歌《狄奥》，其中的叠句是"那逝去了，这也可逝去"——托尔金十分珍视这几行诗，认为它是不屈不挠的"北方勇气"的集中体现（见第30页栏目"一个充满敌意的世界"）。[24]* 这个英勇动人的画面清楚地把北方的勇气（与基督教的价值观一致）与异教信仰的维京人（"北方的人类"，精灵语是Forodwaith；见第70页，"海岸与大海"）的贪婪和残忍区分开来。艾尔夫威奈继承了他母亲凯尔特人的想象力和对大海的渴望，他逃离了维京人，从不列颠启航，去寻找位于西方的精灵岛屿。[25]

这次重启只写到艾尔夫威奈第一次瞥见孤岛。问题可能只是托尔金新的教学工作量太大，也可能是他看出这幅修改后的世界图景也有问题。11世纪的艾尔夫威奈自己显然不能成为他历史悠久的祖国的奠基英雄。在确定了不列颠不是精灵的孤岛之后，托尔金没有留下任何线索来解释这部重启的《失落的传说》将如何讲述不列颠的起源。

---

† 托尔金书中拼为 Lionesse。——译者注

仙境里的孪生城镇

在《英格兰的艾尔夫威奈》的世界图景中，有两个独立的岛屿：托尔埃瑞西亚和不列颠／路沙尼。托尔金实际上想让这两个岛都拥有科尔提力安和塔芙洛贝尔。在孤岛上，这些城镇会由来自路沙尼的精灵命名，以表达对故土的怀念。我们可以认为，它们是现代的沃里克和大海伍德在很久以前的不朽仙境里的孪生城镇。不过，科尔提力安不是孤岛的首府，首府是罗斯，这大概是托尔金在向约克郡的鲁斯致敬，伊迪丝在那里启发他于1917年写下了《缇努维尔的传说》（见第117—118页，"林木交织之地"）。

在下一幅世界图景——早期的《精灵宝钻》里，唯一的科尔提力安是在孤岛上，那里也有塔芙洛贝尔，它是精灵历史学家朋格洛德的家乡，朋格洛德是《精灵宝钻》的虚构作者。奇怪的是，托尔金也叫它"塔斯洛贝尔"，意思肯定是"柳树之乡"。因此，虽然孤岛肯定不是不列颠，但这称呼一定是对柳树遍地的牛津——也就是《精灵宝钻》真正作者的家乡——的一种玩笑式的私下致意。①*

在第三个构思里，不列颠将自贝烈瑞安德的解体中浮现。重叠的大小比例假定垂柳众多的南塔斯仁就在牛津的位置上。请注意，本页上部的《精灵宝钻》地图显示了后来创作的许多细节。

三、从大陆到岛屿：早期的《精灵宝钻》

托尔金回到牛津担任盎格鲁－撒克逊学教授后不久，在1926年的《神话概要》中再次重启了神话，这次它又是明显为不列颠或英格兰所写的奠基神话。推翻魔苟斯的激战让那片战争之地"支离破碎"，其主要碎块组成了"露西恩岛（不列颠或英格兰）"，精灵从那里向西航行到孤岛。[26]1930年代比较长的《精灵宝钻》版本也基于同样的想法。战争发生之地名叫"贝烈瑞安德"（见第78页栏目"名字里有什么？布罗塞利安德和贝烈瑞安德"），也一语双关地被称为"英戈泷德"或"安戈隆"，意思是"诺多族的王国"。在崩裂后，残存的不列颠群岛被称为"蕾希恩"。

与特定英格兰地点的直接地理对应，先前对托尔金来说非常重要，现在却不见了——不是被废弃，就是干脆被这些精灵的历史忽略了。这些历史没有追溯蕾希恩发展成不列颠的过程。如今的艾尔夫威奈只是精灵书写的历史的翻译者。

这里没有一个特定的奠基英雄。不列颠如今成了蒙福之地，因为它古老的贝烈瑞安德大地被设定为夺回魔苟斯盗走的精灵宝钻（精灵制作的神圣宝石）的漫长征战之地。

最引人瞩目的是凡人战士贝伦与精灵公主露西恩·缇努维尔的故事，托尔金总是将这两个人物与自己和伊迪丝紧系在一起——事实上，紧密到了他最后让人将这对情侣的名字刻在他们自己的墓碑上的程度。他们奇迹般从安格班堡垒中魔苟斯的铁冠上取回的一颗精灵宝钻，成了埃雅仁迪尔之星（见第27—28页，"四方的风"；第64页，"海岸与大海"），预示着魔苟斯最后的失败。

贝伦被杀之后，靠着神的恩典，他与露西恩获得重生，一同居住在后人称为"死而复生者之地"的地区，度过凡人

的一生。如果托尔金想为不列颠注入来自贝烈瑞安德的福佑，这肯定是最受祝福的地点。有很长一段时间，他将这地安排在西瑞安河以西的丘陵中。那里刚好是一片空地，但把重生的贝伦和露西恩安置在那里，给了贝烈瑞安德本身一处具有魔力的西部。

经过反复推敲，托尔金最终将"死而复生者之地"挪到了位于贝烈瑞安德东缘蓝色山脉脚下的欧西瑞安德。这大概是叙事需要所致（这样一来，贝伦就能伏击那些洗劫多瑞亚斯之后想带着战利品返回山中城邦的矮人）。但贝伦与露西恩故土的新位置——"如同诸神之地的镜像"——将在适当的时候承担一种重要的象征意义。[27]

名字有什么含意？ "露西恩"和"蕾希恩"

托尔金赋予"露西恩"（Lúthien）和"蕾希恩"（Leithien）这两个名字很深的意义。这词的词形或许来自（它的变体"路沙尼"Luthany则肯定来自）他最喜欢的近代诗人弗朗西斯·汤普森对"路沙尼之地，埃兰诺尔的大片地域"谜一般的引用。[①]不过，托尔金式的名字是怎么描述不列颠或英格兰的？精灵称艾尔夫威奈为"露西恩"，即"朋友"；称英格兰为"路沙尼"或"露西恩"，即"友谊"，因为那里的精灵和凡人彼此十分友好。[②]*也许，数年之后，当托尔金把"露西恩"作为名字送给他的精灵女主角、凡人贝伦的恋人缇努维尔时，它仍有类似于"朋友"的意思。[③]*

托尔金曾经将英格兰称为"释放之地"或"自由之地"。[④]1920年代有关贝伦和露西恩的长诗被称为"蕾希安之歌，从束缚中得释放"（回想一下《牛津英语词典》对"自由"的定义："从束缚或拘禁中获得释放或拯救"）。[⑤]所有这些都表明，"蕾希恩"在古代精灵的不列颠或英格兰，意思同样也是"释放之地"。

有鉴于此，考虑到英语中的"朋友"（friend）和"自由"（free）两个词语都来自一个古老的词根，意思是"去爱"[⑥]*，这就非常引人注目了。语文学家托尔金肯定知道这一点，也许这让他深感共鸣，即友谊和爱可以让人从压迫、痛苦和心痛中得到拯救、释放。即使他不打算让精灵语里的"露西恩"和"蕾希恩"像"朋友"和"自由"一样有词根上的关系，它们在发音和感觉上也仍然反映了一种相似的关系。在精灵语中，"自由之地"听起来非常像"友谊之地"，以至于一种意思总暗示着另一种意思。

毫无疑问，托尔金自己的名字"鲁埃尔"（希伯来语"上帝之友"）激发了他对具有友谊含意的名字的浓厚兴趣，同时也启发他取了"艾尔夫威奈"（古英语"精灵之友"）这个名字作为虚构的另一个自我；"埃兰迪尔"（昆雅语"精灵之友"）后来成为刚铎和阿尔诺的创立者；以及在《魔戒》中使用"精灵之友"的称谓时，是一种高度的赞扬。

托尔金夫妇的墓位于牛津沃尔弗科特公墓内，他们的墓碑证明了贝伦与露西恩的故事对其作者的重要性。

创造出埃利阿多这片辽阔的土地，是为了填补迷雾山脉东侧《霍比特人》中的大荒野和《精灵宝钻》里残存的贝烈瑞安德之间的空白，贝烈瑞安德早在霍比特人出现许久之前就已沉没。下方的比例重叠图，包含了希姆凌岛和托尔浮阴，那是希姆凛和陶尔－努－浮阴曾经所在之地，这显示古老的贝烈瑞安德与《魔戒》里的大地面积相比，是比较小的。

四、等候的岛屿：《魔戒》

比尔博·巴金斯的意外闯入，改变了一切，不过要等到1937年《霍比特人》的成功，才促使托尔金写下续集。

霍比特人基本上就是托尔金那一代的英国人。他们是那个虚构世界的荒唐可笑的附加物，不过，托尔金在1920年代末开始写《霍比特人》时，全部的意义趣味就在于此。他的三个儿子还太小，无法欣赏严肃的史诗，但看到一个非英雄式、简直就跟英国人一样的人物被拖进史诗的危险境地里，他们彻底被逗乐了。托尔金把他的儿童故事设定在远古时代之后的某个时间段里，在贝烈瑞安德以东的空白地理位置上，这样就有了腾挪的空间，无需费力就能把它安置到更古老的传说故事集里。

但是到了《魔戒》，托尔金选择的正是这么做。他最早的决定之一，是把精灵塔放在夏尔的西边，越过精灵港口眺望大海（见第157页，"警戒与保卫"）。但是那里没有岛屿等着成为英格兰或不列颠。最后，在他最初凭空构想出这个概念的二十年后，他放弃了它。霍比特人，这群彻底的英国佬，简化了传说故事集和后世英格兰之间的联系。夏尔不需要发展成后世的英格兰，因为实际上它已经是了。

不过，这还不是全貌。仔细看你就会发现，托尔金从未真正放弃那个最初的构思，即英格兰会因为与精灵联系在一起而受到祝福。他写道，在整片广袤的贝烈瑞安德，只有"露西恩居住过的那片大地还存在，被称为林顿"。[28*] 因此，中洲最西边的海岸，也就是山姆·甘姆吉所唱的"东起高山，西至海洋 / 最后的乐土任人徜徉"的地方，曾一度是"死而复生者之地"。[29]

正如甘道夫在别处评论的，"只要是精灵居住过的地方，除非是极大的邪恶降临，否则该地不会完全忘记他们"——对于任何仍被露西恩的记忆所祝福的地方，更是如此。[30*]

托尔金也没有完全放弃它在地理上与不列颠的相似之处。林顿是大海旁一片具有魔力的西部地区 —— 是托尔金之前在《英格兰的艾尔夫威奈》中所想象的那种地区，那里有精灵在康沃尔以及"失落之地"莱昂内塞徘徊。莱昂内塞又是具有魔力的西部地区，介于大海和基本上不具有魔力的英格兰领土之间 —— 这次不是11世纪的盎格鲁-撒克逊的英格兰，而是夏尔，包括它的村庄、农场、邮局和手帕。在托尔金受威尔士语启发的辛达语中，"林顿"的意思是"歌唱之地"，而这个短语最著名的用法是形容威尔士，这或许不是巧合。

令人怀疑的是，他是否积极想象过一个不列颠岛最终会从林顿和夏尔浮现出来。虽然他说霍比屯大约是牛津的纬度，又暗示它也在那个经度附近，但他承认要把他创造出来的地区与从前欧洲的地质地貌相匹配，是一件棘手的事，他说这个故事"在我想到这个问题之前"就已经走得太远了。[31*] 双方的地理规模不匹配 —— 林顿比威尔士和西部乡野大上很多倍。

然而，视觉上令人惊叹的是，舒恩河与塞文河的形状

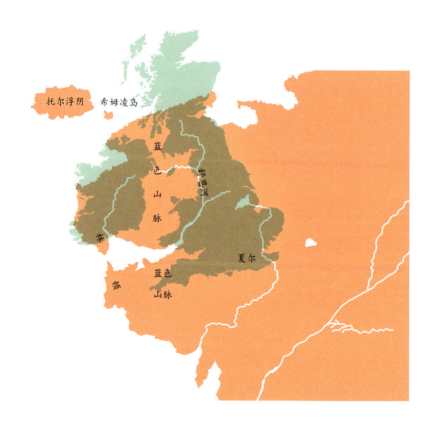

如果霍比屯可以等于牛津，那么，这就是比例正确的不列颠重叠到埃利阿多的模样。但托尔金没有执着于这个想法。

是一致的，两条河的西边都有山脉；还有划分南、北林顿的舒恩湾，与将威尔士从萨默塞特、德文郡和康沃尔分隔出来的布里斯托尔海峡相吻合（见第110页，"河流、湖泊与水域"）。如果你把舒恩河和塞文河叠放在一起，你会发现灰港在克利夫登附近，托尔金和他自己的露西恩，即伊迪丝，就是在那里度的蜜月（见第77页，"海岸与大海"）。[32*]他不可能期望读者意识到这种事，但我猜他从中得到了个人的乐趣。

他在《魔戒》中编织进了最后一个自传性质的类似情节。"西界"位于林顿和夏尔之间的边界上，那是山姆·甘姆吉的开明继承人的家乡。英格兰西部毗邻威尔士的边界诸郡，是托尔金母系祖先萨菲尔德家族的故乡。将这一切联系在一起的是"西界红皮书"，据说《霍比特人》和《魔戒》就是从这本书中取材写成的。

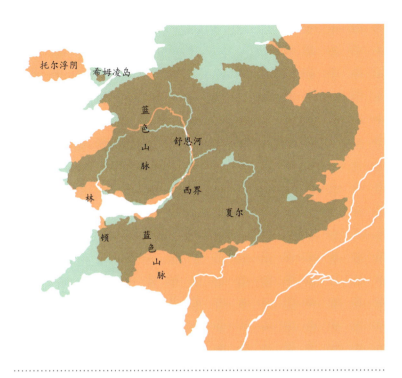

上图：一张不同的重叠地图（比例不一致）显示舒恩河和塞文河之间的相似，以及精灵的林顿和不列颠的凯尔特西部的相似。

下图：菲利普·威尔逊·斯蒂尔，《塞文河的马蹄形河套》，1909年。

海岸与大海

C.S. 刘易斯的哥哥沃尼曾说："托托是个内陆动物。"[1]但在这个阶段，沃尼可能只知道《霍比特人》和尚未完成的《魔戒》。在这些故事里，旅程沿着河流和湖泊进行，穿过森林，翻越或钻过山岭，但大海几乎就是个传说。然而，整套传说故事集显示，托尔金不是内陆居民，而是个岛民。

对托尔金来说，山岭和森林都远不如大海重要。海上航行给他的童年和他第一次世界大战的经历都带来了非同寻常的改变。在学术和创作生涯里，大海是与欧洲西北部古代航海民族的永恒联系，他们的故事启发了他。当他写下"对大海的思念总是出现在霍比特人想象的背景中"时，他是在说自己。[2]这是喜忧参半，他一直反复做着具有毁灭性的大海的噩梦。

在他的故事和诗歌中，大海暗示着一种不可估量的精神维度，并使那些听见或看见它的人脱胎换骨。大海的乐曲在《精灵宝钻》开篇的创世神话中扮演了重要角色。整个神话故事，在 1914 年以一艘船航向天空的意象诞生，而《魔戒》以同样的方式结束。

探索这一点，将涉及四次航程：托尔金对大海的渴望如何觉醒；成长期的阅读如何将他传说故事集中的"大海"塑造成型；在他的诗歌和给孩子写的故事背后，海滨给他的灵感；最后，他的亚特兰提斯神话——努门诺尔的噩梦大灾难。

对托尔金而言，它就像《魔戒》中的山姆所感觉的："中洲海岸的波涛叹息呢喃不绝，它们的声音深深没入了他的心底"。

一、海上之旅和海的变化

1895 年 3 月 29 日星期五的晚上，"圭尔夫号"轮船载着罗纳德·托尔金离开了他的出生地。虽然他只有 3 岁，但他始终记得看见一群男孩潜入开普敦港口清澈的大西洋水域去找乘客抛下的硬币。[3]

联合公司最新的双螺桨轮船是为快速而造的，但是一路不停仍然花了两周时间才完成沿着非洲西岸的航行。接下来三天，它在三个地方停靠——特尼里弗岛、马德拉岛、里斯本。4 月 20 日星期六晚上 7 点，"圭尔夫号"停靠在英格兰南部海边的南安普敦。[4*] 由于父亲在来年 2 月去世，这个最后的岛屿变成了罗纳德永远的家。

他在 1916 年 6 月 6 日横渡英吉利海峡，其意义几乎同样重大。他和伊迪丝·布拉特在 3 月结了婚。这时，他在肯特郡的福克斯通登船，准备穿越 U 型潜艇出没的海域前往法国参战。他回忆道："谁都没指望能生还。与我妻子分开，当时无异于死别。"[5]

在法国海岸埃塔普勒的军营里，他写了一首诗，把渡海经历融入他写了将近两年的传说故事集里。这首诗告别了"大海环抱、孤零零的、微光闪烁的岛屿"，像一位即将离去的恋人回望着英格兰。[6]海鸥掠过船的尾波，悲鸣盖过大海的种种喧嚣。透过模糊的泪眼可以看到绿色的海湾，银色的沙砾，黑暗的海边洞穴和白色的悬崖。但在海浪中，"海滨的精灵在驰骋"，因为这不仅是英格兰，也是精灵的孤岛——托尔埃瑞西亚（见第 46—47 页，"露西恩之地"）。[7]

他在 11 月 8 日返回福克斯通的旅程，与他在那年冬天所写的故事有明显的相似之处。那个故事旨在引入《失落的传说》，该书讲述凡人漫游者埃里欧尔如何抵达孤岛的中心，聆听了精灵们的"失落的传说"（见第 50 页，"露西恩之地"）。但是托尔金没有描述埃里欧尔的航程或靠岸经历。他自己的航程和靠岸经历——在"阿斯图里亚斯号"医疗船上饱受战壕热之苦——可能是一片模糊或空白。

然而，同样在那个冬天，托尔金在最早写下的"失落的传说"——《刚多林的陷落》中释放了大海。它描述了另一个凡人图奥的旅程：他沿着海岸，与神圣的众水主宰乌欧牟相遇，然后前往精灵城市刚多林。它还引入了图奥的儿子——出生在刚多林的星辰水手埃雅仁德尔，他实际上是托尔金最早创造的人物，早于神话中的任何其他事物。托尔金于 1914 年造访康沃尔的行程，显然启发他写出了图奥的经历。但我认为那里的夜空也激发了星辰水手这个想法本身。所以，图奥的故事——看见大海，后来养育了埃雅仁德尔——也是托尔金的故事。

在康沃尔的海滨

在 1910 年至 1912 年之间某个时候，托尔金拜访了苏格兰的圣安德鲁斯，从那时起，他就酝酿着一首有关海浪冲击海岸的诗。毫无疑问，更多灵感来自他 1912 年 8 月在福克斯通附近与"爱德华国王骑兵团"度过的两周，这是他所在的牛津学院要求他加入的地方骑兵部队。肖恩克利夫的迪布盖特营地坐落在大海上方的一座山丘顶上，每天都暴露在袭来的风雨之下。[8*]巨浪轰隆隆地冲击着悬崖脚下的滨海大道。不过现存最早的大海诗歌——《潮汐》，是 1914 年 12 月写的，副标题是"在康沃尔海滨"，反映了他那年夏天造访康沃尔的利泽德半岛的经历。

托尔金是跟他的监护人在伯明翰奥拉托利会的一位同事去的该地。利泽德镇坐落在不列颠本岛的最南端，他们在一家名叫"贝尔梅霍"的小旅馆投宿。文森特·里德神父要在当地一座没有驻堂神父的小教堂里主持弥撒，小教堂的名字很特别，叫作"利泽德圣母"。[9*]文森特神父对这片地区非常熟悉，在皈依天主教之前，他曾在波斯列文担任英国国教的教区牧师。两人步行到他的老教区，然后经由赫尔福德山谷（"简直就像个峡湾"，托尔金说），贡希利丘陵和小卢安返回。[10] 在其余数日里，托尔金画了多岩的海岸线——狮子岩、卡德维斯和利泽德附近的一个海湾，在狂风肆虐的荒原下，海浪掀起白色的浪花拍打着黑暗的悬崖。在凯南斯湾那些类似的悬崖顶上散步后，他给伊迪丝写了一封信：

我在这么一封无趣的信里，怎么说都没法向你描

述它。太阳炙烤着你，大西洋的
巨浪拍打着尖岩暗礁。大海掏空
崖壁，蚀出了奇形怪状的风洞和
水眼，它们发出喇叭似的噪声，
或像鲸鱼一样喷出水沫，放眼望
去到处都是黑礁、红岩和白沫，
映衬着淡紫和清澈的海绿。[11]

毫无疑问，"魔鬼的风箱"令托尔
金惊叹不已，一本当时的旅游手册将
它形容为悬崖上的"巨大裂隙"，涨潮
时海水"汹涌澎湃地冲进去，迫使潮
水从上方一个开口喷涌出来"，使得洞
穴像雷鸣般轰隆作响。[12]

那年晚些时候，一首关于大海的
诗便以滚滚如浪的音节展开了："我坐
在回声深沉的大海那残破的边缘。"[13]
狂暴的风暴过后，恢复了深沉的平静；
然后目击者醒来，结果这一切都只是
古代的景象。另一个版本是 1915 年的
《远古时代的海颂》，伴随着一幅画
《水、风和沙》，展示了在一片想象的
图景里，一名目击者的微小身影。它
似乎阐明了这两句诗所描述的：

> 呼啸的巨浪击打着滴水的黑
> 色立面，轰然坍塌的水泉如瀑布
> 般震耳欲聋。[14]

1917 年，托尔金将这首诗锁定在
他的传说故事集中，将它描绘成图奥
目睹两位迥异的海神之间的冲突。深
奥渊博的乌欧牟维护着世界，理解精
灵和人类的心灵。反复无常的欧西则
袭击他们的海岸，撞毁他们的船只。

即使在这首早期的诗中，托尔金也为几十年后的《魔戒》铺垫了素材。欧西的"骑兵如同巨浪"预示着幽谷附近的布茹伊能渡口（见第105页，"河流、湖泊与水域"）那些水沫里的白马形状。[15] 乌欧牟的音乐与山姆·甘姆吉在灰港听到的一样，"拍打着中洲海岸的波涛叹息呢喃不绝"。[16]

同样写于1917年的《刚多林的陷落》，将托尔金的海滨经历变成了神话。故事里，图奥是有史以来第一个看见大海的凡人。图奥在全然不知大海是何物之前，就遭遇了它的力量，因为有一堵水墙逆流汹涌而上，冲进了他刚刚爬出的河谷。

这片不长树木、狂风肆虐的高地——在《精灵宝钻》最终的版本里被定名为奈芙拉斯特——具有完美的康沃尔风格。图奥来到高耸的海边悬崖上，张开双臂站在那里面对落日。图奥对海藻、石塘、洞穴、喷水洞和海鸟都惊叹不已。最后，乌欧牟以令人敬畏的形象从海中现身，派他前往刚多林，又预言了他儿子的出生，那是一位将成为暮星的水手。当然，这表示图奥所见的落日后的天空里没有暮星。

不过，1914年8月，在利泽德的晴朗夜晚，人们可以清楚看见金星从西边的地平线上跃出，闪耀一个半小时之后再次在正西方消失。[17*] 在这个纬度，金星一年只在正西方出没两次，每次只有几周时间——其中一次是在8月左右。因此，在1914年9月那首开始了托尔金神话的诗歌《暮星埃雅仁德尔的远航》动笔前几周，利泽德角就已经给出了一览无余的景象。

上图：《他内心充满了渴望》，珍妮·多尔芬绘制，灵感来自康沃尔的风景，描绘图奥第一次看见大海的情景。

对页图：波琳·贝恩斯为《汤姆·邦巴迪尔历险记》所绘插图中的"月仙"。

> 埃雅仁德尔从海洋之杯中跃出
>
> 在中世界边缘的昏暗间；
>
> 像一束光射出黑夜之门
>
> 跳过黄昏的边缘……[18]

星辰水手航行在"白昼炽热死去吐出的光亮气息里……来自西方之地"，就像几周之前在康沃尔看见金星的景象。这是一个经由观察而发展出的神话。

尽管如此，古老的神话和可能来自当地的传奇，都混了进来。康沃尔有许多传说，讲述船只奇迹般驶离海面越过陆地。那些船与邪恶水手们不得安息的灵魂联系在一起，就像更有名的"飞翔的荷兰人"[†]，被诅咒永远航行在世间的海洋上不得返乡。然而，如果托尔金在造访期间听到这样的故事，它们一定会迎合他新近发现的对传奇的渴望。

---

† 飞翔的荷兰人（Flying Dutchman），是传说中一艘永远无法返乡的幽灵船，注定在海上漂泊航行。——译者注

二、北方的奥德赛之旅

那段时间，托尔金一直在思考埃雅仁德尔背后的一个更古老的航海故事。他从古英语"暮星"的说法取用了这个名字。语文学家卡尔·穆伦霍夫认为，它可追溯到"最古老的日耳曼英雄"之一，现在已经被遗忘了——其核心人物属于"一个水手神话，其要素与希腊的奥德修斯神话相对应"。[19*] 这个理论似乎一直是托尔金的指路明灯。他不满足于9月的短诗，想谱写一部以寒冷的北方海洋为背景的《奥德赛》。他的英雄必须是一位遭遇奇事、历经艰险的伟大水手，就像荷马笔下的英雄一样，但他笔下的大海将是大西洋而不是地中海。

第一份草草勾勒的情节大纲如此开始：

埃雅仁德尔的船航过北方。冰岛。格陵兰岛和一众荒岛：狂风和巨浪的浪头将他带到气候更炎热的地方，去到西风的背后。陌生人类的地域，魔法之地……他……看见一座高山岛屿和一座金色的城市……[20]

这里的高山岛屿和城市很可能是萌芽阶段的孤岛及其港口，不过托尔金很快就决定这座城市在大陆上，乃是精灵家园的首府科尔，要等相当一段时日之后，它才更名为提力安（见第148—149页，"警戒与保卫"）。

这份粗略的大纲似乎基于1895年3岁的托尔金睁着好奇的眼睛看见的奇景。高山岛屿让托尔金深切忆起特尼里弗岛或马德拉岛，这两个岛上都有高耸的火山。金色之城则让托尔金想起令他记忆犹新的一幕——"在日出时驶进港口，

从大雅茅斯到贝尔法拉斯

在介绍他1962年的诗集《汤姆·邦巴迪尔历险记》时，托尔金说，霍比特人的诗《月仙来太早》显然是基于人类的传统，因为它提到了多阿姆洛斯和贝尔法拉斯湾。① 现实中，它源于托尔金1915年一首以北海和诺福克为主题的诗，托尔金似乎在过去两年里去过那里两次。②* 它给传统的童谣提供了一个巧妙有趣、以假乱真的解释，那首童谣讲的是月仙问路要去诺里奇，结果被冰李子粥烫了嘴。

托尔金的"月仙"被大地上的欢乐和热腾腾的食物引诱，绊了一跤掉进了北海。大雅茅斯的渔夫们捕获了他，把他和早晨的渔获一起送到诺里奇。他在那里用他的月亮财宝换得了一碗冷粥。1923年的版本又提到了诺里奇15世纪宏伟的哥特式教堂圣彼得曼克罗夫特，以及耶尔河和能河（见第108页栏目"河流名称"）。在《汤姆·邦巴迪尔历险记》中，托尔金用贝尔法拉斯湾代替了北海，用多阿姆洛斯的临海高塔代替了圣彼得教堂。英式幽默和情绪保留了下来，很容易与霍比特人的风格相合。

看见上方的山坡上有一座大城市"（他断定那一定是里斯本）。[21]

　　然而，在早期的传说故事集中，我们向西航行时，就驶入了中世纪航海想象中朦胧的未知水域。离开普通水域后，航行在托尔金的大海里的水手，首先会遇到魔幻群岛或迷咒群岛。粗心的游客会在这里陷入无止境的睡眠，就像中世纪传奇中安置在小亚细亚、日耳曼海岸或格陵兰海岸上的"睡眠七圣童"一样。[22*] 过了魔法岛屿，黯影海域形成了最后一道屏障。这让人回忆起11世纪的编年史家，不莱梅的亚当笔下文兰附近"笼罩在黑暗或迷雾中"的地区，或9世纪爱尔兰的《航海》中，圣布伦丹航行时到达"幸福之地"之前穿越的迷雾。[23]

　　托尔金大概把他的孤岛托尔埃瑞西亚想象为后来所有传说中"幸运岛"的真正来源，这些岛屿是仙境之民的家园，比如爱尔兰的海布拉塞尔，据说达南神族就住在那里（见第34页，"四方的风"）。威尔士的阿瓦隆（"苹果之岛"），也就是亚瑟王传奇中的阿瓦隆尤其重要。在莱亚门编著的《布鲁特》（约公元1200年左右）中，亚瑟王最终与所有精灵中最美丽的一位（the fairest alre aluen）生活在一起。在1930年代中期的文稿里，托尔金实际上把阿瓦隆作为孤岛的别名。[24*] 这意味着在《魔戒》中，受伤的弗罗多最终航行到了阿瓦隆——如托尔金曾经描述过的，一个真正的"亚瑟王式的结局"。[25] 当山姆·甘姆吉最终步弗罗多后尘，航行到那里，实际上他做到了托尔金在他未完成的诗歌《亚瑟王的陨落》中打算让亚瑟的兰斯洛特去做的事。

　　就像中世纪传说中的许多岛屿一样，托尔埃瑞西亚不是固定的，而是可移动的（见第51页，"露西恩之地"）。据说，爱尔兰本岛"在大洪水时漂浮在海上"。[26] 在《失落的传说》中，孤岛由一头大鲸鱼拖着。如果中世纪的彩绘手稿中没

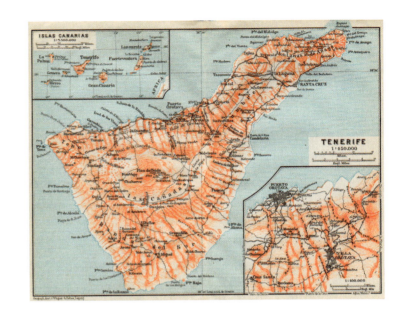

有鲸鱼拖着载满精灵的岛屿，他们真该绘一幅。（他们的确画了一群水手把鲸鱼误当成岛屿的图——这给托尔金灵感写了《法斯提托卡隆》这首诗，讲述一座"适合登陆的岛屿"原来是一头巨大的鲸鱼或海龟，游客一在它背上安歇下来，它就潜下水去。）[27*]

蒙福之地

　　在极西之地坐落着"蒙福之地"，托尔金称之为"阿门洲"。在他的第一份埃雅仁德尔大纲中，"西风的背后"这句暗示了这一点。[28] 他童年最喜欢的作家乔治·麦克唐纳也曾这样描述过北风背后的一个国家，那里"永远是五月"——"一片充满爱与光的土地，／没有太阳，没有月亮，没有夜晚……"[29]

　　托尔金效仿古斯堪的纳维亚的神话，把埃尔达玛或精灵家园直接安置在维拉或"诸神"之地维林诺的旁边。《散文埃达》将阿尔夫海姆（"精灵家园"）视为神圣的阿斯加德的一部分。这种安排对传说故事集的事件开展至关重要。借由把

托尔金的第一份中洲情节大纲突出表现了一个像特尼里弗岛这样的高山岛屿。特尼里弗岛是他童年海上航行的一个地标。

精灵带到自己身边来生活，众维拉给了他们一个可以失去的天堂乐园——由此启动了整个胜利与悲剧交集的故事。托尔金在放弃了"孤岛成为不列颠"的想法后（见第52页，"露西恩之地"），最终将它安置在精灵家园的海湾。

"西方有个天堂乐园"的进一步灵感，来自托尔金认为古英语诗歌《贝奥武甫》具有的某种深刻动人的东西。丹麦的开国英雄希尔德·席亚芬最初抵达丹麦时，是个由一条小船载来的婴儿。故事里没说当初是谁把他送到海上的，但是，当他去世后，他的丹麦臣民将他放上一艘船，把他送回大海。托尔金评论说："他从大海那一边的未知之地来，又返回那里。"[30]他认为，这种船葬方式并不纯粹是一种象征性的仪式，它也暗示了一种"对大海另一边有魔法之地或另一个世界的真实信仰"。[31]

他的观点或许可以给他在1930年代写的小说《失落之路》中一条谜一样的批注提供线索，他考虑要在这本小说中讲述"一个古斯堪的纳维亚船葬的故事（文兰）"。[32*]如果这意味着他想象那条葬船向西飘到了文兰，那么它肯定是去了"魔法之地或另一个世界"，而不是去了北美洲。

我认为，文兰给我们带来了托尔金建构世界的过程中一个重大却基本上被忽视了的影响。在冰岛传奇中，它是大西洋彼岸的一块西方大陆。即便在托尔金年幼时，这块大陆都一直被认为是北美洲。人们一致认为，冰岛传奇基本上是真实的历史。

然而，1911年，极地英雄、外交家和科学家弗里乔夫·南森在其学术巨著《北方迷雾》中打破了常规。他随后在皇家地理学会的演讲，听众包括政治家、海军将领，以及同为探险家的欧内斯特·沙克尔顿，《泰晤士报》和《潘趣》对此有大幅的报道。在南森看来，索尔芬·卡尔塞夫尼的"文兰传奇"在某种程度上是个幻想故事，而文兰本身是个神话。他承认冰岛人确实到达了美洲，但他认为，几代人之后，在这些传奇被写下来的时候，这些事实已经完全和先前存在的西方有幸福之地的传说混淆了。[33*]文兰是一个拥有魔法或神奇居民的仙境。

1914年秋天，在牛津大学，托尔金酝酿他最初的神话想

这是一幅17世纪的插图，画的是圣布伦丹在一头大鲸鱼背上举行弥撒。这位爱尔兰圣徒前往大西洋航行的传说，可能在初期阶段影响了托尔金对大海的看法。

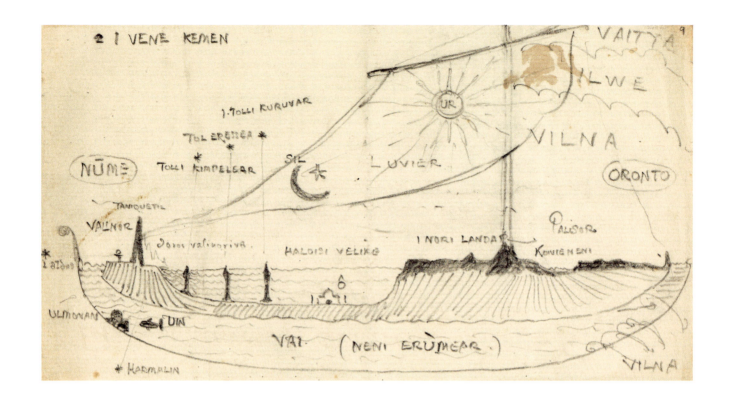

法时，也在阅读《索尔芬萨迦》。他的导师 W.A. 克雷吉肯定也提到了南森的争论。[34]* 那年 11 月，托尔金在与一个学生社团的谈话中，将文兰作为衡量奇观的尺标，宣称阅读芬兰语的《卡勒瓦拉》"感觉就像哥伦布踏上新大陆，或索尔芬身在美好的文兰"。[35] 值得注意的是，这话把哥伦布的大陆和文兰视为两个不同的地方。

1921 年，托尔金自己买了一本南森的《北方迷雾》，差不多在同一时间，他哀叹道："在绝对有限的大西洋的彼岸，美洲不幸的存在，无时无刻不活灵活现地出现在想象中……在我们的西方之海上没有魔法岛屿。"[36] 很久以后，在他写《魔

戒》时，他在如今享有盛名的论文《论仙境奇谭》中重复了同样的哀叹。[37]

从第一份埃雅仁德尔的大纲开始，托尔金就已经把他的传说故事集的目标定在去除美洲"不幸的"这个事实，以及恢复西方有个人间天堂的想象。埃雅仁德尔应当去过冰岛、格陵兰和更远一处神奇的魔法之地的想法，肯定会让人想起索尔芬从冰岛到格陵兰，然后到文兰的旅程。大风将埃雅仁德尔吹到气候更温暖的地方，则让人想起传奇故事中将莱夫·埃里克森吹离航道，导致他发现文兰的故事。[38]*

一张早期给《失落的传说》绘制的示意图，

《世界之船》，托尔金早期的宇宙观示意图，暗示了他当时想的是维京人的航海。†

† 图中文字的内容和大意依次为：I Vene Kemen "世界的面貌 / 世界之船"，Nūme "西"，Taniquetil "塔尼魁提尔"，Valinor "维林诺"，i aldas "双树"，Ulmonan "乌欧牟的殿堂"，I Tolli Kuruvar "魔幻群岛"，Tol Eressëa "托尔埃瑞西亚（孤岛）"，Tolli Kimpelear "微光群岛"，?oros valinoriva "维林诺山脉"，Uin "大鲸"，Harmalin（后更名为阿瓦林），Sil "月亮"，Haloisi Velike "大海"，Ô "海"，Vai（Neni Erùmear）"外洋"，Ûr "太阳"，Luvier "云"，I Nori Landar "大地"，Vaitya、Ilwe、Vilna（三层大气的名称），Oronto "东方"，Palisor "帕利索尔"，Koivieneni（后更名为奎维耶能）"科伊维能尼"（"苏醒之水"），Vilna（最内层大气）。详见 Lost Tales I, 85 —— 译者注

这幅 16 世纪的插图画的是滑雪板上的萨米或拉普兰猎人，经调整后收录在弗里乔夫·南森的《北方迷雾》中。托尔金在 1921 年买了南森的这本书，但很可能早几年就看过了。

显示了平坦大地的横截面，但加上了巨大的桅杆和帆，使它看起来就像一艘船头指向西方的维京船。[39*] 这表明，在传说故事集的早期发展过程中，他经常在考虑冰岛人向西的航行。《北方迷雾》本身就集古典和中世纪传说之大成，托尔金在对大海及其岛屿进行富有想象力的探索时，似乎运用了这些内容。

看得出托尔金在构思维林诺这个概念时，受到南森影响的迹象。在南森看来，古冰岛语的"好，幸运"hit Góea，是证明文兰就像古典和中世纪传统中流传广泛的"幸运岛"一样，是个无比幸福之地的关键证据。托尔金在 1915 年初创"维林诺"这个名字时，它的意思是"维拉之地"，该意始终未改；但起初它也暗示着"幸运之地"，因为最早的精灵语词汇表将"维林"（valin）定义为"幸福"，其古老的意义是"幸运的，蒙福的"。[40*]

南森认为，文兰的自播小麦以及使它得名文兰（Wineland 或 Vineland）的野生葡萄藤，都是来自经爱尔兰传到冰岛的"幸运群岛"的古典传奇。一些关于维林诺的风闻描述则包括了传奇中幸运之地的经典特征——"葡萄藤覆盖的山谷"，以及生长着"诸神的高大小麦"的"野生麦田"。[41]

多温尼安到底在哪里？

多温尼安这处神秘之地，人所共知出现在《霍比特人》的故事里，它出产的"醉人的葡萄酒"能使精灵国王的管家和卫队长呼呼大睡，让比尔博和矮人们得以逃脱。[①] 1960 年代，托尔金指示艺术家波琳·贝恩斯在她绘制的《魔戒》地图海报上将它标出来，就位于鲁恩内海旁边。

但这不是唯一的多温尼安。早在《霍比特人》写成很久之前，托尔金就提过在凡人之地"炎热的南方"，有一座产酒的多－温尼安酒庄。[②] 在《霍比特人》出版那年，他写过《精灵宝钻》的一个版本，把多温尼安安置在西方的不死之地。

所以，多温尼安就像许多真正的传统中出现的人间天堂一样，几乎到处都能找到。

不过，从它的名字可以找到这个想法的起源线索。托尔金的笔记显示，他打算用"多温尼安"这个名字来表示精灵语中的"青春之地"。[③*] 另一方面，该地区的葡萄酒出口，与常见的 dor "土地"这个元素放在一起，必然带有另一个含义——"葡萄酒之地"。[†] 这就直接把我们带到了斯堪的纳维亚的文兰，其意同样是"葡萄酒之地"，得名于据说在那里野生的葡萄藤，以及自播的小麦。正如罗杰·艾科－霍克所观察到的，"文兰"这个名字一定是托尔金的"多温尼安"的原型。[④*]

据 1937 年的《精灵宝钻》讲述，任何一个碰巧来到托尔埃瑞西亚的凡人，都会闻到"遥远的多温尼安草地上不死之花的香气"。[⑤] 这一定是《魔戒》结尾弗罗多闻到的"空气中有一股甜香"。[⑥]《失落之路》（也写于 1937 年）说托尔埃瑞西亚的香气来自拉瓦尔阿勒达（见第 76 页，"海岸与大海"），但描述它是树，而不是葡萄藤。不过，对托尔金来说，标志着人间天堂的特有酒香似乎并不需要葡萄藤。他在《亚瑟王的陨落》（1930 年代中期）中描写亚瑟王回归故土，热切地期待着不列颠海岸的气息：

> 混合了盐
> 伴着飘送酒香的三叶草……[⑦]

---

† 在托尔金给波琳·贝恩斯地图的指示中，他在地图某处手写了"Mildor[wine land]"（米尔多 [葡萄酒之地]），然后划去，改为"多温尼安"。（McIlwaine, 383）因此托尔金不大可能把"多温尼安"释作"葡萄酒之地"。——译者注

北方的冰雪

在探索遥远的北方海洋和海岸时，托尔金似乎再次利用了中世纪的世界观，但也掺杂了当代极地探险的记述。

在他 1930 年代的作品《阿姆巴坎塔》（昆雅语，意思是"世界的面貌"）中，海洋在极北之处溢出，泻入世界边缘的深渊。它让人想起南森所总结的中世纪对遥远北方的看法："在一切的尽头，是张开大口的无底深渊，可怕的无尽虚空。" [42]

北极的浮冰使古斯堪的纳维亚水手们相信，有一座陆桥将他们西边的格陵兰岛和东边的俄罗斯连接起来。在托尔金的北方，西边和东边的大陆几近相接，中间仅隔一道狭窄的海峡，其中充满了相互碰撞的浮冰。在《失落的传说》中，当诺多族精灵试图越过这道海峡时，有条船被一个咆哮的巨大漩涡吞没了。这让人想起 11 世纪编年史家不莱梅的亚当所描述的，过了冰岛之后那"坚硬的海洋"中的环流。[43]

然而，托尔金只要打开报纸，就能读到那些有关冰冻荒原上真实的现代恐怖故事。他成长于极地探险的时代。1893 — 1894 年，南森自己就乘着他的船"弗拉姆号"，在北极的冰雪中过冬；1905年，罗尔德·阿蒙森穿越西北航道，并在 1911 年赢得了前往南极的竞赛，被击败的罗伯特·斯科特于 1912 年在返航途中去世。

在《失落的传说》中，浮冰迫使精灵放弃船只，在冰冻的荒原上扎营，直到冰层终于为他们提供了一条通往前方东边大陆的稳固路线。这绝对是时下受到关注的话题。1915 年，欧内斯特·沙克尔顿的船"耐力号"被南极的冰压毁了，但是两年后，他奇迹般地把所有船员都带回了家。

传说故事集中除此之外只有一处有关冰雪的叙述，呼应了一个结果黑暗得多的类似事件。1845年，约翰·富兰克林爵士为寻找通往太平洋的西

北航道所进行的探险，以两艘船"厄瑞玻斯号"和"恐怖号"被困在冰层中告终。最后见到两艘船的船员还活着的是因纽特人，地点是在加拿大的北极圈。在《魔戒》附录中，一场军事惨败迫使阿尔诺的最后一位国王逃往深深切入中洲北方的佛洛赫尔冰湾的海滨。阿维杜伊国王的队伍之所以幸存下来，是因为得到了警醒的"雪人"洛斯索斯人的帮助，他们是古代佛洛德人的最后残余，适应了魔苟斯在北方制造的严寒。洛斯索斯人"能足上缚骨在冰上奔跑，还拥有无轮的车"。[44]阿维杜伊无视他们的预言警告，登上了终于前来的救援船，结果，国王和他的人全都被布满坚冰

的大海吞没。差不多就在托尔金写这段故事的时候，报上正有探险百年纪念的文章重新提及寻找失踪的富兰克林探险队的消息。

三、水面上的月亮

在 1920 年代，托尔金为孩子们所做的创作，让他从传说故事集的严肃与日益复杂的状态中解脱出来。那些假日启发的故事或诗歌经常以海岸和大海为主题。

《罗弗兰登》是在《霍比特人》之前最有雄心的故事，是托尔金化忧为喜的典型例子。1925年，他们一家人在约克郡海边的法利住了几周，这是他们第二次去那里度假。7 岁的约翰从他们租住的悬崖顶上爱德华七世时期的小屋里，惊奇万分地看着一轮满月从海面上升起，铺就一条从岸边到地平线的银色小径。一天，4 岁的迈克尔在长长的沙石海滩上丢失了一只小玩具狗。他父亲和哥哥四处寻找，却一无所获。接着，一场暴风雨在夜里袭来，威力之大，竟撼动了悬崖顶上的房子，托尔金一家担心屋顶会被掀掉。第二天，事实证明，卷来的大浪把沙砾都搅动了。没希望找回那只狗了。[45*]

为了安慰迈克尔，托尔金围绕事实编了一个幻想故事。《罗弗兰登》简要介绍了一家人（未透露姓名）"住在一栋白房子里，从那里望出去是一望无际的茫茫大海"。丢失的玩具实际上是一只真正的狗，名叫罗弗，是遭巫师诅咒变成玩具的。咒语部分解除后，他遇到了一位善良的沙法师，这位法师将他送上了一趟奇妙的冒险之旅。法利那片笔直的海滩之外的风景，似乎来自托尔金一家散步前往南边几英里处的弗兰伯勒角时的见闻。沙法师那个隐蔽的小海湾，正是那种他们能在下方远处望见的地方。当罗弗被海鸥信使阿鸥带着飞起时，他观察到的右边的丘陵一定是约克郡高

原。他们要飞到的鸟群聚集的悬崖，肯定是风雨蚀刻出来的弗兰伯勒角本身，离海平面有 400 英尺（120 米）高。这里是英格兰海鸟的主要繁殖地，包括贼鸥、䲈、海鸥、海雀等等。托尔金唯一的创意做法是把这些白垩悬崖涂黑，这样他就能描述悬崖上"覆盖着白色的东西…… 成百上千只海鸟"的壮观景象。[46]

阿鸥从这里载着罗弗飞越"狗岛"——不是伦敦泰晤士河畔的地区，而是一个犬类的幸运岛，那里生长着骨头树，而不是长着小麦和葡萄藤。这个想法肯定来自多格滩（Dogger Bank），那是约克郡海岸以东 60 英里（95 公里）处一片巨大的

弗兰伯勒角群鸟聚集的白垩岩悬崖，托尔金在他写的《罗弗兰登》故事里，把这里重新想象成黑色的岩石。

水下沙洲，是多格地（考古学家在1990年代命名）的遗迹，那片陆地曾是连接不列颠岛和欧洲大陆的史前陆地。这次飞行是另一次像埃雅仁德尔一样的奇妙之旅的开始，罗弗沿着月亮照耀之路，去了一个传说里的、仙境版的月亮。在这个故事里，近代英国与托尔金神话里的世界共存。罗弗看见大海在平坦的大地边缘像瀑布一样倾泻而下，甚至瞥见了精灵家园的海湾。

重回南方海岸和康沃尔

托尔金一家从利兹搬回牛津后，南方海岸成了他们常去的度假胜地。1927年和1928年，在多塞特郡的莱姆里吉斯，托尔金重回了童年时常去的地方。1904年他们的母亲去世后，弗朗西斯·摩根神父曾有三个夏天带他和他弟弟希拉里来此。1928年，弗朗西斯神父加入了成年的托尔金一家，在莱姆度假。

在海边的山洞里住着一只……

宾波湾的诗歌《咯哩噗》引入了咕噜的原型，当他在夜里从海边山洞里出来时，眼睛发出苍白的光芒。

狭长洞穴通往洞底更深，
大海在那里咕噜作响，发出叹息。
这个滑腻的小东西
枭行攀爬在多鱼的岩石下，
偷偷摸摸溜回家唱歌
在他潮湿的洞穴里发出咕噜咕噜的声音；①

这里的"咕噜声"预示着"可怕的吞咽声"，根据《霍比特人》的说法，咕噜就是因此得名。②《咯哩噗》是山洞里滴水的拟声词，指出了"咕噜"另一个可能的灵感来源。也许因为海边洞穴里海浪发出咕嘟的声音，托尔金曾短暂地给众水的主宰乌欧牟取名为"古鲁姆"。③*

尽管咯哩噗会捡水手的骨头，但在夜里，还有一些"更黑暗、更邪恶的东西"会在宾波湾徘徊——例如当地的人鱼，会引诱水手们触礁。④咯哩噗和咕噜共享一种邪恶又可悲的怪异混合，他们与民间传说或文学中那些显而易见的灵感来源相比，似乎没有坏得那么不可救药——那些来源包括潜藏在不列颠的洞穴、河流或湖泊中，有诸多叫法的哥布林†，还有《贝奥武甫》中潜伏在水下岩穴中的格兰道尔和他母亲。也许他们从和蔼可亲的"霍布洞的霍布"那里，借来了可爱之处：据说霍布居住在约克郡的一个海洞里。

霍布洞的霍布起到的作用，很可能重要得多——它激发了霍比特人这个灵感。海伦·阿姆斯特朗认为，托尔金在利兹大学时（1920—1925年）就听说过霍布，而霍布/洞的联想"植根于他的潜意识中"。⑤*

事实上，他很可能十年前在牛津时就得知了霍布洞的霍布，彼时他常常拜访自己的语言学导师约瑟夫·赖特，他既是赖特的学生，也是赖特一家的朋友。约克郡人赖特在他伟大的《英语方言词典》中引用了威廉·亨德森在1879年出版的《北方各郡的民间传说》中的一段话：

在我自己的郡里，我们有一个性格比较善良的小精灵。他的名字很普通，叫作霍布，住在霍布洞，那是伦斯威克湾一个由潮汐作用形成的天然洞穴。他被认为能治好百日咳，所以做父母的会把罹患百日咳的孩子带到洞穴里，低声呼唤他：
霍布洞的霍布！
吾儿得了扭曲咳，［我的孩子得了百日咳］
除掉它！除掉它！⑥

1913年，托尔金在牛津读大学时，赖特的妻子伊丽莎白·玛丽在她当年出版的《乡野土话与民间故事》中也讲述了霍布洞的霍布的故事。

和蔼可亲的霍布洞的霍布，所缺少的只是一个更舒适的内陆洞穴、一剂浓烈的英国乡村气息（见第13—15页，"从英格兰到夏尔"），以及一个小小的后缀。（但是，正如《牛津英语词典》编者埃德蒙·韦纳所指出的，用约克郡土话说"霍布在洞里"时，听起来就是"霍比特洞"！）⑦

难道托尔金最伟大的两个创造真的来自约克郡的一个海洞吗？也许甘道夫真的说对了：

"我没法相信咕噜跟霍比特人有亲缘关系，不管关系多远。"弗罗多愤愤地说，"这种说法简直太令人反感了！"
"可这依然是事实。"甘道夫回答。⑧

---

† Goblin一词如果指的是托尔金作品中的奥克，就译作"半兽人"；如果指的是西方传说中的丑陋妖精，就译作"哥布林"。——译者注

1932 年，托尔金一家在康沃尔的拉莫纳湾幸福地度假。这幅画是劳拉·奈特女爵士在之前数年画的拉莫纳湾。

托尔金总在这里画画。有一幅 1928 年的铅笔素描，托尔金称之为《滚塌山》，画的是莱姆的山坡 —— 可能是城镇东边海岸上方的木材山，也可能是其他正在慢慢崩塌的山坡。童年时，他曾在下方岸边刚刚发生的巨大山体滑坡中发现了一块史前颌骨，并认为它是龙的颌骨，或者至少假装是的。[47*]《滚塌山》上的树木又高又直又细，看起来很像 1928 年也是在这里画的两幅中洲素描中的树木。其中一幅是托尔西瑞安岛，《蕾希安之歌》中说贝伦被囚禁在此。另一幅画的是图林·图伦拔故事里的陶尔－努－浮阴森林 —— 不过托尔金后来对这个场景加以改动，既用在黑森林也用在了范贡（见第 124 — 125 页，"林木交织之地"）。

他那张维林诺的圣山塔尼魁提尔的出色画作也是在这个假期画的，它与莱姆有个不为人知的关联。前景中天鹅形状的船来自天鹅港，也就是《失落的传说》里所说的"科帕斯·澳阔伦滕"（Kópas Alqalunten）。诺多形式的昆雅语里，Kópas 就是"海港，港口"，又见于《魔戒》中多阿姆洛斯北边海湾的名字科巴斯港（Cobas Haven），但这个名字没有采用。当他初创这些精灵词时，他肯定在想科布港（Cobb），那是他童年到访莱姆里吉斯时，必然惊叹过的一处古老美丽的石头港口。Cobb 的词源不详（《牛津英语词典》只能猜测它来自"鹅卵石"cobble-stones）。这很符合托尔金的典型做法 —— 想要暗示一种古老的精灵语的解释。[48*]

家庭海滨度假也激发了属于它们的一系列作品 ——《宾波湾的传说与歌谣》旨在让熟悉法利和莱姆里吉斯的孩子们开心。宾波湾系列作品写于 1928 年左右，只不过是来年开始的《霍比特人》的一小块垫脚石。

《霍比特人》里有一位巴金斯先生和一家绿龙酒馆，而《巨龙来访》里有一位比金斯小姐和一条真正的绿龙。当消防队被召集去把龙从樱桃树上冲出来时，一场文化冲突发生了 —— 中世纪与现代的冲突。镇民和城镇突然落入悲惨的结局。不过，这条遗憾的龙给了比金斯小姐和其他受害者一个体面的老式葬礼。他们的坟墓坐落在俯瞰大海的悬崖上 —— 就像古英语史诗中，贝奥武甫在与厉害得多的火龙一战身死之后，其坟墓所在。《巨龙来访》以喜剧的方式

1 弗拉特岛
2 波洛克
3 迈恩黑德
4 沃切特

塞文海 —— 托尔金更喜欢称它为布里斯托尔海峡 —— 出现在他未完成的小说《失落之路》和《摹想社档案》中，它们讲述的是回到努门诺尔的时间旅行。

宣泄了托尔金在现代世界中那严重的格格不入感。宾波湾系列的另一篇作品《宾波镇的进步》则是对汽车时代游客的长篇抨击（见第 180 页，"工艺与工业"）。

为了躲避人群，从 1934 年开始，托尔金就开着自己的车和家人一起避走西德茅斯，这座城镇坐落在 500 英尺（150 米）高的锈红色悬崖之间，位于美丽的东德文郡乡村边缘。在 1938 年的最后一次到访中，他在位于镇上优雅的摄政区那家他们最喜欢的奥罗拉宾馆写下了从布理到幽谷的故事片段。

1932 年全家去康沃尔的拉莫纳湾度假，似乎对他的写作产生了更直接、更微妙的影响。托尔金一家和他们的牛津朋友雷恩一家，在这个位于"荒凉又难以接近"的芒特湾山崖之间的地方，度过了一个月与世隔绝的美好时光。[49] 威尔士诗人戴维斯在提到这个海湾时写道："日光下谁见过更美之处？"[50*] 这里是艺术家的聚居地，是人们缅怀凯尔特历史的地方，既真实又传奇，特别

波洛克的诅咒

北萨默塞特郡的波洛克是怎么回事？一个出名的例子是，塞缪尔·泰勒·柯勒律治做了一个奇梦，梦中作出了完整的《忽必烈汗》，结果被一个"从波洛克来出公差的人"给惊醒了，导致他只写下了这首伟大的梦幻诗的片段。还有两个托尔金的故事 —— 也是关于梦境景象的 —— 在波洛克没了下文。

托尔金写《失落之路》的那一年，他与 C.S. 刘易斯和墨象社的欧文·巴菲尔德在该地区徒步旅行，大概从莱姆里吉斯一直走到迈恩黑德。[①*] 他把故事的序曲设定在公元 915 年左右，有一支维京舰队从布里斯托尔海峡前来，袭击了盎格鲁－撒克逊人的波洛克和附近的沃切特，占领了弗拉特岛。这刺激了年老的水手艾尔夫威奈和他儿子扬帆远航，寻找传说中圣布伦丹在西方瞥见的天堂。但故事才开始就停下了，停在盎格鲁－撒克逊人的大厅里。

这个场景在他 1945—1946 年的小说《摹想社档案》中又出现了。一个类似墨象社的社团的两名成员，从"大地尽头"经过威尔士、苏格兰和爱尔兰，迂回航行到波洛克，收集了涛天鬼浪席卷大陆的谣言。在波洛克，他们梦见自己在丹麦人袭来时进入盎格鲁－撒克逊人的脑海中，洛德姆（见第 27 页栏目"一切皆始于此"）进入的那位正是吟游诗人艾尔夫威奈。他们正要扬帆前往传说中的西方天堂——故事就此中断。

是在那个康沃尔复兴主义时期。那一年，新近成立的康沃尔吟唱诗会，在一个名叫"快乐少女"的巨石圈聚会，那里离拉莫纳一英里（1.6公里）远。托尔金和雷恩两家人最远走到了"大地尽头"，途中要穿过散布着凯尔特十字石碑、圣井、石棚墓和古冢的乡野。雷恩（后来的墨象社成员）和托尔金一样，都对凯尔特人以及他们与盎格鲁－撒克逊人的接触深感兴趣。[51*]

对托尔金来说，回到康沃尔似乎带来了崭新的灵感，这些灵感一直积存到 1937 年他未完成的科幻小说《失落之路》。在现代的开篇章节中，他对家人在拉莫纳度过的快乐时光的记忆，似乎混杂了对利泽德镇那更早，且异常孤独的记忆。在康沃尔，年轻的阿尔波因·埃罗尔第一次通过精灵的梦与远古的过去取得了联系。同样是在康沃尔，成年的阿尔波因在梦中遇见了努门诺尔的埃兰迪尔——那是逆时间旅行返回努门诺尔的前奏，而努门诺尔就是托尔金的亚特兰提斯。

埃罗尔一家在康沃尔的庄园向西俯瞰开阔的大海，显然位于利泽德半岛上，托尔金有意让它与埃兰迪尔在努门诺尔的家和花园互为镜中影像。[52*]温暖的努门诺尔气候可能是参照了康沃尔，比纬度相似的地区高出 5.5 摄氏度（10 华氏度）。一本康沃尔的旅游手册说："这里的气候在很多方面与葡萄牙的气候相似，山茶花生长茂盛，美丽的花朵完美盛开，茶树生长极佳，不种茶盈利简直没有天理。"[53]托尔金把自己对花园和鲜花的喜爱分享给了埃兰迪尔，他满怀深情地写了努门诺尔人的拉瓦尔阿勒达（昆雅语 lavaralda "金树"）树篱，是孤岛上精灵所赠的种子培育出来的。它长长的树叶正面是绿色，背面是金色，淡黄色的花朵绽放不歇，它在很多方面都是洛丝罗瑞恩的珺珑树（辛达语 mallorn "金树"）的前身（见第 118—120 页，"林木交织之地"）。

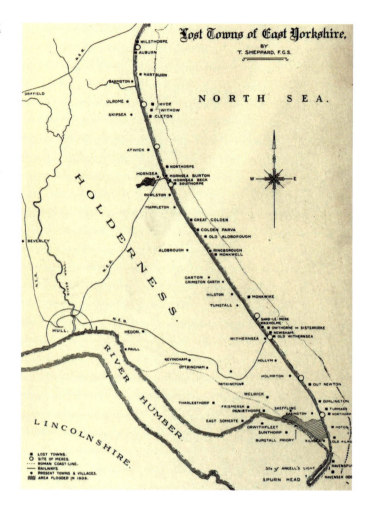

四、远古的大灾难

从记事起，托尔金就一直被一个反复出现的噩梦困扰，梦中有一股可怕的巨浪扑来，席卷青绿的田野，吞没大地。他会在快要淹死的时候猛然惊醒。他称它为他的"亚特兰提斯噩梦"。[54]在 1930 年代，他终于通过努门诺尔（或"西方之地"）的故事，一举驱除了这种恐惧，而《魔戒》中的刚铎和阿尔诺两个王国就源自努门诺尔。不过，自从他年少时游历过海岸之后，狂暴的大海能对陆地做出什么就一直在他的作品中出现。

这体现在他的诗《潮汐》或《远古时代的海颂》中，诗中提到了苏格兰圣安德鲁斯的火山海岸线（见第 95—97 页，"群山之根"）以及康沃尔的花岗岩海岸。即使是萨默塞特郡宁静的克利夫登——1916 年 3 月托尔金夫妇在此度了一星期的蜜月——也能证明大海的力量。此地塞文河口的潮水可以在四小时内上涨 47 英尺（14.5 米），仅次于加拿大的芬地湾。（多年以后，当他和伊迪丝旧地重游时，托尔金写道，他高崖酒店的窗户"直接落入了此刻就像开阔的大西洋一样狂暴的水中"。）[55]

1917 年春，托尔金从索姆河和疗养院归来，被派往东约克郡的霍尔德内斯一处海岸执行任务，该处正在与大海的战斗中节节败退。它夹在弗兰伯勒角顽固的白垩地和被称为斯珀恩角的狭长淤泥岸之间向南延伸，斯珀恩角突出在亨伯河的河口上，好像下垂的上唇。蓟桥营（Thirtle Bridge

Camp）坐落在一片低洼平坦的土地中间，地上纵横交错着排水沟，之前要更加潮湿（见第 138 页，"古老的印记"）。（Thirtle 源自古丹麦语 Thyrkil，相当于古斯堪的纳维亚语"托尔的大锅"Thorketil，缩写为 Tóki，是英语姓氏 Took 的一个来源。）几个世纪以来，霍尔德内斯的土地已经多次被淹没。在 1906 年到 1916 年间，托尔金那个冬天的驻扎地基恩西年年遭到大水淹没。为了保护英国不受德国对这条暴露的海岸线的攻击，此地要担忧的不单有军舰和 U 型潜艇，还有更可怕的北海。

从罗马时代起，沿着 35 英里（56 公里）长的海岸线，有一片 3.5 英里（5.5 公里）宽的狭长地带被冲毁。在霍尔德内斯，唯一对抗大海的天然屏障是一排黏土悬崖，高度很少超过 30 英尺（9 米）。1912 年，赫尔博物馆馆长托马斯·谢泼德写了一本雄心勃勃的书《失落的约克郡海岸城镇》，讲述了被淹没的各处定居地的历史，包括老威瑟恩西、老基恩西和古丹麦区时期的海港拉文塞尔·奥德。房屋、农场、码头、教堂——全都被波涛淹没了。

被淹没的陆地吸引了托尔金的想象。过往本身就是一种被淹没的土地，而凯尔特传统在失去的土地上就和在幸运的岛屿上一样丰富。人们认为，康沃尔圣米迦勒山旁那片真实的水下森林，就是亚瑟王传说中的失落之地莱昂内塞的起源，曾在托尔金的传说故事集中短暂出现（见第54页，"露西恩之地"）。离开海岸的另一片森林的遗迹在卡迪根湾，它似乎激发了威尔士关于富饶的坎特尔·瓜洛德的传奇，瓜洛德因为忽视了防

御堤坝，被大水淹没。据说，在失落之地上仍可听见教堂的钟声。布列塔尼的故事也讲述了辉煌的伊苏，一座因衰落而被大海吞没的城市。

在1930年托尔金改编的传统布列塔尼民谣（或称"籁歌"lai）《领主与夫人之歌》的背景中，伊苏似乎是个不言而喻的厄运预兆。它讲述了一个凡人领主在亚瑟王传说中位于布列塔尼中心的魔法森林布罗赛利安德与一名女巫进行了一次鲁莽而致命的交易。那里到处都有：

> 微风吹拂送来
> 破空而至的钟声
> 交织着大海的声音
> 在树林间游移不止。[56*]

当然，这样的声音属于基督教的沿海地区；然而，它们是伊苏的不祥遗留。而最后的短句隐藏了一个幻影般的次要含义——大海在被淹没的森林中永远流动。

大浪

托尔金推测，他的巨浪噩梦是"传说、神话或对某段古代历史的模糊记忆"。至少同样有可能的是，这个梦可以追溯到他第一次返回英国的航程，第二年他父亲就在远方去世了。[57]也许，托尔金不是知道，而是感觉到了英国的绿色田野、大海带走一切的力量，以及随之而来的难以理解的个人丧亲之痛三者之间的深刻联系。他把后来的丧亲之痛比作沉船。他母亲1904年去世，弗朗西斯·摩根神父在1935年去世，伊迪丝在1971年去世，他感觉"像一艘大船失事后，流落到荒岛上面对茫茫苍天的落难遗儿"，或者"像一个迷途的幸存者进入一个全新的陌生世界"。[58]大约在1936年底，这种失落海底的悲痛情景与突如其来的亚特兰提斯的故事融为一体。

托尔金笔下的亚特兰提斯就是努门诺尔，这座岛屿被当成奖赏，赠给了在远古时代与魔苟斯作战的凡人精灵之友。最终，努门诺尔变成了一个帝国和海上强权，就像18世纪与19世纪的大不列颠一样统治着海洋。随后，它的人民被嫉妒吞噬了。他们不满足于自己拥有的"幸运岛"，他们渴望享受孤岛精灵所享有的不朽，那座位于他们西方的孤岛是如此之近又如此之远。努门诺尔的国王确信永生就在该地等人去夺取，于是最终派出一支舰队去登占维林诺的海岸。到头来，虚妄

名字里有什么？
布罗塞利安德和贝烈瑞安德

在托尔金对精灵与魔苟斯交战之地的命名中，呈现了一种大灾难的模式。1925年的《蕾希安之歌》首次用了"布罗塞利安德"，这个名字与布列塔尼的"布罗赛利安德"的发音很相似，选这个名字，可能部分是因为它的传奇色彩。这种模式在1931年更名为"贝烈瑞安德"时更为清晰，密切呼应了"贝烈瑞安"——这是公元前1世纪西西里历史学家狄奥多罗斯对康沃尔的"大地尽头"的称呼。[①*]在传统上，布列塔尼和康沃尔都位于欧洲最西端的沉没之地旁。托尔金的布罗塞利安德或贝烈瑞安德是最西边的凡世之地，在远古时代结束时被淹没；但在他构思这些名字的时候，他想象的是幸存下来成为不列颠的一个岛屿（见第55页，"露西恩之地"）。言下之意一定是，正如布列塔尼和康沃尔的传统所说的近海被淹没的土地，传说故事集里这片被淹没之地的名字，也回响在"布罗塞利安德"或"贝烈瑞安"当中。

沉船

托尔金最深切的丧失感与沉船有关，而沉船在
"泰坦尼克号"的时代是一个强有力的符号——该
船 1912 年在大西洋撞上冰山。从圣安德鲁斯到他那
年去过的法夫岬，沿岸曾有许多船只沉没。约克郡
的海岸是千百年来船只的墓地，例如 1925 年托尔金
一家去看的弗兰伯勒角附近的 U 型潜艇。利泽德半
岛已经见证过两百多起沉船事件。托尔金 1914 年到
访时，肯定听说了七年前遭遇浓雾、大风和汹涌的
波涛，撞上利泽德镇下方礁石的白星邮轮"苏维克
号"。救生员和镇民通宵营救，523 名乘客和船员全
数获救，他们被安置在方圆数英里的房屋里过夜。
康沃尔歌曲唱着不幸的水手，他们的船在一个利泽
德的海洞（康沃尔方言是 ogo 或 oogo）附近沉没：

> 卢安海岸的溺死者啊
> 悲哀的洞穴，悲哀的洞穴
> 在"埃尔西诺号"上失踪了
> 就在悲哀的洞穴底下①

托尔金 1914 年在康沃尔画的风景画《卡提利安
湾和狮子岩》中，海鸥在沉船的桅杆周围俯冲。在
他 1930 年代初写的梦幻般的诗歌《疯人》中，一个
旅行者漂洋过海，被带到一处令人不安的黑暗仙境，
像遭遇船难的人一样被困在那里；最后，他被带回
来了，"经过聚集着海鸥的古老船壳"。②

在另一个梦境景象《最后的方舟》中，一艘白

船在时间的尽头躺在最后海岸的岩石上，

> 苍白的幽灵
> 在她冰冷的胸口
> 像海鸥哀号……③

虽然托尔金在 1931 年 11 月一次有关创造语言
的演讲中读了精灵语版的《最后的方舟》，但这首诗
与传说故事集没有明确的关联。不过，有个来源可
以在《布列塔尼歌谣》——埃萨尔·德拉维勒马凯的
布列塔尼籁歌选集中找到，1930 年托尔金根据这本
选集改编了他的《领主与夫人之歌》。

维勒马凯引用了 6 世纪希腊历史学家普罗科
匹厄斯讲述的一个故事，关于死者的灵魂如何从布
列塔尼渡往不列颠。他还引用了 4 世纪拉丁诗人克
劳狄安对一个地方的描述，那里的人可以听见"亡
灵掠过时，其翅膀发出的微弱声音中夹杂的哀痛哭
泣，居民们看见苍白的鬼魂和死者的阴影经过"。④
《最后的方舟》似乎将这两个传说结合在一起，维
勒马凯认为它与布列塔尼最西端的半岛——拉兹角
有关。

普罗科匹厄斯的故事也可能隐藏在黑船墨涅的
背后，在《失落的传说》中，这条船载着人类亡者
的灵魂沿着维林诺的海岸航行。拉兹角一定就是托
尔金所说的"罗斯海角"，野蛮人从那里进入孤岛
（不列颠）。⑤

的企盼和极度的狂妄给努门诺尔带来了毁灭。

1936 年 12 月一开始，严峻的狂风就给英国东海岸造成了洪水和破坏。大海给托尔金带来的一切恐惧和敬畏，都体现在当时构思的努门诺尔覆灭的故事中。[59] 维拉打开了一道海底的裂隙，海水倾泻而下，吞没了舰队。巨浪淹没了努门诺尔，将它变成了像伊苏、莱昂内塞和坎特尔·瓜洛德一样沉没的陆地。努门诺尔的精灵名字之一——玛-努-法尔玛（Mar-nu-Falmar），意思几乎和爱尔兰语的 Tir fa Tonn 一样，意思是"波涛之下的陆地"。从那时起，它还得到了另一个精灵名字——亚特兰提，意思是"沉沦之地"，托尔金暗示这就是我们熟悉的亚特兰提斯的起源。在故事完整发展的版本《努门诺尔沦亡史》（即 Akallabêth，收录于《精灵宝钻》）里，努门诺尔本身就像一艘巨大的沉船："坠入黑暗，永远消失。"[60] 不过，在同样的景象里托尔金找到了新的希望，因为这场灾难的少数幸存者被大浪席卷到了中洲，他们的船撞毁在中洲海岸上，他们随后在中洲建立了流亡王国刚铎和阿尔诺。

圆形世界和笔直航道

努门诺尔的故事也引入了一个宇宙的根本性变化。随着努门诺尔岛沉没，世界的形状本身也彻底改变了。平面的大地变成了圆的。现在，任何凡人水手向西航行过弯曲的海洋，都只能抵达同样是凡世的美洲——字面上的"新世界"的一部分。

但不死之地维林诺、埃尔达玛和托尔埃瑞西亚，都从"世界的范围"中被挪走了。[61] 这个"古老的西方"如今的存在，就像对远古时代那个平面的物质世界的神秘记忆。托尔金画过示意图，将其视觉化为一条平直的线或一个平面，与重塑过的圆形世界共存——就像摄影的双重曝光。

更重要的是，精灵仍可乘坐特别封圣过的船抵达古老的西方。他们会沿着平坦世界的旧线——"笔直航道"前进，将我们弯转的大海逐渐抛在下方。

爱尔兰所有奇异航海故事中最著名的一则是航海家圣布伦丹的《航海》，托尔金后来基于这个故事写了一首诗，对

左图：这幅托尔金的草图展示了他在 1930 年代的基本构想，即他神话中那个平坦的旧世界如何变成我们熟知的球形。"笔直道路"或笔直航道，就像旧世界的神秘记忆一样存续下来。

下图：笔直航道只有特别封圣过的精灵船才能通行，就如约翰·豪在此所画的一样。

"笔直航道"做了最清晰的描述。托尔金的《伊姆兰》（"航海"）让圣布伦丹亲眼看见了新的宇宙，就像埃雅仁德尔看见旧的宇宙一样。他看见了"沉没的土地"还冒着烟的残余山岭（见第 93 页，"群山之根"），然后是幻影般的幸运岛，然后是这个地方：

> 在那里圆形的世界急剧下降
> 但古老的路继续前进，
> 像一座看不见的拱桥奔向
> 无人知晓的海岸。[62]

作为中洲与一个单独存在的神界之间的通路，"笔直航道"是托尔金已经放弃的"梦之路"和"彩虹桥"的新化身（见第 31 页，"四方的风"）。毫无疑问，他的意思是，它是北欧彩虹桥的"真正"起源。

但这个其实很抽象的高雅想法，似乎也可以一路追溯到康沃尔和约克郡海边那些启发灵感的时刻。我曾提出，1914年从利泽德角看见金星出现在西方海面上空的景象，启发托尔金创作了埃雅仁德尔越过平坦大地边缘的航行。继而，埃雅仁德尔的轨道，加上 1925 年在法利看见的海面上映出的月光，形成了罗弗飞向仙境版月亮的想法。1936 年末，应出

版商乔治·艾伦与昂温的邀请（他们刚刚积极接受了《霍比特人》的投稿），托尔金重拾《罗弗兰登》的修订工作。所以，就在努门诺尔的概念如霹雳般击中他之前的那几周或几天，托尔金正在重温从凡间大海前往仙境的神秘飞行的想法。

《魔戒》，这部几乎全发生在陆地上的史诗，在最后几段抵达了中洲的西海岸。在那里，托尔金将"笔直航道"的概念与深远的个人记忆或模糊印象融合在了一起。

《精灵宝钻》清楚解释了搭载弗罗多的船是怎么驶离的，"直到弯转的世界里的诸海沉落到下方"。[63] 这就是为什么在《魔戒》中，山姆·甘姆吉从灰港码头观看时，"只看见水上有个影子"。[64] 精灵船从凡尘的大海航行进入了"高空之海"——托尔金只在这一处用了这个看似熟悉的短语。[65]《精灵宝钻》中与之对应的一句话是"世界迷雾之上的高空"。[66]

弗罗多的航行，经由"高空之海"去到了托尔埃瑞西亚——最初被设定为神话版英格兰的岛屿。这不可避免地让人想到托尔金自己的两次跨海航行。弗罗多第一眼看见的"遥远的青翠原野"，反映了托尔金 3 岁时前往英国的旅程。[67]但弗罗多是个从"魔戒大战"中归来的成年人，有着难以言说的深深伤口需要愈合，因此，他的旅程又带有托尔金 1916年乘坐医疗船从索姆河战场返乡，准备好动笔书写他的传说故事集时的印记（见第 62 页，"海岸与大海"）。

群山之根

"什么有根却谁也见不到？"比尔博立刻猜出了咕噜第一个谜语的答案："我想是大山吧。"事实上，他们当时正在一座大山的深处，这有点泄露了谜底。但在托尔金充满智慧和活力的生活中，这个问题直接将我们导向了中洲群山的起源，以及犹在群山底下的地方。

一、1911年，阿尔卑斯山

一次瑞士之行，几乎为托尔金所写的每一处山景奠定了基础。他对此行的描述，虽然不全面、没条理，却是他对借鉴这些真实地点的最坦白的陈述。他在3岁离开南非时，可能瞥见了几乎无法理解的群山，也许在稍后的童年时期，他见到了威尔士山脉（见第19页，"从英格兰到夏尔"），那似乎是夏尔以西的蓝色山脉的部分想象基础（见第59页，"露西恩之地"）。但阿尔卑斯山是持续不断的启示。

劳特布伦嫩山谷，托尔金1911年瑞士徒步度假旅行时见到的第一处壮观景象，明显也是幽谷的灵感来源。

左图：1911 年 8 月，在格里姆瑟尔山口，托尔金（坐着，左）与徒步旅行团成员在一起。

下图：从米伦附近俯瞰山下全景。少女峰"永恒的白雪，似乎是在永恒的阳光中蚀刻出来的"，也深深地刻在托尔金的记忆中。

1911 年，19 岁即将"上"牛津大学的托尔金，和他 17 岁的弟弟希拉里，与他们的姨母简·尼夫一起，参加了一趟瑞士徒步旅行。这位姨母的聪明才智与他们已故的母亲不相上下。简的朋友和旅伴布鲁克斯－史密斯夫妇是瑞士和奥地利蒂罗尔州的常客。

这支队伍有十二人之多，后来增加到了十四人——正是《霍比特人》中梭林一行人的人数，不过大约有一半是女性。他们穿着奥地利的防水羊毛罗登呢斗篷和平头钉靴子，手持一种叫作"阿尔卑斯登山杖"的带铁钉尖的长木杆。他们看起来像模像样——除了热带的木髓太阳帽，它们在托尔金称之为"阳光的奇迹年"的当时，是明智的附加物。[1]

这群旅人乘船沿莱茵河逆流而上，到达德国慕尼黑，然后乘火车经过奥地利的因斯布鲁克和瑞士的苏黎世（见第 138 页，"古老的印记"）到达因特拉肯。阿尔卑斯山的徒

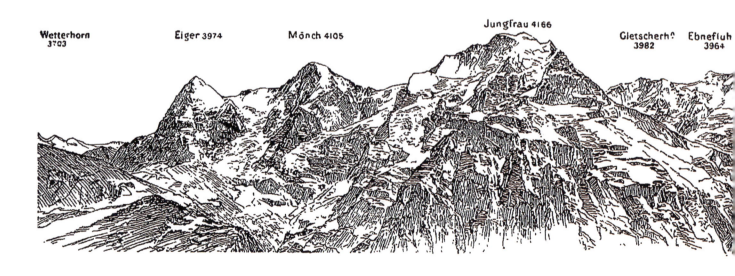

步旅行从这里的伯尔尼高地开始，终点是瓦莱地区的锡永火车站。根据他们的行程表，两地之间乌鸦飞行的直线距离大约是110英里（177公里），但是山道经常蜿蜒曲折，肯定让他们走了多得多的路。背着沉重的背包，以观光的速度行进，主要走在山区——包括高山隘口和冰川——这花了他们三个多星期的时间。[2*]

他们仍然身在一个秩序井然、人口众多的国家里，但除此之外，这与托尔金在书中描述的那种旅行十分接近。这些人没有预订住宿，经常睡在牛棚或干草棚里。早餐少得可怜，其他餐点都是在露天的酒精炉子上煮的。他们靠地图指引前进，尽可能避开道路。

越过荒野的边缘

托尔金开始创作传说故事集时，运用他的阿尔卑斯山灵感似乎是他最早的创作冲动之一。他为埃雅仁德尔的航行列出的大纲不迟于1915年初，其中包括一个未采用的想法，即星辰水手可能会在地中海失去他的船，并"徒步穿越欧洲的荒野"。[3] 贝伦穿越山脉到达多瑞亚斯的旅程，利用了陡峭的高山和隐匿的山谷来制造梦魇般的效果（见第172页，"战争之地"）。但直到写《霍比特人》的时候，托尔金才自由地释放了记忆；它向孩子们分享了自己年轻时见过的奇观。

在《魔戒》中，比尔博向甘道夫讲述自己多么渴望再次见到群山，这也是托尔金自己的感受。在即将完成那本书时，托尔金告诉他的出版商斯坦利·昂温："我多么渴望再次看到白雪和高山！"[4] 他对自己的儿子克里斯托弗表达了他最完整的感受：

> 虽然我非常喜爱和欣赏小路、树篱、沙沙作响的树木和茂盛的原野柔和起伏的轮廓，但最打动我、最让我心满意足的，是旷野，我愿意用荒凉来换取它；事实上，我想无论什么时候我见到荒凉，我都喜欢它本身。我的心仍然徘徊在冰碛与大山残骸当中那高高的荒凉石地间，除了冰冷细流的水声，一片寂静。[5]

托尔金的生活和心灵都被各种事务满满占据。任何爬过山的人都能意识到它们所传达的空

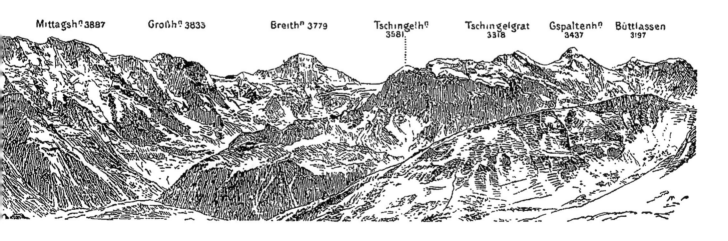

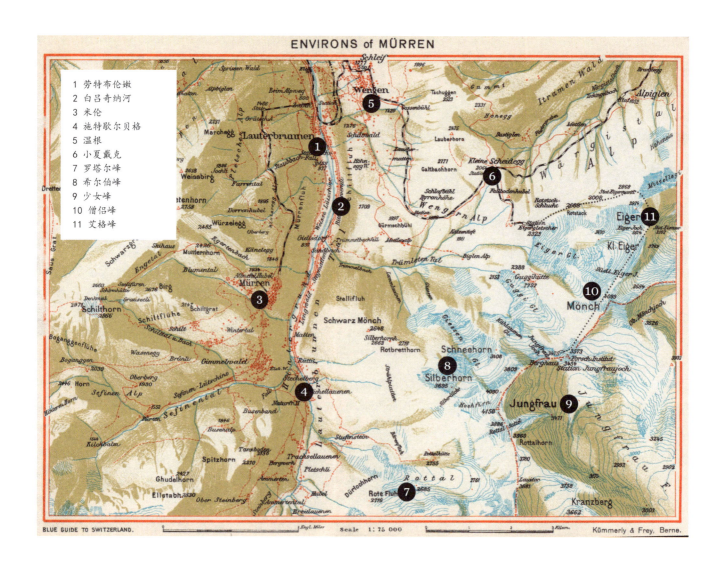

ENVIRONS of MÜRREN

1 劳特布伦嫩
2 白吕奇纳河
3 米伦
4 施特歇尔贝格
5 温根
6 小夏戴克
7 罗塔尔峰
8 希尔伯峰
9 少女峰
10 僧侣峰
11 艾格峰

BLUE GUIDE TO SWITZERLAND.   Scale 1 : 75 000   Kümmerly & Frey, Berne.

间感——无论是身体上还是精神上。地质学家萨莉·佩尔松指出："爬山可以看见漫长、宏伟的景观，以及开阔的天空。"[6] 托尔金在他的画作《比尔博醒来，眼前一片清晨阳光》中，就捕捉到这样一幅逐渐远去的山景。遥遥可见的群山为他传达了一种"无穷无尽的'尚未讲述'的故事"的感觉——他的传说故事集成功的关键，就在于同一种可能无限探索下去的印象。[7]

《魔戒》中的比尔博还告诉甘道夫他渴望休息，尤其能说明问题的是，他是在精灵山谷——幽谷察觉了这一点，而瑞士对幽谷的影响最明显。

灵感来自那趟长途跋涉的第一步——劳特布伦嫩山谷。对托尔金和比尔博来说，这正是"荒野的边缘"。[8] 他回忆说："我们实际上一路背着硕大的背包从因特拉肯出发，主要是走山路，到劳特布伦嫩，再到米伦，最后到达劳特布伦嫩谷口的冰碛荒野。"[9] 在《霍比特人》中，冒险的队伍穿过一片多石的高地，一直走到那个在他们脚下展开的山谷——也许这是一段从米伦西望的景观回忆。从米伦这个坐落在高处阶地上的小村庄，可以通过一条"蜿蜒曲折的陡峭山路"到达山谷，这条小路一直铭刻在比尔博的记忆中。[10]

上图：托尔金19岁时造访劳特布伦嫩的几处重要位置和景点。

对页图：《幽谷东瞰》，托尔金有几幅插图能明显看出劳特布伦嫩的特征，这幅就是其中之一。

Rivendell.
looking East

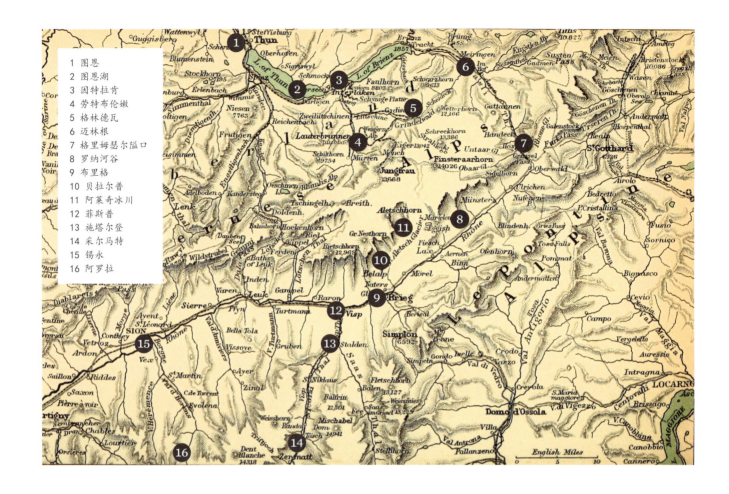

1 图恩
2 图恩湖
3 因特拉肯
4 劳特布伦嫩
5 格林德瓦
6 迈林根
7 格里姆瑟尔隘口
8 罗纳河谷
9 布里格
10 贝拉尔普
11 阿莱奇冰川
12 菲斯普
13 施塔尔登
14 采尔马特
15 锡永
16 阿罗拉

劳特布伦嫩长半英里（0.8公里），谷中有树木和草地，位于高达1500英尺（457米）的冰川蚀刻的石灰岩悬崖之间。许多发源于冰川的溪流使谷中充满了水声，它们形成72处瀑布翻滚而下，汇入白吕奇纳河的多岩河床上。

幽谷之河有两个名称——"响水河"（Loudwater）和"布茹伊能河"（Bruinen），它们似曾相识的音节宣示了托尔金对劳特布伦嫩的借鉴（见第105页，"河流、湖泊与水域"）。他六幅幽谷的画作或许以《霍比特人》中的那幅精美之作最为出色，它们捕捉了他对那座瑞士山谷的印象，将它一次又一次重塑。[11]

不见天日的世界

事实上，劳特布伦嫩地区提供的灵感似乎远不止这些。

劳特布伦嫩山谷开口的名字是"施特歇尔贝格"，意思是

"冬青山"。虽然现在那里没有冬青了，却仍像丹尼斯·布里杜所指出的，它足以让人想到墨瑞亚山脉脚下的那片土地——埃瑞吉安或冬青郡（见第129页栏目"冬青郡和都林之门"）。当然，其中（至少）有一座山有文学上的呼应，很可能是他们一行人从劳特布伦嫩往东走到迈林根时，在夏戴克的高山山脊上看到的。托尔金回忆所见，在他们右边的是艾格峰和僧侣峰，以及把少女峰留在背后的痛苦——"永恒的白雪，似乎是在永恒的阳光中蚀刻出来的"，还有它北方卓尔不群的希尔伯峰："巍然耸立映衬着深蓝的天空：我梦中的银齿峰（凯勒布迪尔）。"[12]银齿峰、红角峰（卡拉兹拉斯）和云顶峰（法努伊索尔）组成了墨瑞亚山脉。

卡拉兹拉斯那"暗红色的，仿佛染上了血"、无雪覆盖的陡峭悬崖，看起来像座诗意的而非地质上的庞大构造。红色砂岩太容易腐蚀，无法形成高山，即使是苏格兰的斯凯岛上红色花岗岩构成的红库林山脉，也都是低矮而平缓的

在瑞士旅行的中转站。这条路线可以通过数字可靠地追踪到贝拉尔普；在这之后，人们的说法就各不相同了。

山丘。[13*] 在少女峰旁边是阿尔卑斯山脉的罗塔尔峰，马特峰附近则是罗特峰——都意为"红角"，可能仅仅是因为它们捕捉到黎明或日落时的光线。至于卡拉兹拉斯的残忍，丹尼斯·布里杜提到了1936年发生在艾格峰（常用绰号"食人魔"指代）北坡的四名登山者丧生的悲剧。据《泰晤士报》报道，向导在早晨发现四个人都被绳子吊着——一人死于坠落，第二人是被拖下去遭绳子勒死，第三人是被冻死。第四个人只活到讲完这些可怕的事，然后就在堪堪无法营救之处死于冻馁。[14]

在《魔戒》中，为了祠边谷和洛汗的山中避难所黑蛮祠下方的雪河，托尔金可能再次回想起了劳特布伦嫩。利用身在祠边谷的梅里，托尔金再次设法将一名霍比特观察者突然带到一座"下方薄暮中的大山谷"的边缘。[15] 他在路途中的想法以一段令人屏息，因亲历而生动的文字表达出来：

> 在他眼里，这是个不见天日的世界，透过昏暗沟壑中的朦胧空气，他只能看见不断升高的山坡，一重巨大的岩壁之后又是一重巨大的岩壁，迷雾缭绕在嵯峨的悬崖上。他坐在马上神思恍惚了片刻，听着喧哗流水，暗林低语，裂石轻响，以及在这一切声音之下正酝酿等候着的无边寂静。[16]

克里斯蒂娜·斯卡尔和韦恩·哈蒙德曾将黑蛮祠与米伦做过比较——它所在的西边高岩架可经由一条蜿蜒的马道抵达。玛丽·巴恩菲尔德更喜欢劳特布伦嫩山谷对侧也就是东侧的温根，他们一行本来会从那里徒步前往小夏戴克。

祠边谷又受制于三座山峰——锯齿状的艾伦萨加与尖刺山，还有"鬼影山"德维莫伯格，亡者之路的入口就隐藏在这座山中。但托尔金绘出的尖刺山是棱锥形，尖顶山体陡峭且偏斜，与马特峰非常相似。[17] 他在那趟旅途的后段才看到那座山峰，好似黑色的尖角，在"令人眼花的皑皑雪漠"后方。[18*]

托尔金很可能知道穆默里写的一篇自称在马特峰遇鬼的著名报道。穆默里是第一个从兹马特山脊攀上马特峰的人。穆默里讲述，在沿着另一条路线攀登时，"我们被无数古怪的、超自然的鬼火（will-o'-the-wisps'）闪光包围着"，它们似乎跟踪着他们的一举一动。一个惊恐万分的瑞士人低声说："看啊，大人，那些死人！"所有人都明显地感觉到"那些出没在马特峰峭壁上的恶魔已经幸灾乐祸地看着他们的猎物了"。当地教会证实，任何人见到这样的鬼魂，肯定会在一天内死亡。[19*] 虽然这听起来更像死亡沼泽（见第165—166页，"战争之地"）而非亡者之路，但它证明了当地对鬼魂出没之山的迷信。

托尔金的朋友乔治·塞耶曾说——也许是他听错了——洛汗的白色山脉的灵感是来自马尔文山，但这个说法肯定不如阿尔卑斯山有说服力。[20] 但"黑蛮祠"（Dunharrow）这个名字和牛津郡的哈洛登（Harrowdown）一样源自古英语，意思是"山上的异教神庙"。

积雪、风暴和雪崩

托尔金那场瑞士之旅的下一段行程是步行者从迈林根越过格里姆瑟尔隘口到达罗纳河谷。一行人有意不搭乘公共马车和本地火车。对托尔金和一行人中最年幼，年仅12岁的科林·布鲁克斯－史密斯来说，走山谷路到布里格是一段尘土弥漫的疲惫记忆。后来，科林·布鲁克斯－史密斯借助于一位年长同伴标示的地图，在日后的回忆录中记下了布里格之后的那段行程。他的回忆录大量补充了托尔金对旅行路线的记忆，但某些地方与之矛盾——必须承认，托尔金记忆中的路线有

天堂的群山

前往因特拉肯的最后一段路程，瑞士探险者们应该是从图恩乘坐火车或船。丹尼斯·布里杜认为，这座古老的湖边小镇是《失落的传说》中精灵家园的都城图恩，即《精灵宝钻》中图纳山上的提力安的灵感来源。图恩（Thun）的发音和精灵语的图恩（Tûn）一样。

这座瑞士小镇有一座白色城墙的中世纪城堡，坐落在阿尔卑斯山两道山岭之间的山谷中，就在一个湖泊上方的山坡上。托尔金那有白塔的精灵城镇，坐落在切穿了佩罗瑞山脉（又称维林诺山脉）的卡拉奇尔雅（昆雅语，"光之隘口"）深处，屹立在精灵家园海湾上方的一座小山丘上。①

不过，任何关于名字的相似之处，肯定都是后来才想到的。在《失落的传说》一书中，托尔金最初将他的城镇命名为"科尔"，并打算将"图恩"这个别名作为古英语（意为"围住的居所"，是现代"城镇"town 和 -ton 的起源）。②语文学家将这个古英语名称追溯到未被记录的日耳曼语 tūno- 或 tūna-，并从理论上推断它与凯尔特语的 dūnum "山，堡垒"有关联。因此，当托尔金最终决定用"图恩"或"图纳"代表精灵语中"山、丘"的意思时，他似乎为这些日耳曼语和凯尔特语单词提供一个虚构的起源。③*凯尔特语的 dūnum 是瑞士镇名 Thun 的词源。

在佩罗瑞山脉的屏障后方，蠹立着历史悠久的词源。古希腊传统里说到一处天堂许珀耳玻瑞亚，位于北风的背后，在一道巨大的山脉后方。约翰·曼德维尔把他的东方人间天堂——大地上最高的地方——安置在"巨大的峭壁和山脉"以及一堵从北到南的巨大围墙之外。④

维林诺的圣山塔尼魁提尔与希腊奥林匹斯山的相似之处几乎无需赘述，不过它只是曼威和瓦尔妲的宫殿所在地，不是所有维拉的神殿。高坐在塔尼魁提尔山巅的阿尔达（世界）气息之王曼威，由大鹰梭隆多随侍，这似乎借鉴了麦基凯威斯，他是亨利·沃兹沃斯·朗费罗的《海华沙之歌》中的"天上的风神之王"，他和他的战鹰凯诺坐镇在高高的落基山脉上。⑤

些模糊。21*一段值得注意的回忆是，托尔金在一处高山隘口顶上摆了个姿态，大喊道："汉尼拔靠独眼和一件防水雨衣翻过了阿尔卑斯山。"22

在布里格上方，他们在阿莱奇冰川上留了影。在冰川边的一个村庄贝拉尔普，托尔金和其他人在一条小溪上筑了一道堤坝，然后毁掉了它，于是一股急流冲到了下方的旅馆。这让我们忍不住想到恩特在艾森河上筑坝的灵感（见第 169 页，"战争之地"），但在这之前，托尔金回忆说："河狸游戏……一直让我着迷。"23

然而，托尔金自称《霍比特人》中迷雾山脉的冒险灵感来自另外两件事。一件是"雷暴"，他们一行人因为迷路了，睡在牛棚里。24另一件是他们在向导的带领下，沿着一条冰川长途跋涉——托尔金回忆那条冰川是阿莱奇，但它更有可能是更靠南，位于法语区瓦莱的阿罗拉冰川。他们左侧是一条壑谷，正午太阳融化的威力突然变得显著起来。托尔金回忆说："我们差点就完蛋了，那时我们排成一长队走在一条狭窄的小路上，右边是一面长长的雪坡，巨石从坡上隆隆砸落，穿过我们的队伍。有一块至少一吨的巨石，只差一英尺就会砸中我。"25在同一天，他们一行人如果不是用绳子绑在一起，托尔金就会掉进雪地的裂缝里。

阿尔卑斯山或为一幅名为《迷雾山脉》的画作的灵感来源，这幅画显然是在那道中洲山脉被构思出来很久之前创作的。26*19 世纪，在苏格兰、北美和瑞士对高山的描述中就出现了一个有感召力的头韵英语短语——"迷雾山"（misty mountains）。不过，我好奇的是，托尔金在阳光明媚的 1911 年看到的阿尔卑斯山，究竟有多少迷雾。

《霍比特人》的开头初次提到"迷雾山脉"时，它是描述，而不是名字。事实上，考虑到托尔金最初将这个故事设定在《精灵宝钻》的大地上（见第 122—123 页，"林木交织之地"；第 169 页，"战争之地"），我们可能会想知道，在第一份打字稿中，他是否想用矮人歌词中那句"雾蒙蒙的山脉"代表保护着"迷雾之地"希斯路姆的黯影山脉。27*

汤姆·希比主张，《霍比特人》是从古斯堪的纳维亚的《斯基尼尔之歌》的诗句里化出了这个名字：

úrig fiöll yfir

þyrsa þióð yfir

他将其翻译为"越过雾蒙蒙的山脉，越过一群群的奥克"（对比古英语中的 orcþyrs "巨人"）。28*然而不管怎样，托尔金笔下的迷雾

山脉肯定是一道符合日耳曼人想象中充满敌意的世界的屏障（见第 30 页栏目"一个充满敌意的世界"），那个世界里到处都是奥克和他们那恶魔一般的狼同伴，其日耳曼名字 warg 不仅表示"座狼"，还表示"恶人"或"怪物"。

另一个可能的灵感来自北美的落基山脉，正如亨利·沃兹沃斯·朗费罗在《海华沙之歌》中所想象的那样——当然也对其他事物产生了影响（见第 35—36 页，"四方的风"；第 102—103、109 页，"河流、湖泊与水域"）。海华沙和麦基凯威斯在山顶上为期三天的冲突，而"庞大的战鹰凯诺"从鹰巢中发出唳叫，呼应了甘道夫和炎魔在凯勒布迪尔之巅那"令人头晕目眩的鹰巢"上的战斗，鹰王从那里救了精疲力竭的巫师。[29] 两场战斗都像是自然的雷暴，最后都以大片的岩石崩塌而告终。

二、火焰之山

1961 年的一次采访，向我们提供了关于托尔金写作方式的迷人洞察：

"我是这样工作的，"接着他把活页夹扔在我脚前的地板上；地图、草图、最近一次海克拉火山喷发的照片（"这些东西让我感兴趣"）、才华横溢的水彩画、帮助他记录故事中众多人物和事件的表格，以及展示战场上各方军队动向的方案。[30]

在一堆明显和《魔戒》有关的草稿和材料里，海克拉火山的照片最引人注意。

在一篇讲述他早期阅读品位的文章中，托尔金提到"饱受折磨的山岭"是想象中渴望的载体。[31]

传说故事集中最早的情节大纲突出了"一座巨大的高山岛屿"，让人联想到火山岛特尼里弗或马德拉（见第 62、65 页，"海岸与大海"）。

同样的爱好延伸到了《魔戒》，在故事里，努门诺尔人造的欧尔桑克塔像是"在古时的地动山摇中，从大地的骨架上撕扯出来的"。[32] 它听起来像是个火山栓，火山口的岩浆硬化后抵御了侵蚀，但周围锥体相对较软的岩石则被消磨下去。托尔金无疑知道各种各样的火山栓，例如爱丁堡城堡所在的那一处。其中一个可能特别引起他注意的是博加维尔基，它在冰岛一个"失落的传说"中扮演了角色。《黑萨维加萨迦》讲述了 11 世纪的一场血仇，这场血仇由一个不像英雄的人物巴迪终结。文本在关键点上缺失，要知道巴迪到底是如何赢得这场争斗的，只有借助于后来的传说（亦被考古学证实）——他在一个 45 英尺（14 米）高的火山栓上建造了一座堡垒博加维尔基，并成功守御了它。考古学家 W.G. 科林伍德称其为"一座几乎已完工就绪的城堡 …… 由醒目的玄武岩柱子组成的垂直城壁 …… 因此，即使在最薄弱的地方，攻击也绝无可能"。[33] 这一切都适用于更令人印象深刻的欧尔桑克（见第 143 页，"古老的印记"）。

1815 年坦博拉火山和 1883 年喀拉喀托火山灾难性的喷发，是托尔金年轻时丰富想象的背景之一。1902 年，加勒比海地区马提尼克岛上的培雷火山喷发，一定激发了他的想象力，它也是他拥有的一本 1930 年代很有影响力的书中的重要角色。这本书是 J.W. 邓恩的《时间实验》，认为梦有时候可以提供其他时间和地点的景象。

邓恩回忆 1902 年他做了一个"异常生动"的梦，梦中他发现自己站在"一座山丘或大山的某道支脉的山坡上"，蒸汽正从小裂缝中喷出。他意识到这是以前梦中出现过的一座岛屿，现在又面临火山爆发的危险，他倒抽一口气说："天哪，这整个地方都要爆炸了！"梦中的邓恩想起了喀拉喀托火山，决定用船把岛上的四千名居民送走，但他的努力令人发狂地不顺利。就在他做这个梦的第二天，《每日电讯报》报道了培雷火山爆发，估计有四万人丧生，并报道有船只正在把幸存者转移到附近的岛屿。[34]

韦尔琳·弗利格的论证令人信服——1937 年

托尔金在撰写《失落之路》这篇没能完成的关于努门诺尔的时间旅行小说时，邓恩的书为他提供了"在没有魔法或机械的情况下，实现时空旅行的理想机制"。[35] 不仅如此，我还想说，培雷火山爆发的这场梦为托尔金提供了一个火山岛大灾难的场景，而一个爱莫能助的现代观察者目睹了这一幕。在《失落之路》中，现代少年奥杜恩·埃罗尔梦见"山上巨大的神殿像火山一样冒烟"，然后"整片大地向一侧滑动，群山翻滚"。[36] 虽然他不明白怎么回事，但他看到的正是努门诺尔中心的大山——美尼尔塔玛，山顶是索隆的魔苟斯神殿，就在整座岛屿被摧毁之前（见第78页，"海岸与大海"）。

1940年代中期，当托尔金通过《慕想社档案》重温他的努门诺尔故事时，类似的梦境景象困扰着小说中的牛津学者们，而这些学者大体上是基于托尔金自己的墨象社友人塑造的。在恍惚中，其中一个人宣称："看哪，大山在冒烟，大地在颤抖！"[37] 另一个人写了一首诗，在诗中，航海家圣布伦丹（见第34页，"四方的风"）看到了努门诺尔唯一的遗迹——美尼尔塔玛，一座陡峭拔升出海面的火山：

> 接着，冒烟的云散开了，
> 我们看到了末日山：
> 它高得像一根天国殿堂中的巨柱，
> 胜过所有凡间的高山，
> 它是一个遭到倾覆之力量的塔尖，
> 头戴红金的火焰。[38]

托尔金后来去掉了"末日山"这个名字，因为它已经属于他正在写的更宏大的作品《魔戒》中那座魔多的火山。不过，毫无疑问，他现在想提出一系列被毁灭的努门诺尔、魔多和魔苟斯本人之间的相似之处。这从他在刚写完《魔戒》后

欧尔桑克，就像艾伦·李所描绘的那样，似乎是"古时的地动山摇"的产物。

写下的一段描述中可以清楚看到，这个叛变的维拉第一次进入世界时，看起来"仿佛高山自深海中拔起，峰顶直冲云霄，山体覆盖坚冰，山巅浓烟烈火环绕"。[39]

地狱的后门

据称，托尔金认定意大利的斯特龙博利火山岛是末日山的灵感来源，但这应当只是传闻。[40*]斯特龙博利顶多是一大锅佐料中的一种而已。考虑到托尔金的品位，他不可能错过儒勒·凡尔纳1864年的科幻经典作品《地心游记》。在这部经典作品中，冒险家们通过冰岛西部的斯奈菲尔火山锥体进入地下世界，并被喷发的斯特龙博利火山喷了出来。[41]

更遥远的火山也可能笼罩了中洲的想象。托尔金给《霍比特人》画的孤山插图使它看起来就像末日山那样的火山，迈克尔·奥根注意到，二者都显示了他"对富士山风格的孤峰的喜爱"。[42]托尔金欣赏并拥有日本版画，这些作品经常以富士山为主题。作为一个经常梦见巨浪吞噬大地的人（见第76—78页，"海岸与大海"），他一定格外被葛饰北斋那标志性的《神奈川冲浪里》所震撼，图中富士山处于中心位置。与此同时，也

"这些东西让我感兴趣。"冰岛的海克拉火山于1947年喷发。托尔金在他的写作档案里保存了这样一张照片。

有人认为孤山的精灵语名称"埃瑞博"是受到了南极的厄瑞玻斯山的"潜意识影响"，厄瑞玻斯山于1908年首次有人攀登时，受到了新闻狂热的追捧。[43*] 我无法想象他会忽略这种相似性。

但他对冰岛的火山特别感兴趣。1927年，"圣诞老人"给他的孩子们写的信中描述了他乘着雪橇飞越冰岛的情景——不过速度很快，因为他的驯鹿们总是说它们"怕那些地下喷出的岩浆和间歇泉"。[44] 那个时候，托尔金已经是冰岛萨迦的专家，家里还接待了一个冰岛的互惠生。

那个时候，他也已经描述了从魔苟斯的铁山脉涌出的火焰洪流，如何在骤火之战中将山脚下的绿色平原烧成了灰烬（见第169页，"战争之地"）；他还设计出了最主要的"暴虐之山"桑戈洛锥姆。[45] 几年后，在一份《蕾希安之歌》的大纲中，当贝伦与露西恩逃离魔苟斯在大山底下的堡垒时，"大火和浓烟从桑戈洛锥姆中迸发"。[46] 露西恩安慰受伤的贝伦，直到大鹰救起他们，将他们带到安全的地方。这个场景显然预示了在末日山上的弗罗多和山姆。

但末日山本身把我们带回了那张托尔金在1961年对采访者展示的"最近一次海克拉火山喷发"的照片。该火山最近的一次喷发实际上是在十几年前，持续了13个月，直到1948年4月——就在那一年，托尔金终于让弗罗多穿过魔多，来到了末日山。

1947年3月喷发开始时，《泰晤士报》报道，海克拉"向空中喷出高达六七英里的浓烟，这似乎是102年来的第一次大喷发"。根据《泰晤士报》的这篇报道和其他报道，12小时内就落下厚达4英寸（10厘米）的火山灰。[47] 熔岩形成宽阔的溪流缓慢流动，但一些大团的喷涌物被更快喷出，且喷得更远。但是海克拉在几个世纪前就已经将周围地区夷为平地，以"厚厚的一层熔岩和浮石灰烬"覆盖了这片土地，使它有"一种其他任何地方都无法相提并论的荒凉特征"。在前几个世纪里，冰岛人称海克拉为"地狱的后门"。

托尔金当时正准备描述戈埚洛斯平原的荒凉（见第167页，"战争之地"）和末日山的高潮喷发，他不可能错过当代如此生动的见证。即使一位作家或艺术家大概知道需要创作什么，这样的试金石也关系重大。海克拉火山开始爆发三天后，一名航空公司飞行员拍摄的照片占据了《泰晤士报》的整版。也许这正是托尔金保留下来，为那些关键的魔多章节提前储存的影像。[48]

"有个以闪电为冠的庞大阴影形体升了起来，无法穿透，遮蔽了整个天空"——托尔金这幅从魔多的黑门前看到，令人难忘的影像，不是末日山的火山尘雾，而是被击败的索隆的灵魂。[49] 它被比作第一次世界大战炮弹的烟雾（见第164页，"战争之地"），但在规模上，它更像海克拉那"烟雾、火焰和火山灰形成的巨大蘑菇云"，在冰岛大部分地区都能看到，并（《泰晤士报》说）让人想起1946年比基尼环礁的原子弹试爆。

三、世界建构

自然历史学家理查德·福提写道："有些想象之地不可能存在，但看起来真实；而有些曾经存在的地域不知何故似乎遥不可及，令人难以信服。也许它们相较之下的可靠程度取决于一个熟练作家的技巧。"[50] 在幻想世界的建构与史前超级古陆（如盘古大陆和冈瓦纳古陆）的科学重建之间，确实存在着一种奇特的联系。在托尔金这里，这种亲缘关系甚至更近，因为他的幻想世界被认为是我们自己的世界，只是时代更早（见第43页，"露西恩之地"）。

当托尔金开始收到索取《魔戒》地质图的请求时，他说："我对地质学所知不多但很感兴趣，所以我没有完全忽略这个方面。"[51] 事实上，托尔金那神话版本的世界建构，随着他开始使之更符合地质科学的发展，多年来已经有所改变。

他对地质学的兴趣最早出现在1914—1915年的《潮汐》（又名《远古时代的海颂》）中，最初的灵感来自苏格兰的圣安德鲁斯（见第62页，"海岸与大海"）。1912年，托尔金从海湾对面的金凯尔高地勾勒出小镇的草图，小镇就像诗中的人物一样，坐落在大海"残破的边缘"。就如诗中所写，这里的土地已经：

> 被永恒的攻击包围
> 被撕成高塔和尖峰，被挖成洞穴

尽管托尔金喜爱中世纪和神话，但地质发现也让他着迷，比如威廉·史密斯在1815年首次绘制的地质图（上图）。

巨大的拱顶……[52]

高地下方的海岸扭曲、倾斜和断裂的程度如此之深，以至于几十年前，这里成了包括被称为地质学之父的查尔斯·莱尔爵士（他是托尔金在牛津埃克塞特学院的前辈）在内的科学家先驱们一次特别考察的重点。[53*] 金凯尔洞穴深入地下，又深又宽敞。石滩旁一堆被称为"处女岩"的砂岩，经历了一系列地质时代的考验。过了金凯尔岬的海角，潮汐岩是由凝固的火山灰形成的轻质多孔的凝灰岩。这里矗立着"岩石和纺锤"：一座30英尺（9米）高的凝固岩浆塔（"岩石"），以及它膝头一个看起来崎岖不平的石轮（"纺锤"）。[54*]

托尔金对这首海洋诗最后一次润色（1917年）时，把它设定在原始时代：

> 当世界在骚动中震颤
> 伟大的神灵撕裂大地
> 在黑暗中，在周期的暴风雨中，在我们
> 诞生之前……[55]

这里的周期是"地质"周期，概念来自19世纪的科学，不是神话。[56*] 遥远年代的印象符合新的认识，即世界比公元前4004年这个根据《圣经》证据计算出来的标准创世日期（直到1870年代仍被当作事实陈述）要古老许多多个数量级。[57*]

托尔金融合了神话和科学，将地质演变过程表现为神灵或超自然力量的作为。这个世界是由众维拉，特别是工匠之神奥力精心打造的。撒旦一般的米尔寇（魔苟斯）粗暴地破坏了大地的形状与对称性，就像在《失落的传说》中所说的：

> 就在［海神］欧西的海底下方，他使大地震动和分裂，使地底的火焰与海水混合。雾气弥漫的风暴和失控海浪的巨大咆哮席卷

了整个世界……大海扑向陆地，撕裂了陆地，大片土地沉入怒涛，或被冲毁成零星散布的小岛，海岸被挖成许多洞穴。[58]

这个在突如其来的短暂暴烈事件中重塑世界的早期概念，与19世纪的地质变化论 —— 灾变论 —— 相吻合。

其他的地质学家，特别是莱尔，认为世界是被仍在进行的均匀缓慢的过程塑造的，这是一种被称为"均变论"的思想流派。虽然托尔金总是

给大灾难保留一个主要角色，但杰拉德·海因斯注意到，从1930年代开始，另一种概念在托尔金的作品中变得明显起来。[59]《阿姆巴坎塔》说，大地"在许多纪元的流逝和消亡中一直在改变"。[60]

与此同时，托尔金将众维拉塑造成一种类似大陆漂移的地质过程的推动者，通过这种大陆漂移，巨大的陆地板块在大地表面移动。《阿姆巴坎塔》讲述："众维拉将中洲推开，挤向东方……而推开这片土地也导致了山脉的出现……"[61] 这非常惊人，因为大陆漂移理论在1915年才由阿

尔弗雷德·魏格纳提出，直到 1960 年代还一直备受争议。

但托尔金是个读报人，（用他自己的话说）他的兴趣一直"主要是科学"。[62] 对那些失落世界始终不渝的热情，肯定会吸引他去看 1929 年《泰晤士报》上《冈瓦纳大陆：失落的南方大陆》这样的头条，那是一篇早期描述大陆漂移的文章（托尔金曾将"冈瓦纳古陆"称为"将地质学转化为诗歌的罕见冒险"）。[63]1931 年，另一篇关于大陆漂移的报道提到了"极地的漂移"，似乎引起了他的注意。[64] 次年，"圣诞老人"给托尔金孩子们写的信里说，他听说"曾经有一阵子，很久以前，北极还在别的地方"，但他不知道这是不是"胡说八道"。[65]

托尔金高超的技巧赋予了中洲极高的逼真度，以至于不少地质学家能够运用当前的科学理论来分析它的地貌。例如，大河安都因和莱茵河（见第 111 页，"河流、湖泊与水域"）之间的相似之处，能深入延伸到它们的地貌上。地质学家米奇·利德尔说，在宁达尔夫这样的低地旁边出现了埃敏穆伊丘陵这样的高地，

> 是典型的"地垒和地堑"结构，当地壳被局部拉伸，一部分下降，留下其他区域相对较高时，就会形成地垒和地堑。罗瓦尼安已经脱离了埃利阿多，而标志着这一点的宽大创口就是直得令人印象深刻的安都因河。如今，德国和法国正在经历类似的分裂，形成了莱茵河谷地。[66]

这样的探索对不是科学家的人来说，当然可以是有教育意义的，如果托尔金知道地质学确实可以解释他地图上的许多特征，他大概会很欣慰。[67]

四、洞穴

托尔金的故事里无疑充满了地洞、山洞、隧道、中空的山丘、地下的城市和宫殿。灵感的来源似乎从考古学（见第 134—136 页，"古老的印记"）到民间传说（见第 34—35 页，"四方的风"），再到第一次世界大战战壕里的穴居人经历（见第 163—164 页，"战争之地"）。

从《吉尔伽美什》到荷马的《奥德赛》，从维吉尔的《埃涅阿斯纪》到斯诺里·斯蒂德吕松的《散文埃达》，托尔金加入了令人尊敬的神话作家的行列，描述了冥界。当归来的国王阿拉贡带领一支由阴间亡灵组成的军队，在一场为国家存亡而战的战斗中扭转局势时，托尔金改写了亚瑟王骑士的传统 —— 亚瑟王是曾经的和未来的国王，骑士们沉睡在墓石底下，直到国家召唤他们。托尔金经常让故事情节发展到半兽人出没的矿坑中，这是在效仿乔治·麦克唐纳在 1872 年写的故事《公主与哥布林》。他非常喜欢这个主意，以至于在圣诞老人的信中设法在北极冰层下建造了半兽人的洞穴。

但在艾森加德的地下，机械和乌鲁克族 —— 比纯粹的半兽人更像人、更可怕 —— 很可能更要归功于 H.G. 威尔斯的《时光机器》里"黑莫洛克人照料着他们的机器"的设定。[68] 托尔金在"不无愉悦"地读完另一部科幻惊悚小说 —— 约瑟夫·奥尼尔在 1935 年出版的《英格兰的地底世界》之后，首先把一只巨大的蜘蛛放到了地下希洛布的巢穴。[69] 奥尼尔笔下的英雄跌跌撞撞地来到了一个地下世界，在那里他第一次遭遇了一只巨大的蜘蛛，"它有一对鼓鼓囊囊如袋子般的身体 …… 由几根高跷一样的腿支撑着"。这蜘蛛散发着恶臭，吐出骗人陷入的蛛丝，发出"咯咯笑着，流着口水"的声音。[70]

有一段非凡的描写直接来自经验 —— 吉姆利对海尔姆深谷后面的"晶辉洞"阿格拉隆德的描述。托尔金告诉一位读者："这段（描写）基于切达峡谷的洞穴，是在我 1940 年再次造访之后立刻写的，它已经变得如此商业化了，但我早年的记忆仍然为它润色添彩。"[71]

切达周围的洞穴，是雨水和地下河在门迪普丘陵的石炭纪石灰岩中侵蚀出来的，位在托尔金童年时期见过的奇观之列。其中一个延伸超过 2 英里（3 公里）的复杂洞穴，是由理查德·高夫和他儿子们从 1892 年到 1898 年开拓而成的。这里有半英里（0.8 公里）做成了一个有电力照明的展示洞穴，包括被称为瑞士村、圣保罗洞穴、所罗门神殿和阿拉丁山洞的区域。托尔金和伊迪丝在 1916 年度蜜月时来过这里，很可能看了这个洞穴和附近的考克斯洞穴，后者在一本书里

考克斯洞穴，切达峡谷
地底世界的一部分，激
发了"晶辉洞"阿格拉
隆德的灵感。

被描述为"奇妙的建筑瑰宝，是地下工匠以最
无法无天、最仙灵式的设计妆点出来的"。[72]

有关切达洞穴的文章有个反复出现的说
法，即它们是无法形容的。但通过托尔金，它
们可能启发了对辛葛和美丽安的宫殿——"千
石窟宫殿"明霓国斯的描述（见第 131 页栏目
"森林和大教堂"），它是精灵工艺打造的，
"他们仿造欧洛米的山毛榉树，凿削出明霓
国斯的根根廊柱，树干、树枝、树叶无不具备，
并以金色灯笼照亮"，还有"银饰的喷水池，
大理石的水盆，以及缤纷彩石铺就的地板"。[73]
切达洞穴通过阿格拉隆德，唤醒了沉默寡言
的吉姆利内心的诗意，因为他忆起了诸般色彩、
水晶、支柱，开槽的轮廓和无尽的大道，诸
多尖塔的映像……"还有叮咚声！一滴银色
的水珠落下，在镜面上激起圆形的涟漪，令

所有的高塔弯曲动摇，如同大海岩洞中的水
草和珊瑚。"[74]

这两段描述都写在托尔金夫妇 1940 年第
二次来访之后。1930 年代，纽约和巴黎的报
纸刊登了高夫洞穴的广告。巴斯侯爵已经是
考克斯洞穴的所有者，他在 1934 年又收购了
高夫洞穴，并建造了新的游客建筑。两年后，
游客猛增三分之一多，达到 27.3 万人。高夫
一家人的忙碌挖掘，以及托尔金在信中抱怨
的后来的商业化，似乎影响了莱戈拉斯对吉
姆利的滔滔不绝做出的下意识反应。带着精
灵视矮人为贪婪的物质主义者的典型看法，
他警告他的朋友不要告诉那些矮人亲族，因
为"一族带着铁锤和凿子的忙碌矮人，所造成
的破坏说不定大过成就"。[75]

河流、湖泊与水域

  中洲的内陆水域是大自然的避难所和圣地，是城镇和塔楼的所在地，也是旅行的驿站、障碍或水道。它们带着"众水的主宰"维拉乌欧牟的思绪奔流，即使是在魔多的沙漠里，最微细的小河也能使人精神振奋。当贝烈瑞安德被毁时，也许最悲伤的一句话就是"西瑞安河也不复存在"。[1]

  有些河流确实拥有人格——常驻的神灵。另一些则从描述中的一笔、地图上的一条线，乃至一个神秘的引人遐想的名字中，获得它们的个性。有几条河被颂唱得更饱满。在伊芙林湖：

> 新生的纳洛格河，壮观地泻落
> 十九㖞高的闪烁瀑布，
> 他在水晶石的沁凉胸怀中冲蚀出河道
> 以他琉璃般透明的喷泉
> 斟满闪亮的酒杯。[2]

  诗歌接着描述了纳洛格河的水道，它汇入大河西瑞安，直到合流之水注入大海。

  就托尔金作品背后的灵感而言，河流是一个丰富又发人深省的象征。我们的单词"影响"（influence）来自拉丁语，意思是"流入"。一种影响可能会与其他影响混合在一起，创造出既新颖又千变万化的东西。

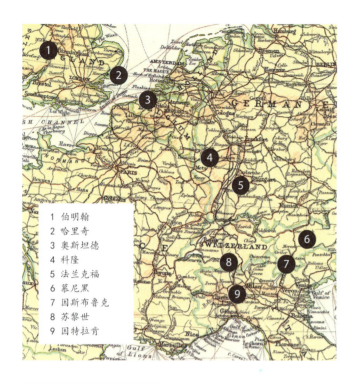

1 伯明翰
2 哈里奇
3 奥斯坦德
4 科隆
5 法兰克福
6 慕尼黑
7 因斯布鲁克
8 苏黎世
9 因特拉肯

托尔金前往瑞士的路线。

泉水、洪水和峡谷

当伊芙林在《胡林的子女之歌》中如上所述出现时，托尔金正住在利兹，这让人很容易认为他的灵感来自约克郡的河流和瀑布。但是，据我们所知，伊芙林有着最纯净的起源，是对自然之美及其医治之力的颂赞。正是在这里，被致命的罪恶感打击得浑浑噩噩的图林·图伦拔，恢复了理智和语言能力（见第 172 页，"战争之地"）。在这个传奇故事的后续几个版本中，图林在遭遇更大的不幸后回到伊芙林，却寻不到医治了，因为那个湖已经被恶龙格劳龙玷污了。

在图林的传奇故事中，其他河流或瀑布的来源我们也都能很有把握地确定。在希斯路姆他童年的家旁边，有一条"发源于山岭，一路歌唱着的欢乐小溪"，在辛达精灵语中叫"能拉莱丝"，意思是"欢笑之水"。人们因为他妹妹的笑声而叫她"拉莱丝"。这个主题在亨利·沃兹沃斯·朗费罗《海华沙之歌》中也不陌生，主人公的妻子名叫"明妮哈哈"，意思是"欢笑之水"，就是以她家旁边的瀑布命名的。1912 年，托尔金观看了塞缪尔·柯勒律治－泰勒改编的，

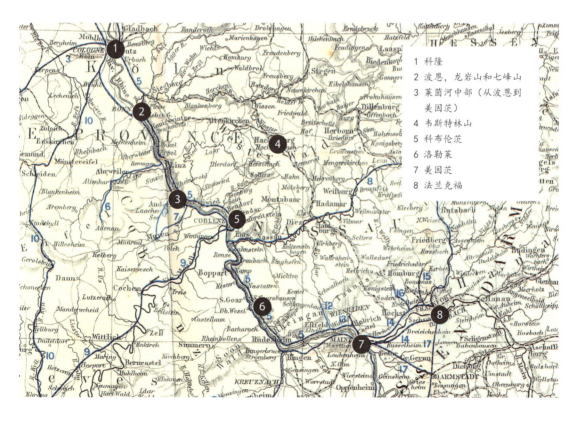

1 科隆
2 波恩，龙岩山和七峰山
3 莱茵河中部（从波恩到美因茨）
4 韦斯特林山
5 科布伦茨
6 洛勒莱
7 美因茨
8 法兰克福

1911 年，汽船航行在莱茵河峡谷，一片充满传奇之地。

令人难忘的清唱剧《明妮哈哈之死》的演出。拉莱丝死于一场神秘的瘟疫，明妮哈哈亦然，死前大喊着她的瀑布在召唤她。

图林还有另一个妹妹名叫涅诺尔，意思是"哀悼"，她最终的命运也与瀑布息息相关。这一幕让人想起托尔金最主要的灵感来源——芬兰传说《卡勒瓦拉》，库勒沃的妹妹跃入了"泡沫飞溅的狂暴大瀑布"。[3]在图林的传奇故事里，涅诺尔之前在瀑布前曾不由自主地战栗不止，因此那瀑布得名"战栗之水"能激栗斯。显然，能激栗斯受了《卡勒瓦拉》启发，能拉莱丝则受了朗费罗启发，托尔金给它们如此取名，意在形成讽刺和悲剧的对照。

但图林与恶龙的高潮之战，灵感来自日耳曼的西古尔德或齐格弗里德（见第 24—26 页，"四方的风"），在德国传统里与莱茵河联系在一起。1911 年，托尔金和他弟弟希拉里在前往瑞士的途中经过了那里（见第 84 页，"群山之根"）。这群英国人乘渡船从哈里奇到比利时的奥斯坦德，接着乘火车到德国的科隆，然后从美因茨乘船沿莱茵河逆流而上，前往法兰克福，这段航程要花两天，除非他们在三十个中途停靠站之一下船。这艘内河船从平原出发，进入一片土地，（照当时一本书的说法）那里"两岸的每一处峭壁和山谷，以及从波恩到美因茨的每一个岛屿，都有两三层深厚的浪漫"。[4]

山顶崩塌的龙岩山是扼守通往这片景观的门户的七峰山之一，据说就是被齐格弗里德杀死的那条恶龙的巢穴。南方上游，莱茵河在科布伦茨进入其著名的峡谷，在峡谷中途绕着一处险峻的巨石洛勒莱流过。根据现代传说，一名爱情受挫的少女在这里跳水身亡，变成了罗蕾莱——一个引诱粗心的水手撞上她的岩石的致命水妖。[5]*在西古尔德-齐格弗里德的故事或《卡勒瓦拉》中都没有峡谷，所以托尔金对莱茵河的印象很可能帮他塑造了泰格林河谷，那里是图林屠龙和涅诺尔自杀的地方。

莱茵黄金的故事与中洲也有相似之处。把《魔戒》与瓦格纳的《尼伯龙根的指环》拿来做生硬的比较令托尔金恼火，但后者他是了解的，并且对借用"宝藏不沉入深深的水底就会一直带来不幸"这个主题毫无心理负担。格劳龙的宝藏最终被扔进了阿斯卡河，该河从此改名为"黄金河床"拉斯罗瑞尔。在《霍比特人》中，嵌在斯毛格腹部的宝石最终沉落于长湖的湖底。

托尔金 1911 年的目的地瑞士，对他笔下的山脉和山谷（见

城堡和卡尔岩

正如丹尼斯·布里杜所指出的，西瑞安河流入贝烈瑞安德的河道与莱茵河非常相似，都是通过"一道狭窄的河谷，两旁的陡峭山壁上覆满了松树"，在其源头和托尔西瑞安岛上都有堡垒守卫着它。[①]托尔金 1928 年写的《蕾希安之歌》中有一段写道，这座小岛屹立着：

> 就像古早
> 巨人混战的时候
> 一块滚下崇山峻岭的石头。
> 河流围绕山脚分开
> 河水环流，将悬垂的崖边
> 淘空成无数洞穴。[②]

1930 年代初为《霍比特人》设计的卡尔岩（Carrock）也有一个河边洞穴，它"正挡在溪流的路上，溪流绕着它流过"，还被比作"巨人中的巨人投进平原好几哩远的硕大一块石头"。[③]地质学家称这是"漂砾"，是大自然从遥远的地方搬运来的。因此，它堪称"名副其实"——一个凯尔特词（与威尔士语 carreg"石头"有关），漂泊进了北部英语方言，意思是石头界标（还有其他含义）。

托尔金还考虑将其命名为拉姆岩（Lamrock），也许是精灵语和英语混合的"回声石"。这可能受到洛勒莱的启发，1911 年的旅行指南将洛勒莱解释为"罗伦的岩石（Lei），或是激起嘲笑回声的山中小妖怪"。[④]*在甘道夫对贝奥恩夜游的描述中，卡尔岩显然是一座岛；但在最初的设想中，当梭林一行人在那里落脚时，故事并未清楚说明这条河是分成两股"绕着它流过"，还是只从一边绕过。《魔戒》有自己的"大卡尔岩"（草稿中如此称呼）——托尔布兰迪尔，位于能希斯艾尔，在涝洛斯瀑布上方。[⑤]

Bilbo comes to the Huts of the Raft-elves

《比尔博来到木筏精灵的小屋》，
出自《霍比特人》，是托尔金最富感
染力的河流画作。

第83—90页，"群山之根"）以及幽谷的河流都产生了深远的影响。幽谷这条河的英语名字"响水河"和精灵语名字"布茹伊能河"，一起明确呼应了劳特布伦嫩这座山谷的名字，幽谷的灵感就源于此地——大卫·马森第一个指出了这一点。[6]玛丽·巴恩菲尔德注意到，布茹伊能河流经这座精灵山谷的河道，就像白吕奇纳河穿过阿尔卑斯山谷一样；而且布茹伊能河就在下方和另一条溪流汇合，就像白吕奇纳河与黑吕奇纳河汇合在一起。[7*]

但布茹伊能渡口突然暴发，卷走黑骑手的洪水，可能会将我们一路冲回托尔金在萨尔霍的童年。通常安静的小科尔河（见第13页，"从英格兰到夏尔"），下雨时上游涨水，能迅速漫过黏土地。在格里特堰堤下游发生过几起悲剧，人和马都被水冲走，直到18世纪修建了一座桥才见改善。往上游去不远的地方，离萨尔霍最近的小渡口也容易暴发山洪。罗伯特·布莱卡姆也在这片地区长大，他相信这肯定给孩提时的托尔金留下了永久的印象。[8]

想象一下，能在另一条平静的河流附近抚养自己的孩子，托尔金会多么高兴。彻韦尔河不会发生山洪暴发（不过它肯定会慢慢泛滥）；相反，这条河懒洋洋地蜿蜒在芦苇和柳树之间，从诺斯穆尔路散步就可走到——他们自1925年开始在那里居住，直到男孩们全都长大离家。在那段日子里，在附近的马斯顿渡口路和更远的为缓解牛津市中心的交通而修建的旁道修好之前，这条河对伍德伊顿（见第128页，"林木交织之地"）和更远的地方来说，是一片宁静的绿色地带。散步时，迈克尔会躲在河边一棵老柳树的裂缝里。在一次野餐时，他被一条柳树根绊倒了，他父亲穿着最好的法兰绒网球裤，却不得不跳进河里把他拉上来。

到1931年，彻韦尔河（和迈克尔那些冒险行为的一丝回响）已经渗入了一首诗《汤姆·邦巴迪尔历险记》。这位神秘但滑稽的英雄被柳树老头唱的歌给哄睡了，然后被关进树上一处裂缝，后来又被"河婆的女儿"金莓拽进河里。但邦巴迪尔制伏柳树老头，平息了其他危难（见第139—141页，"古老的印记"），并与金莓结了婚，结局皆大欢喜。

柳树老头的根扎得比1920年代还要深。在学生时代，托尔金饱受他所谓的"牛津睡意"之苦——一种常常与此地的河谷气氛联系在一起的嗜睡——直到1914年，早晨的

彻韦尔河，《精灵宝钻》中南塔斯仁的垂柳草地和《魔戒》中柳条河的灵感来源。

军事训练才把这种睡意从他身上驱除（见第147页，"警戒与保卫"）。[9]在他1916年的诗歌《如今的悲伤之城》中，牛津在战时的警觉和牺牲（见第148—149页，"警戒与保卫"）似乎愈发值得赞扬，因为柳树在慵懒的彻韦尔河和古老的泰晤士河周围低垂，将它们"覆盖"在树叶底下。[10]索姆河战役之后，1917年的《刚多林的陷落》在英雄图奥造访西瑞安河的垂柳之地时，体现了这种昏昏欲睡的氛围（见第62页，"海岸与大海"）：

> 河流的两岸生长着不知有多古老的垂柳，河流宽阔的胸怀中点缀着睡莲的叶子……在这片黑暗的地方，住着一个窃窃低语的幽灵，它在黄昏时对图奥低语不休，使他不愿离开……[11]

然而，这里也隐藏着战争的迹象，因为"在垂柳下，鸢尾花已经抽拔出利剑似的青绿叶片，莎草已从丛林立，芦苇也已罗列成阵"。[12]这是语言文字游戏。莎草（sedge）是一种叶缘锋利的草本植物，这个词来自古英语的secg，后者还有"剑"或"战士"的意思。但托尔金那种在双重曝光下具象化的能力也许在这里发挥了作用，因为前一年他在昂克尔河作战，那也是一条流速缓慢、岸边长着成排柳树的河。神圣的乌欧牟必须亲自将图奥从漠不关心的状态中唤醒，让他履行职责。这个场景虽然庄严，却预示着邦巴迪尔在使人昏昏欲睡的柳条河岸上将霍比特人从柳树老头的魔掌中解救出来，让他们继续冒险旅程。

如果邦巴迪尔如托尔金所言，意在代表牛津郡-伯克郡乡村的神灵（见第17页，"从英格兰到夏尔"），那么金莓和她母亲就一定是那地河流的神灵。英国民间传说中有几个女河神，约克郡提斯河的佩格·波勒就是其中之一，一位早期的民俗学家将她描述为"一种罗蕾莱式的水妖，长着绿色的长发，对人类的生命有永不餍足的渴望"，她喜欢把人拖到水下淹死。[13]托尔金的朋友伊丽莎白·玛丽·赖特（见第72页栏目"在海边的山洞里住着一只……"）列举了几个北方和中部地区的说法——绿齿珍妮（Jenny Green-teeth）、格林迪洛（Grindylow）和长臂耐莉（Nelly Long-arms）。与她们相比，金莓似乎是个欢乐的表亲，她把邦巴迪尔拽入河里是恶作剧，不是恶意。

约翰·鲍尔斯将金莓比作塞文河的古代化身塞布丽娜，弥尔顿曾描述塞布丽娜坐在水下，"在百合花缠绕成的穗带间"。[14]在《魔戒》里，金莓坐在睡莲中间，外面下大雨时唱起"雨之歌"，她可能真是当地的水神，不过霍比特人太习惯于常理，没看出这一点。[15]

同样半具神性的还有宁洛德尔，她是曾经住在同名溪边的西尔凡精灵。在宁洛德尔瀑布附近，"弗罗多几乎幻想着自己听见一个声音在

....
大海伍德的特伦特河和索乌河（右上）的交汇处。在《失落的传说》中，托尔金将这两条河重新想象为格茹伊尔河和阿弗洛斯河。

战争的河流

托尔金在位于索乌河和特伦特河交汇之处的大海伍德写了《刚多林的陷落》。在他当时的作品中，这两条河是安全与危险之间的分水岭。在他1917年的诗《塔芙洛贝尔的灰桥》中，一名"少女"（damozelle）哀叹她的爱人已经离开，过了"两条湍急的河流"，这首诗显然与他在战争后与伊迪丝重逢有关。[①]塔芙洛贝尔就是大海伍德本身（见第49页，"露西恩之地"），它有灰色的埃塞克斯桥，那是一座狭窄的17世纪驮马桥，就在两河汇流处下游。在《失落的传说》结尾的笔记中，这两条河被称为阿弗洛斯河和格茹伊尔河（诺姆族语grui，"凶猛，恐怖"）。衰微的精灵和他们的凡人朋友埃里欧尔逃离高荒野之战（见第167页，"战争之地"），飞奔过桥。从荒野上蜿蜒流下的"琉璃溪"——肯定是美丽的谢尔溪（Sher Brook，古英语scír "明亮"）——被"人类的战争所污染"。[②]

在确定泪雨之战的地点是安法乌格砾斯之前（见第168页，"战争之地"），托尔金起初的设想是这场战斗发生在"水流呜咽的山谷"，靠近或就在西瑞安河边上。[③]这可能等同于垂柳之地或附近的"微光池塘"（就是《精灵宝钻》中的南塔斯仁和艾林微奥）。无论哪一种，都可以辨认出昂克尔河和索姆河战役的记忆，预示着死亡沼泽（见第165—166页，"战争之地"）。

河流名称

不列颠的河流名称可以是非常古老的，对语言学家来说有种极具吸引力的神秘。精灵语词"能"（nen）出现在"能激栗斯""能希斯艾尔""努尔能"以及许多其他中洲的名称中，似乎是为了填补英语地名史上的空白而发明的。能恩河（Nene，有时读作且写作"能"Nen）是一条从北安普敦郡流到沃什湾的河，背后隐藏着一个词形相同但已不再为人所知的凯尔特词。托尔金在诗歌《月仙来太早》1920年代的版本中提到了"蜿蜒的耶尔河和能河"——他在1962年的中洲诗集《汤姆·邦巴迪尔历险记》中删掉了许多提及的英国地区，这两个就在其中。①这看起来像是托尔金发明了精灵语词"能"，作为英格兰河名"能"或"能恩"的虚构来源，正如他的诗是为了"解释"一首童谣。

托尔金确保中洲地名也包含一些晦涩的元素，例如安都因河的一条支流"利姆清河"名字里的lim-。然而，他在这里可能又想到了一条真正的河的名字——莱姆里吉斯的地名来源莱姆（the Lim），他曾在那里度假（见第72、74页，"海岸与大海"）。这个Lim被认为与威尔士语中的llif"洪水，溪流"来自同一个古老的布立吞语词。

在很多情况下，河流名称（常常是通称）的含义无法指示影响。沃里克的埃文河得名于凯尔特语的"河"（威尔士语的afon）这个词，在托尔金的诗作《林中的科尔提力安》中，它被重新命名为"格莱丁河"。但是汤姆·希比解释柳条河（Withywindle）这个名字是方言withy"柳树"加上古英语词windol"蜿蜒的小溪"构成的，（他猜）托尔金也认为后者是牛津的河流"彻韦尔"的原意。②*

杰森·费舍尔指出，刚铎和哈拉德边界上历史战役的战场波罗斯河（辛达语，"边界"），与希腊语 πόρος 的发音相似，既是"过河的方法；渡口或渡船"，也是"狭窄的海，海峡"。他认为托尔金受到了把欧洲和亚洲分开的博斯普鲁斯海峡的影响。③*但是，让托尔金着迷的中世纪亚历山大大帝的传说（见第40—41页，"四方的风"），也与一个适合哈拉德民的波罗斯或波鲁斯有联系。公元前326年，印度君王波鲁斯在希达斯皮斯河勇敢地抵抗了入侵，亚历山大封他为总督（Satrap，地方统治者）。亚历山大的军队"俘获了背上站着武装弓箭手的400头大象，大象驮着塔和平台，穿着铠甲的战士们就站在上面"。④

....
19世纪中期沃里克城堡的一幅油画中的埃文河。它的名字来自凯尔特语，意思是"河"。

歌唱，歌声水声交织在一起。"¹⁶托尔金曾经短暂地称这条河为泰格林河，与涅诺尔跳下失踪的那条河同名——这种联想或许孕育了宁洛德尔截然不同的悲剧（她在去和爱人幽会的途中消失在了山里）。¹⁷

她的溪流与银脉河结伴，是通往精灵之境洛丝罗瑞恩的门槛，因此让人想起其他位于仙境边缘的河流——纳洛格河、埃斯加尔都因河和密林河，分别位于纳国斯隆德、明霓国斯和黑森林精灵王的宫殿门阶前。不过，在墨瑞亚失去甘道夫后不久遇上的这两条罗瑞恩的河流，已被拿来与托尔金翻译的中世纪诗歌《珍珠》中的河流相提并论。在越过河流之后，是天堂美景与悲痛的治愈。

"银脉河"（Silverlode）这个名字可能来自动听的埃文洛德河（Evenlode），它在牛津郡注入泰晤士河。¹⁸*在地名中，lode通常是指"水道"或"小径"，而托尔金将Silverlode翻译成精灵语的"凯勒布兰特"Celebrant，意思是"银的河道"。

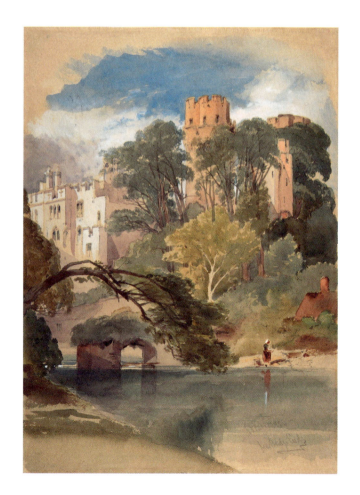

但在现代英语中，lode 更广为人知的意思是"矿脉"。因此，发源于墨瑞亚山脉的这条河的名字，不可避免地让人想起甘道夫在简述矿坑历史时所描述的"秘银"或真银的"矿脉"。[19]

池塘、沼泽和洪水

蒂特福德（如今的特里蒂福德）磨坊水塘在科尔河上游，距离萨尔霍一英里（1.6 公里），童年的托尔金兄弟曾在那里用岸边成排的芦苇做口哨。希拉里曾经掉进这个芦苇塘，但是"甚至没有遭到责骂"，因为他的幸免于难让他们的母亲大松一口气。[20] 我们接近了类似霍比特人的斯密戈和他的朋友狄戈成长的世界，他二人在安都因大河旁的金鸢尾沼地（英语的 gladden 意思是鸢尾）造了小芦苇船。为了描述斯密戈如何堕入邪恶、变成咕噜，托尔金似乎回忆起了他自己的失乐园。

在夏尔，肥沃的"泽地"（Marish，古英语的"沼泽"）低地是一片有人照管的沼泽地区，有堤坝和一条堤道来支撑一条主干道。在 1917 年至 1918 年服兵役期间，托尔金就住在这样一片地区的中心，那就是约克郡的霍尔德内斯。泽地路火车站位于铁路网上，服务着高泽地与低泽地中的各个小村庄。托尔金在 1910 年前往霍尔德内斯还有惠特比，以及在 1920 年代前往法利（见第 71 页，"海岸与大海"）的时候，一定使用过这个铁路网。同时，霍恩西湖就在低地霍尔德内斯（见第 76—77 页，"海岸与大海"；第 138 页，"古老的印记"），邻近 1917 年伊迪丝短暂居住过的地方。那里有苍鹭的筑巢地，还有供绿头鸭、西方秧鸡、骨顶鸡、潜鸭和凤头鹛鹛栖息的巢穴，它是《精灵宝钻》中芦苇成林、鸟群密集的利耐温湖的缩影。

约克郡铁路网通往霍尔德内斯的另一条支线上，最繁忙的车站是"湿平野"（Wetwang）。这个名字是这个村庄与恩特river汇入安都因河处那片"广阔淤塞的沼泽地"之间的唯一联系。[21] 假如托尔金真来过这个村庄，他一定会对这片位于没有河流的白垩山谷上方 50 英尺（15 米）的白垩山脊上，明显缺乏湿气的"平野"（wang，古斯堪的纳维亚语是 vangr，"田野"）感到震惊。它离俯瞰约克郡高原的最高点

不远，步行不必费力即可到达。Wetwang 的词源"干得冒烟"，似乎是一个古斯堪的纳维亚的法律术语，意思是"诉讼审判的传唤场所"。[22] 伟大的词源学家斯基特面对这样的证据，一度顽固地宣称："Wet 就是湿，Wang 就是一片田野，就是这么回事。"[23] 中洲那片精灵语毫不含糊地称为"湿平野"宁达尔夫的广大沼泽，正是斯基特会赞许的"湿平野"。[24]

至于布理以东的蚊水泽地带——喧闹得令人发狂的"吱咯吱嘎虫"的家乡——托尔金再次随心所欲地改编了一个现实世界中用过的地名。正如他告诉一位通信者的，这个名字是冰岛萨迦中提到的一个地方"密瓦顿"（Mývatn，常见译名为"米湖"）的直译。托尔金补充说，他通过照片熟悉了冰岛的风景。所以，他想必知道密瓦顿不是沼泽地，而是一个火山湖。[25]

几乎可以肯定的是，东方那片笼罩着索姆河战场阴影的死亡沼泽（见第 165—166 页，"战争之地"），从朗费罗对海华沙的夜航的描述中汲取了文学色彩——海华沙穿过一片被恶灵麦基苏旺统治的噩梦般的水域，前往战场：

> 在那积滞的水上，
> 水面浮着千年万代的污垢，
> 腐烂的水草搅黑了水流，
> 菖蒲和百合花叶在水里发臭，
> 啊！这一泓死水是这么暗晦，惨愁！
> 照着它的只有微暗的月光，
> 还有鬼火，亡魂在他们
> 困顿的夜之营房里点起的亮光。[26]
>
> （王科一译，上海译文出版社 1981 年版）

在"暗晦惨愁"的死亡沼泽中，芦苇永远是腐烂的。[27] 当"死人的蜡烛"鬼火闪烁时，幽灵似的影像就会出现在死人脸沼泽里。[28] 这些烛光也被拿来与《贝奥武甫》中格兰道尔水潭里可见的"可怕的奇观，水上的火光"相比较。[29]

墨瑞亚西门的水潭无疑与格兰道尔的水潭有相似之处，后者是个阴森森的地方，"野狼的山坡……山水直泻黑暗的深渊"。[30] 这首古英语诗歌中的场景启发了托尔金的两幅线稿

画，标题为"Wudu Wyrtum Fæst"（古英语，意思是"牢牢扎根的森林"）。[31] 它是"能掀起大浪的水怪"和其他"奇怪的海龙"的老巢，而这些怪物被托尔金重塑为"水中的监视者"，一种类似外星来客、有触手的智能生物，就像儒勒·凡尔纳的《海底两万里》中攻击"鹦鹉螺号"的巨型头足类动物。[32]

在墨瑞亚西边更远处，"沼泽、池塘和河洲连接成网，只有大群天鹅和很多别的水鸟栖息。"[33] 天鹅泽完全被内陆包围，格蓝都因河在此与灰水河汇合。然而，它的名字让人联想到一处独特的海滨遗址，托尔金无疑知道那个地方，而且可能在他去莱姆里吉斯度假时去过那里（见第 72 — 74 页，"海岸与大海"）。阿伯茨伯里天鹅饲养场位于大泽上，那是切瑟尔海滩长长的尖岬掩蔽的一长条海湾。一本当时的旅游指南说："在这片到处是小溪和池塘的泥泞地区，可以看到超过一千只天鹅，这里经常有野禽出没。"[34] 早在 11 世纪，中世纪的僧侣们就建立了天鹅饲养场。

我们不知道托尔金在威尔士去过什么地方，也不知道他是否去过以"浪漫"著称，乘火车相对容易抵达的湖区。谁知道《魔戒》中的镜影湖，或者《精灵宝钻》中欢笑的伊芙林湖和蒙福的塔恩艾路因背后，可能有什么样的山中小湖在微微闪烁？在瑞士，托尔金可能看到了一些令人难忘的景点——丹尼斯·布里杜指出了瓦伦湖、图恩湖，以及最后也"最壮观的"日内瓦湖（又名莱芒湖），因为返程火车会沿着它一直开到洛桑。[35] 瑞士湖泊的发现，肯定启发了长湖镇史前建筑的灵感（见第 138 页，"古老的印记"）。

大河

托尔金对天鹅泽和灰水河的描述，出现在第二纪元努门诺尔人入侵中洲沿海地区的记录中，这种入侵常常是破坏性的。既然如此，他对海员们第一次沿灰水河而上探险的描述，就令人想起约瑟夫·康拉德在《黑暗的心》（1899 年）中对刚果的描述。"森林便一直生长到两侧岸边。尽管河面宽广，参天巨树却在水上投下大片荫翳，探险者的小船就在树荫下悄然前行，上溯进入未知的地域。"[36] 但托尔金对宽广的森林河流的印象，很可能来自他对早期欧洲贸易和

新大陆探险的阅读经验（见第 36 页，"四方的风"）。在《中洲地图志》中，卡伦·温·方斯塔德测量灰水河长达 689 英里（1109 公里），是英国最长的塞文河长度的三倍还多，接近莱茵河。正如一本旅游指南所说，"在欧洲乃至全球范围，英国的河流都只能算娃娃"，所以大陆河流的规模应该给岛民托尔金留下了深刻的印象。[37]

英国味极浓的夏尔，很可能意味着托尔金想象中此地的河流并不比英国的宽。方斯塔德将白兰地河在雄鹿地的一段绘成大约半英里（0.8 公里）宽，猜测它"可能与密西西比河上游相当"。[38] 这就像把霍比屯的小丘变成了一座小阿尔卑斯山。从源头流到雄鹿地，白兰地河大约长 175 英里（280 公里）—— 就像泰晤士河在威斯敏斯特，而不是 1200 英里（2000 公里）长的密西西比河上游。我怀疑即使是泰晤士河在威斯敏斯特的宽度 820 英尺（250 米），也比托尔金想象的要宽。牛津一段的泰晤士河或伍斯特郡马尔文附近的塞文河，宽度都不到 200 英尺（60 米），在霍比特人眼里可能都相当宽了。有趣的是，托尔金约写于 1950 年的一段弃用的文字说，白兰地河的旧名是"马尔文"，据说是霍比特人改自精灵语的"金棕色"Malevarn，但这显然是对英国温泉小镇马尔文或其山丘的致敬。1947 年 8 月，托尔金曾与 C.S. 刘易斯和刘易斯的哥哥沃尼一起在那里徒步旅行。[39]*

尽管规模上有些不符，但托尔金似乎想让舒恩河（307 英里 /494 公里）模拟塞文河（220 英里 /350 公里）的形状。两条河都从西部高地（威尔士的坎布里亚山和林顿的蓝色山脉）发源，先向东大致画出一个宽阔的半圆形状，再向南、然后向西流入一个宽阔的海湾（布里斯托尔海峡和舒恩湾）。这样的安排支持了这种观点：夏尔西边的精灵国度林顿在某种程度上对应了不列颠的凯尔特西部（见第 57 — 59 页，"露西恩之地"）。

在托尔金关于精灵孤岛的最早构想中，他打算说孤岛实际上就是不列颠。在这个构想中，塞文河尽管出场短暂，却无疑至关重要。一则早期的笔记将塞文河（改自特伦特河）取名为"西瑞安"。[40] 特伦特河是英国第三长的河流，从斯塔福德郡的沼泽地流经英格兰中部地区，汇入亨伯河口，途经大海伍德和盖德灵 —— 中洲正是由此开始（见第 27 页

牛津大雾弥漫的泰晤士河。毫无疑问，是这样的河流，而不是像密西西比河那样的大陆巨河，塑造了托尔金对夏尔的溪流的看法。

栏目"一切皆始于此"）。但托尔金再次修改了这则早期笔记，将西瑞安河改成了莱茵河——显然已经把它想象成了大陆上的河流。

大河安都因全长 1388 英里（2234 公里），比托尔金见过的任何河流都长得多。汤姆·希比在洛丝罗瑞恩到涝洛斯瀑布的小船航程中，看到了《最后的莫希干人》的影子，他们必须人工搬着独木舟走一条旧的陆运道越过急流。考虑到相同的特征和巨大的三角洲，克里斯蒂娜·斯卡尔更倾向于尼罗河，这符合托尔金的刚铎所包含的古埃及元素（见第 143 页，"古老的印记"）。与此同

时，地质学家们建议将莱茵河作为安都因河的地球物理模型——他们显然不知道托尔金在德国旅行时曾在莱茵河上航行过（见第 84 页，"群山之根"）。他对 1911 年莱茵河之旅的记忆肯定起了作用，尤其是当大河进入埃敏穆伊的峡谷的时候。

然而，当安都因河到达大海时，它强大的水体已经从托尔金创造的所有支流地区汲取了力量，这些支流地区拥有庞大而多样的迁移、定居、战争、背井离乡和重新定居的历史。众多灵感的源泉就是这样融会贯通，创造出一种新的、不可约减之物——中洲的大河。

林木交织之地

　　托尔金对自然界最独特的感应,在于他对树木的深厚感情。小时候,他就画过树,喜欢逗留在树间、树旁或树上。即使在他最早的著作中,森林也是令人惊奇或适合漫步的地方。

　　《林间日光》是他最早的诗作之一,堪称 1910 年对"林中小精灵"的想象。[1]1914 年改编自芬兰史诗《卡勒瓦拉》的《库勒沃的传说》,则将我们带入了芬兰卡累利阿的北方"蓝色森林"。[2]在《阿里雅多之歌》(传说故事集首次对凡世大地的描述)的高原上,山毛榉林中有一支仙灵般的"黯影民族"悄然来去,他们对下方山谷中围着篝火的人们来说,如同一个谜团。[3]这首 1915 年的诗写于斯塔福德郡的军营,其意象很可能来自托尔金身处的环境 —— 惠廷顿希思沙沙作响的灌木<u>丛</u>,和附近山顶上古老的霍普沃斯黑斯森林里的山毛榉。

　　托尔金想象中的"林木交织之地",是自由与陷阱、庇护与恐怖并存的地方。[4]它们可以令人精神焕发,也可以使人背负秋季的愁绪而心情沉重。它们越来越多地代表自然本身,对抗斧头和熔炉。托尔金从冒险故事、仙境童话和语言学的森林,儿童戏耍和成人漫游的树林,以及关于一度被绿植覆盖的世界的强大神话中,将它们提取出来。

童年的树林

托尔金童年时第一次感受到森林的气氛，是在伯明翰郊外一处长着兰花、蘑菇和硕大黑莓的"奇妙林谷"中。他和弟弟希拉里根据当地方言中对黑莓的称呼，将它命名为"邦波谷"，但它可能就是至今犹存的莫斯利沼泽地。这里曾经是一个人工水塘，为附近的磨坊提供水源，但后来被抽干，任其回归荒野。[5] 那是一个可以潜心观察自然的地方，提供了一个没有大人，可以玩耍的世界。莫斯利沼泽地紧邻夏尔的灵感来源 —— 萨尔霍村（见第 12—13 页，"从英格兰到夏尔"），人们常说它就是《魔戒》中老林子的灵感来源，但像邦波谷这样的原始之地，可能对中洲的森林产生了更深广的影响。老林子的其他灵感来源，也将被发掘出来。

在萨尔霍，托尔金兄弟俩会爬上一棵大槭树，然后把一篮子点心吊上去。1904 年，在他们的母亲最后一次疗养期间，孩子们最爱的活动是在雷德纳尔附近林木覆盖的里克山爬树，而这成了他们在伯明翰郊外乡村的童年生活的绝唱 —— 那段生活因为母亲的去世骤然告一段落（见第 15 页，"从英格兰到夏尔"）。在托尔金后来的故事中，爬树是逃脱危险或缓解压抑的途径。梭林一行爬上了松树，以躲避半兽人和座狼。远征队在洛丝罗瑞恩的瑚珑树林中避难过夜。就连被黑森林的精灵囚禁的咕噜，也会获准爬上一棵高树，感受"自由的风"。[6]

在《霍比特人》中有一个非常特别、充满感性愉悦的时刻，令人不能不去想象它背后的真实记忆。矮人们急切地想知道黑森林有多辽阔，于是派比尔博爬上一棵巨大的橡树，

国王的橡树

《魔戒》这样一本富有"树味儿"的英文书，自然会特别关注橡树，因为这是英国最具标志性的树木。在许多文化中，橡树都被认为是神圣的。只要截去枝梢以促进更轻、更有用的木材密集再生，一棵橡树可以活一千年之久。这使橡树成为王室和绵衍的自然象征。比尔博形容阿拉贡的诗句同样适用于橡树：

老而弥坚不会凋萎，
深根隐埋不惧严霜。①

弗罗多一行人爬进夏尔一棵中空的巨大橡树，使人想起一句传统的英国谚语："老橡树里有仙灵。"但霍比特人第一次遭遇黑骑手时被吓坏了，这又指向了托尔金从小就知道的另一个英国传说。

希拉里·托尔金回忆说，他们家附近有一棵巨大的橡树，据说查理二世就是在那里躲避圆颅党的。1651 年伍斯特战役之后，年轻国王败走，他逃亡之路上有许多树木都被说成是他躲藏过的。所有这些传说的灵感都来自这样一个事实：查理确实在什罗普郡的博斯科贝尔一棵古老的橡树上躲藏过，当时议会派巡逻队整个下午都在树下搜查。②*

"王室橡树"已经融入了英国人想象中的景观，它仍然是英国第三常见的酒吧名称。查理国王 1660 年 5 月 29 日重返首都，这个日期作为公共假日保留了两个世纪。就在托尔金写作的时候，人们仍然记得佩戴橡树枝庆祝。

国王的秘密之旅尤其能唤起托尔金这样的天主教徒的共鸣。在克伦威尔的清教徒政权的残酷迫害下，天主教徒供出了查理逃亡路线上的几个藏身之处，其中就包括博斯科贝尔的橡树；查理唯一的希望——像弗罗多一样——就是不带同伴，秘密上路。当然，《魔戒》跟查理二世无关，但是托尔金把"隐匿的国王"列在了故事使用的"若干根深蒂固的'原型'主题"当中。③

弗罗多和山姆后来走到伊希利恩的林地尽头，曾在一棵冬青栎上躲避。冬青栎是地中海树种，适应那里的温暖气候，但

如今已在英格兰南部归化，有几棵就生长在牛津的大学公园，步行到托尔金位于诺斯穆尔路的家门只需 15 分钟。伊希利恩的冬青栎似乎是王室橡树的另一个后代。那一章的结尾令人难忘：在魔古尔山谷下的十字路口，弗罗多看到花朵在一座倒塌的刚铎王室雕像头部周围生长（见第 143 页，"古老的印记"；第 162 页，"战争之地"）。"看！国王又戴上了王冠！"他惊呼道。④

森林与野人

洛汗骠骑称德鲁阿丹森林中的野人部落为"野人"（Woses），这让人回想起英国神秘林地居民的传说，而这传说很可能早在罗宾汉之前。

汤姆·希比相信，托尔金坐在位于伍德豪斯巷（Woodhouse Lane）的利兹大学办公室里时，曾经思考过这个问题。伍德豪斯巷以附近一座已经消失的村庄命名（就像萨尔霍一样被蔓延的城市吞没了）。在纹章和中世纪装饰传统中，"伍德沃斯"（woodwose）或伍德豪斯（woodhouse）指的是森林中的野人，他们是与世隔绝的危险的局外人，除了蓬乱的毛发覆体，一丝不挂。因此，希比说，利兹地名伍德豪斯可能保留了"对潜藏在上方山岭中那些'林中野人'的古老信仰"。①*

中古英语诗歌《高文爵士与绿骑士》的主人公穿越威尔士北部或英格兰东北部的荒野，与"沃德沃"（wodwo）作战。托尔金在1925年与利兹大学的同事 E.V. 戈登编辑的版本中，将 wodwo 翻译为"森林食人妖"。②在更古老的盎格鲁–撒克逊文学中，他们被称为"伍德瓦桑"（wudewásan）。托尔金猜想，古英语词 wása（意为"一个孤独的或被遗弃的人"）指的是"真实存在的野人民族，他们是被侵略者或匪徒赶走的前住民，在森林和山中过着条件恶劣的野蛮生活"。③

当盎格鲁–撒克逊式的洛汗骠骑遇到野人的代表，这个耐人寻味的设想就被赋予了生命力。在托尔金的传说故事集中，野人是最古老的人类社群。他们是能无声无息地移动的弓箭手，是"旧时代的遗民 …… 林中技艺无与伦比"—— 但确实可以与亨利·沃兹沃斯·朗费罗的海华沙，或詹姆斯·费尼莫尔·库珀的《最后的莫西干人》里的昂卡斯相提并论。④

但是，德鲁阿丹文化来自真正遥远的森林社会。用于长途交流的鼓声让人想起西非或新几内亚。酋长悍–不里–悍穿的草裙可能取自太平洋岛屿文化。据说野人会使用的那种毒箭则相当普遍。每当托尔金走进牛津令人惊叹的人类学展厅 —— 皮特·里弗斯博物馆时，想必都看到了类似的展品。

中世纪英国装饰传统和纹章中的野人，可能是对隐居在荒野中那些陌路民族的民间记忆。

越过森林的树冠眺望。比尔博看到绿色的树海在他周围"被微风吹拂着，泛起处处涟漪 …… 满天都是飞舞的蝴蝶"。[7]比尔博停在那里，直到被不耐烦的矮人们叫回去办"正事"，剧情才继续下去。《霍比特人》历史学家约翰·拉特利夫认为，这有可能是托尔金在牛津的记忆，不过更有可能是童年的记忆。[8]*

绿林自由

成年后，托尔金在美丽宁静的林地中找到了心灵的安逸。课业繁重时，他有时希望自己能置身于森林中，而不是在钻研印刷的书页。在一篇回顾了数百页语言学论文和书籍的长文中，他引用了一段话作为开头："在令人愉悦的夏日里，树林明亮，林荫美好，树叶硕大修长。走在那片树林里，人会深感安慰。林中的叶子不需要研读。"[9]shaw 的意思是"树

伊希利恩——伊希利恩是紧邻魔多边境的"刚铎花园"。[10*]巴拉希尔和法拉米尔也热爱林地本身，为了保护它不被敌人吞并破坏而战斗。

毫无疑问，多松尼安、伊希利恩、多瑞亚斯和洛丝罗瑞恩——事实上，所有托尔金笔下来去无踪的林中居民和致命弓箭手的栖身之地——都至少要归功于他童年时对"印第安红人"故事的热衷。托尔金喜欢这些故事的原因之一，就在于故事中的森林（见第35—36页，"四方的风"）；他说这些故事给了他"精擅射术的欲望，这欲望完全不曾得到满足"[11]他通过黑森林的莱戈拉斯把这种欲望间接付诸了实践，类似的还有《精灵宝钻》中多瑞亚斯的贝烈格，以及《蕾希安之歌》中的贝伦，他是逃到多瑞亚斯之前追猎魔苟斯军队的独行弓箭手。

多瑞亚斯

中洲的灵魂之林是坐落在约克郡鲁斯的一片林间空地。正是在这里，伊迪丝·托尔金1917年夏天为她丈夫于一片洁白的花丛中翩然起舞，仿佛身在幻境。他先前在索姆河战役中染上了战壕热，经过一个寒冷的冬天后，刚被宣布康复。此时，他被派来负责一处驻军前哨，得以把伊迪丝带到那里和他一起生活；他们在战争的悲伤和重负中度过了几个星期的短暂幸福时光。他的战壕热卷土重来，而伊迪丝当时已经怀孕6个月，她去了格洛斯特郡的老家切尔滕纳姆，在朋友的陪伴下生下了孩子。但留在赫尔市科廷汉姆路的布鲁克兰兹军官医院的托尔金，却把在鲁斯的那一刻变成了一个在他们身后犹存的仙灵故事——贝伦和露西恩的故事。

据《精灵宝钻》所述，贝伦从敌军占领的多松尼安逃出，走的是噩梦般的恐怖之路（见第172页，"战争之地"）。然后，"发白而背弯，仿佛

林"，sheen在这里的意思是"明亮"，而shrad是"林荫"。

这段话来出自中世纪民谣《罗宾汉和吉斯本的盖伊》，指出绿林乃自由国度的理念。在英国文化中，诺丁汉郡的舍伍德森林是绿林自由的缩影，在那里，高贵的亡命徒罗宾和他带领的"绿林好汉"抵抗约翰王的暴政。但罗宾汉传说的真正起源可能比这位13世纪君主的统治要古老得多。

托尔金在中洲植入了好几个罗宾式的舍伍德。《精灵宝钻》中的巴拉希尔在多松尼安的绿林下，率领其子贝伦和另外十一人做了亡命徒，伏击、削弱占据了优势的敌人。同样的还有法拉米尔在

经历了多年的苦难"，他到达尼尔多瑞斯，多瑞亚斯北部的山毛榉林。在那里，他瞥见精灵公主露西恩在"野芹"丛中曼舞；她的歌声为大自然解除了"冬天的桎梏"，并将贝伦从"失声的魔咒"中解放出来。[12] 托尔金留下的生活转化为神话的例子，这一个再明显不过。在牛津的沃尔弗科特公墓，他和伊迪丝合葬的墓碑上刻着贝伦和露西恩的名字。

这里的"野芹"（hemlock）与毒药或北美铁杉松都毫无关系。正如托尔金少时最喜欢的书中所言："乡下人习惯把很多种伞状花的植物叫作'野芹'。"[13] 其中一种又称为"峨参"（cow parsley）或"安妮女王的花边"，我当年为了写《托尔金与世界大战》而调查此地时得知，它们每年夏天都会在鲁斯教堂旁边一片名为登茨加思的小树林中怒放。迈克尔·弗劳尔斯据此认为，托尔金将登茨加思的其他方面拼接到了他的贝伦与露西恩的故事中，值得注意的有：一棵高大而可敬的树有三根树干，正像希利珑——露西恩被父亲精灵王辛葛囚禁的山毛榉；一块石头盾徽上展示着一只切下的手，就像贝伦的纹章——他的手被一只贪婪饥饿的巨狼咬掉了。[14]

然而，多瑞亚斯的文学根基远超个人记忆，并通过亚瑟王传奇和其他中世纪的浪漫故事，延伸到了凯尔特传说的深层底土中。在他的精灵森林王国里，外来者迷失了自我，而超自然的猎角声却在绿色的远方响起，就像中古英语作品《高文爵士与绿骑士》和《奥菲欧爵士》（托尔金都翻译过），以及威尔士的《马比诺吉昂》的一部分——戴伏德之子皮威尔的故事。

洛丝罗瑞恩

托尔金最著名的仙境林景，显然是在1941年未曾事先规划的情况下横空出世的，但它其实在他最早的作品中就已预演过了。

学者们早就指出，洛丝罗瑞恩借鉴了中世纪对天堂的想象——尤其是《珍珠》这首托尔金所推崇并曾精妙翻译过的中古英语诗歌中那长着银色叶子的天国之地。[15] 此外，它与亨利·赖德·哈格德的浪漫小说《她》中那个失落的王国有整体上的呼应（见第136页，"古老的印记"；第152、154页，"警戒与保卫"）。同时，加拉德瑞尔与凯勒博恩那座树干贯穿其中的树屋"弗来特"，让人联想到日耳曼传说中伏尔松人在地上围绕着一棵活树"子嗣之柱"（Barnstock）修建的厅堂。托尔金在他自己重写的伏尔松的西古尔德的故事中曾描述过它：

> 高大又枝繁叶茂，
> 支撑着屋宇，
> 乃厅堂中的奇观；
> 树叶是他们的挂毯，
> 枝干是他们的屋梁……[16]

然而，洛丝罗瑞恩最深远的影响无疑是1915年的《林中的科尔提力安》一诗，这首诗赞美沃里克郡是"榆树之地，仙境王国中的阿拉米诺瑞"（见第48—49页，"露西恩之地"）。[17]* 被一位作家称为"英国风景之精髓"的英国榆树（*Ulmus procera*），是该郡肥沃的沼泽地的主要特征。[18]

洛丝罗瑞恩之地生长着瑁珑树，这是托尔金想象的树种。他把瑁珑比作山毛榉——有挺直的灰色树干和与树干垂直、末端上扬的枝条——但他将自己赞赏的榆树所具有的庞大庄严之美赋予了它。在早期创造语言时的一篇双关语作品中，他把 elm（"榆树"）设定成了精灵语中意为"绝妙！"的感叹词。[19]*

但瑁珑代表长寿，这与榆树恰恰相反。瑁珑不像别的树木那样为冬天所苦；在秋天，它的树

生长着瑁珑树的洛丝罗瑞恩，由托尔金绘制。它在很大程度上要归功于他早期对"榆树之地"沃里克郡的想象。

The Forest of Lothlorien in Spring

埃塞弗莉达之丘，位于沃里克城堡西端。《失落的传说》乃至《魔戒》当中都能找到它的痕迹。

叶会变成金色，但直到春天枝头缀满金色花朵时才会飘落。英国传统上将榆树与短暂和死亡联系在一起。它的木材被用来制作棺材和船的龙骨。榆树素来以毫无征兆地断落树枝而闻名，且早在 1970 年代荷兰榆树病导致英国三千万棵树木死亡之前，它的易受病害已众所周知。《林中的科尔提力安》散发着死亡的沉重气息，这是意料之中的，当时托尔金那一代人正在法国和比利时的战场上遭受屠戮（见第 160 页，"战争之地"）。

在洛丝罗瑞恩和科尔提力安，托尔金都把树木形容为桅杆。洛丝罗瑞恩是"一艘以迷人的树木为桅杆的明亮大船"。[20] 在夏天，科尔提力安的榆树就像扯满风帆的"碧绿船上的桅杆"，但在荒芜的冬天，它们就像"远方漂浮的隐约船影"。[21] 这幅有桅船的景象，也许是 1915 年沃里克城堡下埃文河中那个狭长的岛屿引入托尔金脑海中的，该岛由 18 世纪的景观园艺师"能人"布朗种满了树。

洛丝罗瑞恩和科尔提力安还共有一种更引人注目的树木排列方式。在《失落的传说》中，科尔提力安的精灵女王梅里尔 - 伊 - 图林奇居住在一座壮观榆树林中的山丘上，被"三层渐渐稀疏下去的明亮树叶"环绕着。[22] 山丘的灵感来自沃里克的埃塞弗莉达之丘（见第 49 页，"露西恩之地"），这丘没有这样一圈树环绕，但在埃文河对面的城堡公园矗立着布鲁克勋爵树丛，那是装点了英国天际线的诸多标志性山顶树景之一。[23]*

像这样的树丛或树群好像自古就有，不过它们通常是 18 世纪的土地拥有者为了改善风景而种植的。有些树实际上矗立在古老的遗址上，比如匡托克丘陵的七姐妹山毛榉，1937 年托尔金与墨象社友人 C.S. 刘易斯和欧文·巴菲尔德在这里徒步旅行过至少一次。[24]* 在托尔金 1914 年的画作《阴森》中，巫师模样的神秘人物在三棵长在山头的显眼树下行走。在《精灵宝钻》中，维林诺的双圣树生长在绿丘埃泽洛哈尔上。旁人也曾把

这种树丛与无形的力量联系在一起。阿尔弗雷德·沃特金斯在他 1925 年出版的
《古老的直道》一书中认为，它们标志着石器时代的"地脉"。艺术家保罗·纳什
（1889—1946 年）年轻时觉得，在牛津郡沃林福德附近的一处青铜时代遗址上，
维滕纳姆双丘的山毛榉就和金字塔一样重要。

梅里尔位于科尔提力安山顶的树丛是环形的，很像英国的树木排列形状，比
如苏塞克斯山岗上的乔顿伯雷树环。在《失落的传说》中，这个形状被赋予了一
个早期昆雅语的名称——科林（korin），意思是"包围着一片绿地的巨大圆形篱墙，
可以是石头、荆棘甚至树木构成的"。这个定义将它与凯尔特人和日耳曼人的神
圣树林乃至新石器时代的石环阵联系在一起（见第 142 页栏目"审判之环"）。

梅里尔和科尔提力安的"科林"是加拉德瑞尔和她的树城卡拉斯加拉松的前
身，但位于洛丝罗瑞恩正中心的地标，尤其让人联想到梅里尔的树环——凯林
阿姆洛斯（辛达语中的"凯林"意为"环形围场"），这座小丘顶上有一片被"双层"
树圈围绕的草坪。[25] 在这里，弗罗多有过短暂的幻象，他看见阿拉贡似乎回到了

厄尔辛尼亚森林——欧洲的黑森林。在这张充满想象的17世纪凯尔特欧洲地图上，它从德国一直延伸到俄罗斯。

青年时代，向他的未婚妻阿尔玟倾吐爱意。当托尔金写下这段文字时，在他记忆中，也许他又和伊迪丝回到了沃里克，回到了那段他们年轻时的春日。

黑森林

随着岁月流逝，托尔金自己的文稿变成了可以改造新用的素材库，例见科尔提力安和洛丝罗瑞恩；但最令人震惊的改造是为《霍比特人》所创造的黑森林——它直接脱胎于《精灵宝钻》中的另一片森林。

这座暗夜森林最初在《失落的传说》中萌发出阴郁的生命力，也许部分出自托尔金的战争经历（见第171页，"战争之地"）。但托尔金在1928

年的《蕾希安之歌》中为这座森林注入了新的哥特式恐怖，他塑造了死灵法师，魔苟斯的一个仆从，拥有变换外形的非凡力量。在贝伦和露西恩将他逐出他的岛上堡垒——过去的托尔西瑞安岛（见第103页栏目"城堡和卡尔岩"）——之后，死灵法师逃走了："生着巨爪的吸血鬼 …… 来到陶尔-那-浮阴，建起新的王座／和更黑暗的堡垒。"[26] 后来的《精灵宝钻》称它为"陶尔-努-浮阴"（"暗夜笼罩的森林"），并讲述了它是如何从多松尼安的绿林变成这样的。而这个死灵法师，无疑就是我们熟知的索隆。

1928年托尔金创作《蕾希安之歌》时，吸血鬼又流行起来。布拉姆·斯托克19世纪末的小说《德古拉》刚刚走红，这要归功于连演了四年的戏剧版，由汉密尔顿·迪恩首次成功改编。但戏剧演出仅限于伦敦，而这个死灵法师明显是个客厅里的德古拉，没有特兰西瓦尼亚，没有"广大的坡上森林"覆盖着令人生畏的喀尔巴阡山。通过这个死灵法师，托尔金创造了一个拥有斯托克笔下的全部哥特式力量和属性的反派人物——吸血鬼、死灵法术、变形术、狼人同伴、黑暗城堡。死灵法师逃走去建起"更黑暗的堡垒"，这也让他拥有了一片广阔的原始森林领域。

不久之后，但不迟于 1929 年，托尔金就开始写作《霍比特人》。他起初把这个为孩子们写的故事设定在《蕾希安之歌》发生的地方，离诗歌里的事件还不到一个世纪（见第 44 页栏目"随着讲述而成长的故事"）；回头再看，这是很奇怪的。在《霍比特人》手稿中，比尔博得知死灵法师的"城堡不复存在，他被迫逃往另一个更黑暗的地方"。正如约翰·拉特利夫在他的《〈霍比特人〉的历史》中所指出的，这明显呼应了前文所引用的那段诗句。那个"更黑暗的地方"指的只能是陶尔-那-浮阴。

托尔金很快就意识到，他的童话故事必须有自己的地点，发生在更迟的年代。死灵法师在这段漫长的时间内，一定是出于某种原因搬离了陶尔-那-浮阴，去了另一座至少同样广阔且令人生畏的森林。托尔金停在迷雾山脉中的鹰巢，思考良久之后，写下了"黑森林"。[27]*

"黑森林"这个名字并不是他发明的。它属于一个具有神话色彩的真实地方——两千年前萦绕在欧洲人想象中的森林。

托尔金曾在中学里读到过真正的黑森林——尤利乌斯·凯撒在《高卢战记》中提到了它，用的是它的古名"厄尔辛尼亚森林"。凯撒曾听说，从莱茵河向东穿越森林需要六十天。据说，这个地方是奇异生物的家园，有各种各样的庞大四足兽和（据自然学家老普林尼说）火焰鸟。

对居住在森林以北的日耳曼人来说，它是 Myrkviðr，形成了一道向南扩张的屏障，也是日耳曼哥特人和匈人之间一片有争议的边境地区。托尔金判断，古斯堪的纳维亚语的 myrk 一词最初"含有'阴暗'的意义"。[28]

这个古老的名字被 19 世纪的作家英语化，变成了"黑森林"（Mirkwood）。这些作家中值得一提的是威廉·莫里斯，

雷霆之林

在 1933 年的一次讲座上，托尔金探讨了"厄尔辛尼亚"（Hercynia）这个名称的词源。他偏爱的解释是该词源自印欧语 perqu '橡树'（也是用来指橡树这一属的拉丁语 *Quercus* 的起源）。他主张，波罗的海的雷神伯库纳斯（Perkúnas）和托尔的母亲费约琴（Fjörgyn）的名字之间存在联系。托尔金认为，这些词源关系支持橡树与雷霆的象征性联系，众多比较宗教学者也注意到了这一点。①*

他在这段时期写的未完成的诗歌《亚瑟王的陨落》中对大森林的描述，似乎也建立在同样的雷霆联想上。不列颠的亚瑟王带领一支远征队对抗异教徒日耳曼部落：

> 他们最终赶到
> 黑森林在高山阴影下的边缘：
> 荒野在后，高墙在前；
> 在无人居住，不断攀升的山上
> 覆盖着隐藏面目，未被征服的广大森林。
> 谷地幽深，黑暗沉闷，
> 低垂的树木巨大的枝干
> 如同无尽的走廊拱越河流
> 从冰原流向远方……
> 寒风呼啸，严冬凛冽，
> 起伏绵延的森林扬起怒涛
> 木叶咆哮。骤雨倾注，
> 突如其来的暴风雨吞没了太阳。
> 无尽的东方愤怒地苏醒，
> 以及暴烈的雷霆……②

在亚瑟的头顶上，隐晦地挂着一条来自历史的严酷警告，上面写着：别招惹黑森林。公元 9 年，条顿堡森林的日耳曼部落屠杀了整整三个罗马军团及其盟军。罗马这场最臭名昭著的军事失败也出现在《霍比特人》的背景中：大荒野的黑森林吞噬了从五军之战中逃脱的半兽人。

他的传奇小说《狼族传说》讲述了罗马入侵日耳曼森林后，一个联合而成的哥特部落与这些入侵家园者作战的故事。托尔金在1914年买了这本书，将它视为最爱的作品之一。

托尔金曾经目睹这片巨大的中欧森林的西部遗迹，那是1911年在德国和奥地利，前往瑞士的途中。从科隆出发，河船逆流而上，左边是绿林覆盖的七峰山和韦斯特林山，然后河船穿过莱茵河峡谷，前往同样被绿树覆盖，富有传奇色彩的洛勒莱岩石（见第102—103页，"河流、湖泊与水域"）。他若从法兰克福乘火车，经慕尼黑、因斯布鲁克到苏黎世，就会看到更多绵延的林地。牛津大学档案学家罗宾·达沃尔－史密斯曾经走过同样的旅行路线，他告诉我："德国的森林感觉要比英国的森林大得多，也密得多。山岗完全被树木覆盖的景色实在很不寻常——我想这在英国是看不到的。对于像年轻的JRRT这样明显热爱树木的人来说，从莱茵河上看到这一切，一定给他留下了非常深刻的印象。"

托尔金不但从最初的陶尔－那－浮阴裁剪出巨大的一块，扩大为他虚构的黑森林，还刻意将这两片森林纠缠在一起。为了确保读者不忽略二者的关联，在那个托尔金希望在《霍比特人》之后立刻出版的《精灵宝钻》版本中，陶尔－那－浮阴被赋予了"黑森林"的别名。另一篇写作时期极晚，关于"金鸢尾沼地之祸"的文章

在《贝烈格在陶尔－那－浮阴发现格温多》中，托尔金捕捉了《精灵宝钻》中的一幕。他后来将这幅画重新标为"范贡森林"，还将其重新绘制为黑森林。

则恰恰相反，给大荒野的黑森林取了精灵语名字"陶尔－努－浮阴"。关键在于，这两个地方都是原始森林，由于死灵法师索隆的恶意影响而变得如同噩梦。

然而，在地图上几乎占据了整片大荒野的黑森林，比《精灵宝钻》中那座森林大得多，林中差异也大得多。它的面积是陶尔－努－浮阴和精灵王国多瑞亚斯合起来的三倍大，不但能容纳南边死灵法师的梦魇森林和北边瑟兰杜伊的精灵王国，而且还容纳了一片有人类定居的绿林边缘。黑森林是多样化的森林。

《霍比特人》通过北黑森林的精灵王国，探索了一片与多瑞亚斯非常相似的仙境森林，一片拥有地下都城的精灵乐土。但它完全是通过外来者的角度呈现的，对凡人入侵者而言，它充满了诱惑、惊恐和危险。约翰·拉特利夫曾记录过诸多对仙境传说的借鉴，道格拉斯·A.安德森在他的《霍比特人：插图详注本》中也做过类似的记录：有魔法的溪流、眨眼间就消失无踪的仙灵一族、像鬼火一样误导人的精灵灯光、驱邪的仙灵戒指、中了魔法的睡眠和妄想的梦境、被诱

拉达加斯特和麦德维德

在讨论托尔金的灵感时，一个虽小但令人困扰的问题是，为什么他要仿照一个鲜为人知的斯拉夫神灵拉德卡斯特来命名拉达加斯特。拉达加斯特是甘道夫的巫师同侪，居住在黑森林的罗斯戈贝尔。这个名字可以追溯到手稿版的《霍比特人》，其中还使用了斯拉夫语名麦德维德（Medwed，"熊"）来称呼那位好客的换皮人，托尔金最终将他改名为贝奥恩。

如果我们考虑到德古拉和古老的欧洲森林最初提供的灵感，一切似乎就不那么令人费解了。斯拉夫名称会把读者引向森林覆盖的喀尔巴阡山脉，布拉姆·斯托克笔下吸血鬼的故乡；一些古典作家认为它是厄尔辛尼亚森林向东的延伸。假如托尔金把计划推进一步，他也许就会为拉达加斯特揭示一个与他的名字相称的故事，就像他把贝奥恩（古英语中的"勇士"，但最初指"熊"）设定成半人半熊。几乎可以肯定，《魔戒》中那个天真的上当受骗者并不是托尔金对拉达加斯特的最初设想。

拐到空谷山中，以及仙境的骑手们猎杀超凡脱俗的白鹿。

蜘蛛则是另一回事。它们经常在托尔金笔下那些噩梦般的边境地区结网（见第172页，"战争之地"），但他之所以把它们放在黑森林，主要是为了"结结实实地吓唬"他儿子迈克尔。[29]在北边，也就是比尔博遇到它们的地方，它们是来自南边死灵法师盘踞之地的入侵物种。

在死灵法师到来之前和倒台之后，黑森林都是"大绿林"——这个名字表明，它是一片广阔的自由区域。即使在他盘踞期间，在森林边缘那些起伏连绵，生长着橡树和榆树的土地上仍有自由与好客的气氛，那是林中居民与贝奥恩一族的家园。托尔金只为其中一处安身之所取了名字——罗斯戈贝尔，在精灵语中的意思是"褐色的村庄"，但又呼应着什罗普郡的博斯科贝尔（意大利语，意为"美丽的树林"）的橡树色彩——查理二世曾在那里一棵著名的橡树中避难。

托尔金在撰写黑森林的绿林边缘地带的历史时，借鉴了中世纪的历史与传说中欧洲的黑森林。他创造了北方人类的王国，北方人类是洛汗骠骑、贝奥恩一族与河谷邦人类的祖先。他们的名字是哥特式的，其中一些——维杜马维、维杜加维亚——都在真实的哥特人历史中有所印证。哥特人是一支日耳曼民族，他们在4世纪时曾统治广大的地区。他们那早已灭绝的语言位在托尔金最初热爱的语言之列。

北方人类与刚铎的交往令人联想到哥特人与罗马的关系，但他们与来自东方的战车民的斗争，则呼应了4世纪与5世纪哥特人对抗匈人的艰苦斗争。[30]就在他写作《霍比特人》前后，托尔金在一首重述伏尔松萨迦的诗中直接描写了这场欧洲历史上的冲突：

> 在广大的黑森林边
> 在东方的边界
> 伟大的哥特诸王
> 在荣光中统治。
> 在丹帕河边　　　［丹帕河：第聂伯河］
> 可怕的战争爆发
> 对抗匈人的大军
> 数不清的骑兵。[31]

老林子似乎在一定程度上来自用牛津当地的两个名字巴克兰和伍德伊顿玩的文字游戏。

1 伍德伊顿
2 巴克兰

老林子

1937年12月，当《霍比特人》已经卖出1500册时，《泰晤士报》发表了一篇关于当前儿童读物趋势的文章，文中宣称，哥布林、巨人和恐怖故事已经不再流行，取而代之大行其道的是温馨的动物故事，例如已经卖出18000册的新森林小马故事。这篇文章托尔金即使读到了，也没被吓倒。他急于吓坏他笔下的人物。

他在刚刚开写的续作《魔戒》中采取了明显如出一辙的恐吓策略，在同期开始重写的《哈莫农夫贾尔斯》中也是如此：当时他对这部短篇小说所做的修改中，贾尔斯面临着充满危险的"可疑之旅"，以及"有传奇生物居住的可疑之地"。[32]在《魔戒》开篇，托尔金把白兰地鹿家的家园雄鹿地置于"老林子——一片可疑的地区"旁边。[33*]他把老林子描述成一片有攻击性的森林，与相邻的霍比特人开拓者冲突不断。

托尔金这个创意，似乎来自地形学上的英语

名称和用词。他先是把霍比特人的聚居地命名为"伍德伊顿"（Wood Eaton，"被树林吞食"），就像离他在牛津的家只有 3 英里（5 公里）的那个村庄（见第 105 页，"河流、湖泊与水域"），然后又把它改成"布里安德伍德"（Bury Underwood，"被树林埋葬"）这个捏造出来的名字。二者都是令人有不祥之感的双关语，意指受到贪婪的林地威胁的村庄。"雄鹿地"（或巴克兰）是他最终为这个地方选定的名称，它是一个常见的英语地名，起源于盎格鲁 - 撒克逊物权法中的一个短语。托尔金采用盎格鲁 - 撒克逊术语"民地"（folkland，指共有且不可剥夺的土地）来指代夏尔的旧家族领地，例如图克家。盎格鲁 - 撒克逊语中"授予私人的公地"（book-land，指特许拥有因而可以转让的土地）是一种创新，也是诸多英国地名"雄鹿地"（巴克兰）的来源。托尔金的雄鹿地是夏尔新添的土地，它的名称符合"白兰地鹿"的姓氏，但也宣示了他们对这片土地产权的主张，扎根于夏尔旧边界以外那个广阔世界的一隅。

"老林子"这个名字看似平淡无奇，但同样具有丰富的含义。"森林"一词来源于中世纪拉丁语中的 forestem silvam，意为"室外的树林"（foris 意为"户外"，silva 意为"树林"），指的是没有围栏的林地。一带焦土和一道高高的树篱将老林子隔绝在外，以阻止那些好像可以移动的树木入侵雄鹿地。

与此同时，"老林子"也在戏仿"新森林"——托尔金笔下这片令人生畏的林地完全颠覆了它戏仿的对象所代表的一切。新森林是一片位于汉普郡的森林及荒野，是英格兰专为征服者威廉及其诺曼继承人狩猎之娱而割占的若干广大土地中的第一块（据说为开拓这片猎场，有 36 个村庄被毁）。新的诺曼森林法将"森林"定义为皇家狩猎的地方，而不是有树木的地方；事实上，有些所谓的森林其实主要是开阔的荒野，例如坎诺克蔡斯。但托尔金笔下的老林子是浪漫的、日常意义上的森林：荒蛮未开化的树林。它是如此荒蛮，以至于（就像格林童话中的森林）任何迷失其中的人都可能再也出不来。

老林子的树叶因憎恨霍比特人而沙沙作响，树枝因新开垦的夏尔田地而愤怒地颤抖。当弗罗多一行人紧张地寻路

穿过森林时，参差不齐的树就像专横的卫兵一样，仿佛朝他们挤压过来。霍比特人晕头转向，所走的路线也没了章法。那股绿色势力似乎和地面本身合谋，越来越茂密的灌木丛和地上一道道神秘的起伏坑洼（见第 139 页，"古老的印记"）将旅行者不断推向危险的柳条河（见第 105、106、108 页，"河流、湖泊与水域"）。

当托尔金在 1938 年初虚构出老林子时，新森林早已不再是皇家狩猎保护区，而成了游客喜爱的世外桃源。传记证据表明，就在这个时候，托尔金可能正在考虑复活节与 C.S. 刘易斯和欧文·巴菲尔德一起去新森林徒步旅行。[34*] 所以，托尔金把他的霍比特人送进"可疑"得多的老林子，多半期待着从刘易斯那里赢得赞赏的笑声——当时刘易斯正在阅读或聆听新故事写好的每一章。同样，刘易斯在 1937 年听到的科幻小说《失落之路》提到了萨默塞特郡，那一年这三名墨象社成员曾在那里徒步旅行（见第 75 页栏目"波洛克的诅咒"）。

老林子处于守势不足为奇。这座本来堪与黑森林相匹敌的森林已缩小成了残迹——实际上并不比新森林大。埃尔隆德在回忆他当初前往老林子的旅程时曾说，"它现存的规模，不过是古时它的北部外缘而已"，"曾有一段时期，松鼠可以从一棵树跳到一棵树，从现在的夏尔一路跳到艾森加德西边的黑蛮地"。[35] 这是在呼应一句关于阿尔丁森林的俗语，那片森林曾经绵延了超过一半的沃里克郡，覆盖了现在的伯明翰。[36*] 他还利用了一种根深蒂固的说法，即英格兰全境都曾是荒蛮的森林。雅克塔·霍克斯曾在她 1950 年代的经典之作《大地》中谈道："假如我们没有伐去橡树和榆树组成的落叶森林，这片国度就依然会被这片天然的森林覆盖着。"[37]

努门诺尔是毁掉埃利阿多广大原始森林的罪魁祸首，该国航海的野心脱胎于英国自己的野心。自亨利八世统治以来，造船厂对本地橡木（主要来自东南部）的需求就居高不下，以至于曾经覆盖了肯特郡和苏塞克斯郡大片地区的"森林地"（Weald，古英语中 weald 意为"森林"），今天只剩零星的树林。在航海时代的最后两个世纪，本地橡木供不应求，造船厂便转向波罗的海和新大陆，寻找橡木货源。同样，

冬青郡和都林之门

广大的埃利阿多森林有一支延伸到古老的埃瑞吉安或冬青郡，第二纪元位于墨瑞亚山脉脚下的精灵王国。这可能源自 1911 年托尔金的瑞士之旅，位于阿尔卑斯山中的"冬青山" 施特歇尔贝格（见第 86、88 页，"群山之根"）。中古英语单词 hollin 意为"冬青"，在利兹附近西约克郡的小地名中很常见（托尔金 1920 年代初就住在那里），反映了它在中世纪的用途：冬季饲料。查尔斯·金斯利在《痕迹》中把它作为绿林自由的主题——"在绿冬青下"。①

很多人猜测，都林之门和守门冬青树的灵感来自科茨沃尔德的斯托小镇上两侧有紫杉守护的教堂大门（右图）。它就在从牛津到伊夫舍姆，穿过科茨沃尔德的一条主干道上。另一方面，托尔金对不祥的通道和树间小径的视觉兴趣，在希拉里住在那里之前就很明显了，见《阴森》等画作。在《刚多林的陷落》中，刚多林宫殿的大门两侧由银树和金树守护，它们是维林诺双圣树的小苗。

在努门诺尔森林茂盛的东南部有巨大的育林场，为造船厂供货。本国树木被毁引发了争论，促使造船王阿勒达瑞安将目光投向了埃利阿多的原始森林，导致"满载木材的船向西漂洋过海，不可胜数"。结果，格瓦斯罗河不再流经森林，"流经的土地两岸都成了没有树木却又未经开垦的广阔荒地"。[38*]

范贡和已经消失的贝烈瑞安德森林

中洲世界里充满了已经消失的森林，它们只留存在精灵和少数人的久远记忆中。汤姆·邦巴迪尔记得"第一颗橡实"。[39] 但对这些古老的森林记忆最深刻的，必然是那位最年长的恩特树须——这些外貌如树的牧树人可能是托尔金最

意义深远的创造（见第 143 页，"古老的印记"）。

范贡本身就是原始森林的缩影。这个名字意为"树须"，就像一种名为"老人的胡须"、纠结生长的地衣，是英国、欧洲和其他地方的原生植物。皮平只能将范贡形容为"树味儿浓得吓人"。[40] 诚然，我们最终看到这片森林对老林子只能低声抱怨的暴行采取了强有力的行动（见第 169 页，"战争之地"）；但是范贡并没有吓倒霍比特人。相反，它似乎将他们纳入了自己的原始世界，"就像两个精灵孩童，从远古的蛮荒森林中朝外凝视，惊奇地看着生命中第一个黎明"。[41]

当树须回想起很久以前在第一纪元末的大灾难中沉没的贝烈瑞安德森林时，他不像精灵或凡人那样，把它们记

中世纪大教堂的柱
子和分支肋架让人
联想到一片石造的
森林，就像托尔金
对明霓国斯的地下
精灵宫殿的描述一
样。

森林和大教堂

法国浪漫主义作家夏多布里昂认为中世纪的大教堂建筑是对"第一批神庙"凯尔特高卢森林的遥远记忆。[①]大教堂的柱子像树干一样拔地而起，拱形天花板的肋架像树枝一样伸展、相接，其中的石雕经常带有树木和树叶的意象。多瑞亚斯的地下宫殿明霓国斯就是这样一片石造的森林，它的柱子雕成山毛榉的形状，鸟兽从树叶中窥视（见第99页，"群山之根"）。托尔金很可能参观过切达峡谷附近的韦尔斯大教堂、剑桥附近的伊利大教堂，或英格兰最著名的典范绍斯韦尔大教堂——它有13世纪的雕花树叶拱顶（左图）——邻近他的姨母简·尼夫的诺丁汉郡农场（见第27页栏目"一切皆始于此"）。

托尔金起初把树须的恩特住所称作方特希尔（Fonthill，"泉源山"）。因此，马修·莱昂斯造访了威尔特郡的方特希尔，这是19世纪威廉·贝克福德著名豪宅的所在地（那座庞然大物最终被自身巨大的大教堂式尖顶压塌了）。但他最终的结论是这次访问是"徒劳的追逐"——这无疑是正确的。[②]托尔金将名称改成了涌泉厅（Wellinghall）。

托尔金借鉴了大教堂建筑，把它还原成森林，就是恩特住所。它有自己的圣水盆和神圣的水——一个由刚发源的恩特河注满的石盆，提供了让梅里和皮平长得更高的恩特饮料。涌泉厅的"大厅"以树木为柱，以交错的树枝为屋顶，等同于中殿（只缺少能让它的平面图呈十字形的袖廊）；其内端的凹穴就是半圆形后殿。[③]

成仙境森林、哥特式的森林或自由的绿林。在他的记忆中，它们就是单纯的森林。他形容它们的字眼一个比一个热情洋溢：南塔斯仁的柳荫地"可真不赖"、欧西瑞安德的榆林"无以伦比"，尼尔多瑞斯的山毛榉使他心中"别无所求"；但当他回忆起多松尼安高地和它北部的松林时，他彻底改了措辞："我的歌声直上九霄云端。"[42]

托尔金步入晚年后，（如克里斯托弗·托尔金所写）就再也无法感受到他年轻时那种梦幻般的感觉了："在他看来，精灵的魔法仍萦绕在树林和山岭中。"[43]但在他身为作家的巅峰时期，探索《魔戒》中的森林时，他仍能重新捕捉到那种感觉。他的记忆不如树须久远，但同样发自内心。

事实上，通过老恩特，他似乎回忆起了在他成长的几年里对他个人来说十分重要的那些林地。南塔斯仁显然起源于神话化的牛津，尼尔多瑞斯则令人想起鲁斯。那么，欧西瑞安德的榆林会不会是对榆树之地沃里克郡的记忆？托尔金最喜欢的树是牛津植物园里的一棵黑松树，但多松尼安的松树是否让人回想起1911年他去瑞士旅行时看到的欧洲高山上的针叶林？

古老的印记

> 回顾过去的三十年，他可以说自己从童年起最持久的心情……就是渴望回到过去。也许是在时间中行走，就像人们在漫长的道路上行走；或者是勘察时间，就像人们站在山顶俯瞰世界，或坐在飞船上观察大地，如同观察一幅活生生的地图。[1*]

托尔金这段文字写的是阿尔波因，一个在他 1936 年动笔但没有完成的时间旅行小说《失落之路》中成为历史学家的男孩；但也在写他自己。他自己通往过去的道路是语言（见第 25—27 页，"四方的风"），不过他在这里予以首肯的是考古学——当时，考古学正在用最初为战壕开发的航空摄影技术揭示英国各地的古代土方工程。

他特别欣赏"语言学和考古学联盟"结出的偶然成果。[2] 他喜闻乐见的一项发现是牛津郡福勒的罗马马赛克道路，因为它终于解释了"福勒"这个地名的由来——它源自古英语的 fág flór。令人欣喜的是，《贝奥武甫》中碰巧也有这个短语：可怕的格兰道尔踏上鹿厅"闪闪发光的地板"（fágne flór）。[3] 托尔金着意给致敬鹿厅的洛汗金殿美杜塞尔德铺了一层"色彩斑斓的石板"（见第 152—154 页，"警戒与保卫"）。[4]

中空的山

在一幅不祥景象的中央立着三块巨石，一块垒在另外两块之上，形成了一个入口——托尔金的画作《从前》十分神秘，正如他 1911 年到 1912 年间来到牛津后不久所画的其他作品。很久以后，在他未完成的小说《摹想社档案》中，一个人物做了个令人不安的梦，梦中有一座巨石搭成的"巨大的门，形状像希腊字母 π，两边是倾斜的"（见第 75 页栏目"波洛克的诅咒"）。[5] 不管这些景象意味着什么，这种三块石头垒成的形状被称为"三石门"。这个名称是 18 世纪的古物学家威廉·斯蒂克利取的，他对巨石阵和其他地方的实地考察率先真正揭示了不列颠的史前时期。

在托尔金绘制《从前》的时候，三石门是经常使用的代表远古时代的形象。亨利·赖德·哈格德 1905 年出版的《她》续集《阿伊莎，她的回归》开篇就有它的存在（《她》是托尔金最喜欢的故事之一，见第 38 — 39 页，"四方的风"）；这些巨石主宰着死亡和转世的幻象，属于英国一处山顶上由"一些原始人"布置的巨石圈。在托尔金的《从前》中，三石门位于愈来愈狭窄的通道尽头，让人想起伯特伦·温德尔 1904 年出版的《英国史前时代遗迹》中的插图——图中显示，在格洛斯特郡的乌利和威尔特郡的埃夫伯里附近的西肯尼特，古冢侧面常常嵌有这样的入口。[6]*

因此，《从前》中的三石门可以追溯到那些被遗忘的欧洲民族的考古遗迹。它是《魔戒》中古冢岗和亡者之路的前身，但首先是《精灵宝钻》和《霍比特人》中地下精灵宫殿的入口。

人们相信，不列颠群岛的仙灵生活在这片土地上星罗棋布的诸多坟墓或古冢里。爱尔兰的达南神族又被称为仙族，意思是"山丘之民"。据说，这些仙丘的入口通向富丽堂皇的魔法宫殿。

在托尔金成长的年代，人们曾经激烈辩论，

欧洲的古老山丘和仙灵传说是否表明史前曾有一支真正的矮小人类种族存在。他们遭到印欧入侵者的驱逐，被迫隐藏起来，只在后人记忆中留下了经过扭曲的形象，被当成了超自然的生物。这个设想是"神话即历史"论的一个例子，该学派将神话传说解释为某种平平无奇的现实经过扭曲后的残余。当时欧洲新近接触到了非洲刚果盆地和新几内亚的真正俾格米人，这给这种观点增添了可信度。

大卫·麦克里奇是这套理论的主要倡导人，他在 1890 年出版了《传说的见证》一书，但另一位重要的支持者——凯尔特语言专家约翰·里斯爵士 1901 年总结了部分案例。在苏格兰低地、奥克尼郡和设得兰群岛，史前的皮克特人（又称 Pechts）曾有仙灵一样的名声，他们留下了房屋的考古遗迹，"要么完全在地下，要么被石头、泥土和草覆盖，

对页图:《从前》是托尔金早期的一幅象征主义绘画,画的是一座三石门入口,这个图案在他后来的精灵门户插画中反复出现。

右图:韦兰锻坊是白马谷上方的一座新石器时代的坟墓,名字联系着异教神话,是托尔金家庭远足的主要去处。

看起来就像天然的山丘,以免引起陌生人的注意"。屋子的房间往往很小,只有"像我们这里的仙灵一样小的人"才能住下,但他们是真实的。[7]

辩论的另一方持相反观点。本行是解剖学家的伯特伦·温德尔指出,没有证据表明苏格兰有过真正的"俾格米"种族,"小人族"的山丘实际上不是自然地貌就是坟墓。在他看来,"对潜行的原住民的模糊记忆"只能是"拧成仙灵神话这股绳的一根线"。[8]民俗学家兼人类学家安德鲁·朗对此表示赞同,他说,对俾格米原住民的任何记忆都很可能不如先祖亡灵这个概念重要,这些是"理所当然住在地下的"。[9]

多年以后,托尔金明确摒弃了这种仙灵是"人类的一个分支"的主张。[10]很早的时候,他似乎对"神话即历史"论的观点持开放态度。他在牛津大学本科生笔记里提过关于弗里斯兰叙尔特岛的一个传说,传说讲的是芬恩,"(土著的)矮人王,巨人(弗里斯兰人,又称éotenas)到岛上定居时打败了他。"[11*]但托尔金的传说故事集与"神话即历史"论相反。它并没有暗示住在山丘里的仙灵最初和我们一样,只是个子

更小,而是把他们视为超自然的现实。

托尔金曾将他的精灵王之一取名为"芬恩"(即《精灵宝钻》中的芬威),并且经常让精灵居住在地下堡垒中——贝烈瑞安德的纳国斯隆德和明霓国斯,以及后来黑森林中的精灵王宫殿。这并不是巧合。纳国斯隆德的门户被描述为"桩柱与门楣造自沉重的岩石",还有一幅作于1928年的水彩画,展示了三座三石门式入口。这些都体现了与不列颠及爱尔兰仙灵传说的联系。[12]后来,他重新绘制了水彩画中的场景,接着又为《霍比特人》调整了它,以刻画通往黑森林宫殿的入口——只是一座三石门。[13*]

托尔金在1920年代末创造了霍比特人,他不可能忘记过去的"神话即历史"论——曾有一支超自然的"小人族"生活在不列颠的坟墓中,但他一开始写这个儿童故事的动机完全是轻松的。非要说有什么,即托尔金把霍比特人写得活像爱德华时代的村夫和乡绅(见第13—15页,"从英格兰到夏尔"),是在揶揄大卫·麦克里奇和约翰·里斯十分认真地提出的观点。[14*]

失物招领

从《失落的传说》到《西界红皮书》，传说故事集的文稿本身都声称是在记录我们自身已被遗忘的过去。它们意在成为堪与尼尼微的石板相媲美的遗迹（见第 39—40 页，"四方的风"），就像亨利·赖德·哈格德虚构的"阿蒙那塔斯碎片"，这个刻有文字的陶器碎片在《她》这部小说中开启了寻找失落城市的旅程。

但是《失落的传说》和《精灵宝钻》描述的是精灵和凡人初次涉足的世界，因此文中明显缺少古老文明的遗迹。1917 年写《刚多林的陷落》时，托尔金粗略沿用了哈格德在《所罗门王的宝藏》中开创的"失落的世界"新风格，主人公克服了几乎不可逾越的险阻，去寻找一座隐匿的城市。正如克里斯蒂娜·斯卡尔所评述的，1911 年偏远的印加城市比尔卡班巴和马丘比丘被人发现，这可能启发了托尔金。[15] 但刚多林是在一个据称写于很久以前的故事里，在其鼎盛时期被人找到的，而不是在年久失修的今天才被探险家找到。

当然，哈格德、托尔金和其他人都吸纳了当代令人兴奋的考古发现。古埃及在拿破仑战争期间被发现，古美索不达米亚则从 1840 年代开始被发现。1870 年代的发掘证明，特洛伊不是神话，而是现实。米诺斯的克诺索斯于 1900—1905 年间被发掘出来，1922 年霍华德·卡特挖进了图坦

托尔金年轻时参观过的惠特比修道院，是亨利八世统治下解散修道院后留下的诸多英国废墟之一。

卡蒙之墓。在《霍比特人》中，我们也能嗅到一点这样的氛围：前往一个长期无法进入的国度，寻找地下的宝藏。

归返，复返

我们与比尔博一起出发，几乎立刻就置身于"孤独之境"，那里树木茂盛的山顶上点缀着"看起来很邪恶的古老城堡"，显然已被遗弃。[16]这实际上是纯粹的哥特式氛围。

古老的废墟也点缀了英国的风景。17世纪的英国内战摧毁了城堡和其他要塞，而在此一个世纪前，在亨利八世领导的新教革命中，罗马天主教修道院遭到了洗劫。对文艺复兴时期的古典评论家来说，它们代表了一种较为古老的建筑风格，就像曾经洗劫罗马的哥特人一样野蛮（见第37页，"四方的风"）。然而，在18世纪，这种"哥特式"建筑重新受到人们的青睐，人们对这些废墟本身也产生了兴趣。一位散文家写道："处于古老废墟状态的哥特式遗迹具有一种令人生畏的浪漫野性，极大地触动了人们的心灵。"[17]这种新品位催生了荒唐的新建古迹，这持续到托尔金的时代（见第156页，"警戒与保卫"），也带来了以中世纪宏大建筑为背景的浪漫主义诗歌，例如拜伦勋爵的作品，以及始于贺拉斯·沃波尔1764年发表的《奥托兰多城堡》的"哥特式"小说。在《霍比特人》中，我们从未进一步了解那些"古老城堡"，它们已经完成了营造气氛的任务。

然而，随着比尔博继续他的旅程，人们开始感到了真实世界中古迹的存在。托尔金对贝奥恩的厅堂的描绘，改自《古斯堪的纳维亚语入门》的插图，这本书是他的朋友、利兹大学的前同事E.V.戈登1927年出版的。书中这幅插图并非原创，可以追溯到一个中世纪斯堪的纳维亚大厅的三维重建模型，模型是在哥本哈根为1892年的一次展览而造的。[18*]

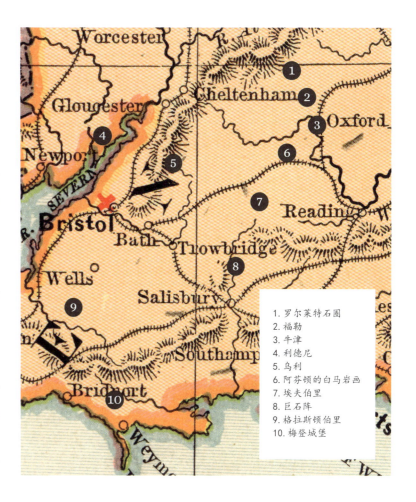

1. 罗尔莱特石圈
2. 福勒
3. 牛津
4. 利德尼
5. 乌利
6. 阿芬顿的白马岩画
7. 埃夫伯里
8. 巨石阵
9. 格拉斯顿伯里
10. 梅登城堡

位于黑森林另一侧的长湖镇更加接近托尔金时代的考古标志之一。在岸边，"一座木制的大桥通往湖心，一座繁华的城镇就建造在从森林里砍下来的大树构成的木桩之上"。[19]托尔金照搬了希腊历史学家希罗多德描述的公元前5世纪巴尔干半岛上的一个城镇，坐落在"湖中心的地方，由高高的木桩支撑起一个平台，从陆地上通过一条狭窄的栈桥可以顺利到达平台"。[20]但在《霍比特人》写作之前的数十年间，湖上的定居点一直都在考古研究的前沿。

在1853—1854年那个干旱的冬天，苏黎世湖水位降低，露出了一排排打入湖床的古老木桩，

牛津郡及其西南各郡都有丰富的考古遗址。

引发了一场"湖镇热"（fièvre lacustre）。《霍比特人》中也正是这么写的："当干旱来临湖面下降的时候，人们依旧可以从朽烂的木桩窥见古镇当年更大的规模。"[21] 托尔金为繁荣的长湖镇所画的插图被认为与费迪南德·凯勒在 1866 年出版的《瑞士与欧洲其他地区的湖居》（他发现了苏黎世湖奥伯迈伦的遗址），以及罗伯特·芒罗 1908 年出版的《欧洲水上建筑》中的图片相似，也符合情理。[22]

但正如丹尼斯·布里杜所指出的，托尔金 1911 年去瑞士度假期间（见第 84 页，"群山之根"），可以轻易看到一个令人印象深刻的湖上村模型。他们一行人在苏黎世车站换乘火车，车站对面就是瑞士国家博物馆。馆中有专门的湖上村展厅，展出了一套手工制作的巨大立体布景（10 英尺长、7 英尺宽，相当于 3 米长、2 米宽）。由于人们发现若干这样的定居点是被大火烧毁的，莱昂·贝尔杜德还画了一幅令人难忘的油画，图中是一座着火的湖上村。[23] 这显然预示了长湖镇的可怕命运。

人们在英国也发现了湖上村，最著名的一处是 1892 年发现的，位于萨默塞特郡的格拉斯顿伯里。《失落的传说》中的文稿暗示，托尔金在 1917 年就已经开始考虑它们了，当时他还在军中服役，在约克郡霍尔德内斯的威瑟恩西附近（见第 77—78 页，"海岸与大海"）。那年他开始写"诺姆族语"词典，封面上说，它是在"托尔纬瑟农"编纂的，这显而易见指的就是当地。精灵语中"托尔"（tol）的意思是"岛"，但现代的威瑟恩西并不是岛。它得名于一片已经干涸了许久的浅泽（古英语 sæ）—— 排水工程自爱德华一世时期开始，持续了几个世纪。在类似的干涸沼泽中，人们也发现了湖上民居的遗迹，例如在沙泽地（Sand-le-Mere）附近，以及斯基普西以北散落的一些遗址。[24*]

托尔金写《霍比特人》的时候，新闻头条经常报道格拉斯顿伯里附近的另一个湖上村庄米尔出土的铁器时代文物。[25*] 黛博拉·萨博指出，当时牛津的阿什莫尔博物馆可能已经展出过一个立体模型。[26*]

长湖镇的文化不同于铁器时代，而是"脱胎于中世纪晚期"，约翰·拉特利夫曾经对此表示惊讶。但是，从真正的湖上村庄里找到的工具、装饰品、木制品和编织品完全颠覆了一整个"铁器时代很原始"的概念。事实表明，野蛮人其实是文明的。萨博说，托尔金的年代错置"实际上符合当时人们对湖上民居和其中居民的普遍看法"。[27*]

他对这些发现的显著兴趣有助于解释为什么长湖镇标志着中洲发展的一个关键点。它既不是刚多林或幽谷那样的传奇之地，也不像夏尔那样在戏仿近代的英格兰。相反，它是对一座劳动者城镇的历史重建，大致基于当时人们对湖上村庄的理解。这使它成了迈向托尔金从《魔戒》开始发展起来的丰富文化背景的重要一步。

被遗忘的战事

弗罗多的通往过去之旅开始的地方，远比比尔博离家更近。这在一定程度上是因为托尔金最初还不清楚这部《霍比特人》续集的情节走向，于是在 1938 年初决定重新利用一些现成的材料。旧诗《汤姆·邦巴迪尔历险记》中的汤姆·邦巴迪尔，作为"（正在消失的）牛津和伯克郡乡村的精神"（见第 17 页，"从英格兰到夏尔"），就这样被纳入，连同：

> 山头上有旧坟一圈石碑围绕
> 坟里住着古冢尸妖。[28]

这意味着霍比特人将进入一片古老的风景，就像牛津周围的风景一样。

把古迹放在离霍比特人家园这么近的地方也有其艺术意义。这是另一种将夏尔与英格兰乡村相提并论的方式，在英格兰乡村，看得见的过去永远不会超过几英里远。

在 1930 年代，这一点比以往任何时候都明显。用亚历山德拉·哈里斯的话说，"如今乡村漫步就是进入古代历史的旅行"。[29]托尔金一家乘坐新的家庭汽车前往科茨沃尔德丘陵和伯克郡丘陵上的古迹，就属于部分非常现代、乘坐机动车的通往过去的朝圣之旅。自 1931 年以来，一次著名的壳牌广告活动一直在利用英国的土方工程和旧日建筑来吸引司机们离开城镇。在 1938 年的《壳牌牛津郡指南》中，艺术家约翰·派珀把科茨沃尔德丘陵的罗尔莱特石圈放在了头等重要的地位。这一切都渗透到了更广泛的文化中，雕塑家亨利·摩尔和芭芭拉·赫普沃斯等艺术家将新石器时代的遗址塑造成了具象征意义的抽象形象。

与此同时，英国的考古历史也上了头条新闻。威尔特郡的埃夫伯里是长达三年的发掘工作的重点，亚历山大·基勒在那里重新竖起了倒塌的巨石圈。当时的英国著名考古学家莫蒂默·惠勒刚刚在多塞特郡铁器时代的巨大山堡——梅登城堡完成了为期四年的发掘工作，媒体前所未有地兴奋，发现则源源不断。这次发掘吸引了包括 T.E. 劳伦斯（即"阿拉伯的劳伦斯"）在内的游客，并启发了约翰·考珀·波伊斯的四部威塞克斯小说的最后一部——《梅登城堡》，在这部小说中，现代人物与神话上古时代的过去重新取得了联系。

弗罗多一行人在老林子里也实实在在地"撞见"了考古遗迹（见第 127—128 页，"林木交织之地"）："地面不期然出现了一道道的深沟，既像巨大车轮碾过的车辙，又像宽阔的护城壕沟，更像弃置已久、密布荆棘的深陷马路。"[30*]它们给人的感觉就像森林妄想误导入侵者的手段之一，但托尔金考虑的却是过去被遗忘的战争。

《泰晤士报》上惠勒的梅登城堡报道，似乎

直接激励了托尔金。从 1935 年到 1938 年，这些短篇文学杰
作每年都填满长长的两个专栏。任何对英国古代感兴趣的
人都不会错过它们，托尔金就更加不会了。他曾为惠勒之
前一次发掘的报告提供了一份学术附录（见第 187—188 页，
附录）。

惠勒写道，梅登城堡或许不似希腊的迈锡尼，但就如
曾住在那附近的托马斯·哈代所说："对于威塞克斯丘陵上
的漫游者来说，在这巨大喧嚣的土方工程之中，有种异常动
人的戏剧性的东西：关于它的那些建造者，我们只能说，没
有一页纸、一块石头保存了他们的名号。"[31] 人们发掘出了
一处短暂的石器时代定居点，在随后的 15 个世纪里，"山岗
就像现在一样荒无人烟，涉足的只有徒步的旅人、偶尔的羊
群和牲畜，或不时在空旷的山脊上建造坟墓的人。"但在公
元前 4 世纪，出现了"史前的军备竞赛，众多威塞克斯的山
岗上建起了巨大的防御墙和壕沟工事"。[32]

邦巴迪尔用同样的手法为古冢岗描绘了同样业已失传
的过去：

> 绿墙和白墙被筑起。高处建起了座座要塞堡垒。
> 各个小王国的君王互相征战，初升的太阳照耀在他们
> 崭新嗜血的宝剑上，光芒似火。战胜，战败，高塔倾
> 倒，要塞焚烧，烈焰冲天。黄金堆满死去的君王和王

后的棺材架，一个个土墩覆盖了他们，岩石墓门封闭，
青青野草湮没了一切。有一阵子，羊群漫步其间吃草，
但很快山岗又荒芜了。[33]

1938 年，托尔金对埃利阿多旧时战事的构思仅限于此。
一幅注定毁灭的北方王国阿尔诺的清晰图景，将会在以后富
有想象力的发现中被挖掘出来。

惠勒的报告以令人难忘的描述收尾，那是一段关于罗
马将军维斯帕西亚夺取梅登城堡的记述，充满了激烈的场
面，"男女老少都被军团用锋利的短剑砍倒"。《泰晤士报》
刊登了一张照片，展示了嵌在一名防守者脊椎骨上的弩炮
箭头："它是从前方心脏下方射入身体的。"[34] 防守者悄悄地
潜回来埋葬死者，几乎人人都有陪葬品在侧——武器、臂
环和脚趾戒指。最后，惠勒揭示了另一个新石器时代的发
现——一个内有一具尸体的坟堆，那具尸体被损毁得如此
厉害，让人怀疑这是食人的结果。

托尔金肯定是在 1938 年初读到这篇文章的，当时他正
在斟酌古冢尸妖的情节。[35*] 在那首邦巴迪尔诗中，古冢尸妖
只是一个怪物，但在《魔戒》中，它占据了托尔金笔下最令
人毛骨悚然的场景的中心。古冢尸妖的概念不是源自英国，
而是源自冰岛的土堆和坟墓。托尔金曾引用《格雷蒂尔萨
迦》中的格劳姆尔作为最好的例子，如此教导学生："他们

并非活物:他们已经告别人世,但又是'未死的'。他们可以运用超人的力量和恶意勒死并撕裂活人。"[36*] 但古冢那一幕更让人回想起惠勒的发现。

霍比特人就像在一块古老的巨石旁边野餐的游客一样,陷入了沉睡,被裹上古老墓葬的装束活埋 —— 头箍、链子、戒指和剑。梅里·白兰地鹿醒来时脱口而出的奇怪话语 —— "啊!长矛刺穿了我的心脏!" —— 表明他们被拖入了重现古老战争的梦境。[37] 这一切怪异恐怖,部分原因在于无意义的怨恨。时间使古时战争的起因变得不可知,也因而失去了价值。

同样的感觉在《魔戒》后来的情节中无法传达,因为当时古代的历史已经成了关注的焦点。当霍比特人看到比尔博之前见过的那些山顶城堡时,阿拉贡就在近旁解释是谁建造了这些城堡,又为什么要这样做。这些遗址仍然营造了一种不祥的哥特式氛围,但与此同时,它们与其他许多文物一起各就其位,构成了一场大型考古展览,解释了当前魔戒大战的起源和进程。托尔金揭示了一些古迹背后的史实,却对另一些语焉不详,这创造了一种至关重要的巨大透视感:它让我们觉得中洲并不是为这个故事创造的,而是在它之前就存在了。

审判之环

托尔金还借鉴了其他关于石圈的传说，使它们成为审判或（用日耳曼语起源的词来说）命运之所。维林诺的中心矗立着"审判之环"玛哈那克萨，众维拉在此会商、审判。它是由王座而非石头组成的，围绕着双圣树生长的山丘。它是若干冰岛萨迦中提到的审判之环的改造。

威廉·莫里斯翻译的《埃吕别格萨迦》描述了这样的石环，它围绕着"雷神石，献祭者在那块石头上被肢解，石上的血色尚未显现"。有些叙述突出了像巨石阵那样竖立的石块。英国古物研究者对这种"审判之环"特别感兴趣。莫里斯在他的几部作品中，包括《狼族传说》和《大山之根》，都把它们描写成审判和协商的场景。

托尔金在他的传奇故事《胡林的流浪》中描述了一处颇为不同的"会议之环"（Moot-ring），它是布瑞希尔的人类召开"民众会议"的地方。它一侧是半圆形的坡岸，上面凿出了七层座位，并用栅栏围起来，只有一个入口。它没有祭祀之石，而是供族长入座的"审判之石"。①

巨人的旧作

古冢岗上的古代土方工程还包括一道标出旧日边界的堤，就像位于盎格鲁－撒克逊统治的麦西亚边界上的奥法堤，或从塞文河到汉普郡，目的和起源如今都有待猜测的万斯堤。后来，我们了解到：在更远处，北方王国长期废弃的城堡现在被称为"死人堤"——曾经骄傲的一国核心已经沦为废墟，变成了迷信的谈资。

有些旧日统治的遗物仍在发挥作用。从灰港到幽谷的东大道令人想到英国的罗马道路，仍然车水马龙。穿过伊希利恩的大道也是如此，"道路笔直平整，从中仍可看出古时人类的手工巧艺"，不过它在一些地方颓圮成一条小径。[38] 在托尔金大学期间，徒步走完 182 英里（等于 293 公里）的福斯路——部分是大路，部分是小径——一直是 T.C.B.S. 这个灵气十足的小群体挚友们共有的目标（见第 171 页，"战争之地"；第 177—178 页，"工艺与工业"）。罗伯特·奎尔特·吉尔森从东端的林肯寄给托尔金一张明信片，说他"怀着期待已久的激动心情踏上了这条路"，并补充说："真希望我们现在就上路！"[39] 杰弗里·巴赫·史密斯则写了一首诗，开头是：

这便是罗马人修筑的道路
这已半隐在绿丘中的小径……[40]

对托尔金而言，盎格鲁－撒克逊人把英国的一条老路称为沃特林街，此举具有一种长盛不衰的魅力——那也是他们对银河的称呼，一直延续到乔叟时代。托尔金认为，这个名字背后隐藏着一些无法找回的天文传说。他曾考虑过重现这样一个"失落的传说"，但从未付诸行动。

这个神话名称显示，罗马帝国撤退后，盎格鲁－撒克逊人是如何为他们在不列颠发现的罗马道路和其他建筑的规模和工艺而惊讶的。万斯堤有着相似的起源——这道工事令人印象极为深刻，以至于新来者以他们的主神的名字给它命名，称它为"沃登堤"。古英语诗歌把这种难以解释的巨大建筑形容为 eald enta geweorc，意思是"巨人的旧作"。

洛汗骠骑和霍比特人对创立了阿尔诺和南方的刚铎的努门诺尔人在很久以前国力鼎盛时兴建的成果，也持同样的看法。在他们看来，海尔姆深谷的堡垒是"巨人之手"兴建的，米那斯提力斯则似乎是"巨人雕凿的"。[41] 巨大的垒石结构和出土的珍宝有助于传达考古学家黛博拉·萨博口中的"托尔金对过去的标志性看法"——往昔令人心酸又无法挽回，比现时更伟大。[42] 安都因河两岸的王者石像阿刚那斯，正是

那种有能力兴建刚铎和阿尔诺旧日建筑的生灵的化身。

"欧尔桑克"这个名字本身让人联想到古英语诗句 orþanc enta geweorc，即"巨人的精巧之作"，用在这里十分合适，因为艾森加德的高塔是以已经失传的工艺用火山岩建造的（见第92页，"群山之根"）。因此，从纯粹语言学的角度来看，恩特向艾森加德的进军（见第169页，"战争之地"）就像一个出色的文字游戏，严肃而复杂。牧树人的名字取自古英语中的 ent "巨人"。他们有力量徒手撕裂和塑造岩石，因此涌泉厅的树须之家是真正的 enta geweorc，"恩特的作品"。假如他们能摧毁欧尔桑克（他们实际上不能），他们就是在摧毁其他"巨人"——努门诺尔人的旧作。

努门诺尔人的建筑成果也反映了比罗马更古老的文明的考古遗迹（见第41页，"四方的风"）。克里斯蒂娜·斯卡尔对比了阿刚那斯和埃及雕像，奇立斯乌苟的奇特三头石像"监视者"和古埃及或亚述的雕塑。伊希利恩十字路口的无头雕像让她想起了埃及拉美西斯二世的雕像，那座雕像曾经高达66英尺（20米），但现在已成废墟——雪莱的著名诗歌中那"石像半毁，唯余巨腿"，"像头旁落，面孔残破"的奥兹曼迪亚斯，就是由此得到的灵感。托尔金说，他笔下的努门诺尔人模仿了埃及人对不朽陵墓的痴迷，默里·史密斯则指出了努门诺尔的王室"墓谷"诺伊里南与埃及帝王谷之间的相似之处。[43]

....

阿刚那斯是刚铎开国王者的雕像（马特·弗格森绘制），捕捉到巨人建造了王国的巨大纪念碑的设想。

洛汗的文物

洛汗的坟墓体现了托尔金对盎格鲁－撒克逊人及其日耳曼亲族所建的墓丘的兴趣。英国最伟大的考古发现之一就是托尔金在写作《魔戒》时做出的——萨顿胡出土的 7 世纪船葬。在瑞典的老乌普萨拉，有排成一线的三座王室古冢。但托尔金在古冢岗和纳国斯隆德也借鉴了更古老的新石器时代的古冢。萨博指出，希奥顿的墓丘堆在"石室"上，不像木结构的萨顿胡，更像奥克尼的岩石建造的麦豪石室。[44] 关于埃多拉斯大路两旁王室陵寝的布置（左边七座，右边九座），她指向 E.V. 戈登翻译的一本书里对丹麦青铜时代坟丘的描述："在古老的旅行路线旁边……排成长列。"[45] 斯卡尔比较了威廉·斯蒂克利关于巨石阵的开创性著作中的一幅插图，标为"七位国王的坟冢"和"六位古时国王的坟冢"。[46]

同样是在洛汗，祠边谷还有一条大道，道旁有竖立的大石和一系列被称为"菩科尔人"的粗糙雕像："它们有庞大笨拙的四肢，盘腿蹲坐，

埃里克·勒维利厄斯笔下的阿芬顿白马。托尔金对这座有着巨大白垩岩画的山丘有着"强烈的感触"。

粗短的胳膊交叉抱着，搁在胖肚子上。"埃夫伯里和其他地方也有排成行的大石，但菩科尔人的灵感似乎很难找到。正如黛博拉·萨博所说，它们传达了复活节岛雕像的神秘气氛，但看起来截然不同。我想知道这是不是托尔金在尝试从象征多产的古老女性人像想象出一个不具性意味的男性版本，前者例如 1908 年在奥地利发现的雕像，得名"维伦多夫的维纳斯"。但他的神来之笔，是让我们稍后直面那些"活转过来的古老石像之一"，如梅里所想 —— 德鲁阿丹森林的野人悍 - 不里 - 悍（见第 116 页栏目"森林与野人"）。[47] 这真是个一厢情愿的奇妙想法，就好像我们可以在英格兰林地的某个黑暗角落见到巨石阵的制造者。

一首白马民谣

克里斯托弗·托尔金还记得小时候在阿芬顿附近的白马山上坐在父亲身边的情景。克里斯托弗说："我想，即使在那时，我也能体会到他对那座山的强烈感触 —— 古老的白马岩画，雕刻在构成山骨的白垩上。人们能从中看出风云顶的影子。"[48] 托尔金本人很可能还在牛津上大学的时候就常去那座山了，1912 年他曾在周围的伯克郡丘陵散步、速写。

撇开大小、年代和庄严感不谈，"峰顶略显平坦"的风云顶那圆锥形的山体很可能不是来自白马山，而是来自它旁边更矮的龙山。[49] 据说那是英格兰的守护神 —— 圣乔治屠龙的地方，平顶上裸露的白垩标出了怪物溅血之处。正如罗伯特·布莱卡姆所指出的，同样的主题再次出现在佩兰诺平野上，巫王的有翼坐骑的尸体被焚烧的地方：那里"永远焦黑，寸草不生"。[50]

白马岩画是公元前 14 世纪到公元 6 世纪期间的某时，用掘开草皮，露出底下白垩的方法创作的。直到 1930 年代，它都被认为是出自盎格鲁 - 撒克逊人之手。托尔金之所以曾计划在《失落的传说》中将牛津定为英格兰两位传奇创始人亨吉斯特和霍萨之一的都城（见第 51 — 52 页，"露西恩之地"），这可能就是原因之一。17 世纪的古物研究者约翰·奥布里曾辩称："白马是他们征服不列颠时打出的旗号。"[51] 在

《失落的传说》的笔记中，牛津属于霍萨，而盎格鲁 - 撒克逊语学家玛丽亚·阿塔莫诺娃推测，托尔金想象，白马被刻在山上，"以提醒人们这是霍萨的土地 —— 那是他的标志"。[52] 同样的联系也存续在《魔戒》中，盎格鲁 - 撒克逊风格的洛汗，旗帜就是一匹"绿底上的白马"。[53]

无形中，白马也掌管着夏尔。托尔金年轻时曾喜欢 G.K. 切斯特顿 1911 年的诗歌《白马之歌》"灿烂辉煌"的辞藻。到写《魔戒》之时，他对此已经持保留态度了。[54] 然而，正如诗人马尔科姆·吉特和其他人所指出的，他的"夏尔平乱"（The Scouring of the Shire）一章似乎是依照切斯特顿的最后一节"白马的清洗"（The Scouring of the White Horse）命名的。[55]

直到 19 世纪，人们每七年就会举行一次清理白马岩画的仪式，并伴随庆祝活动。现在，国家信托的志愿者们正在以同样的努力完成这项工作，不过不那么热闹了。在切斯特顿的诗中，阿尔弗雷德国王下令清洗白马，这是象征民族复兴的举动。他刚刚击败了异教徒丹麦人，使英国免遭彻底的征服，但他警告说：

> 倘若我们想要旧日的白马，
> 　你们就必须将白马清洗一新

并明确表示，这样的清洗需要不断重复，因为杂草总会长回来的。[56]

因此，托尔金对应的章节标题 —— 又是一种将夏尔等同于英格兰的方式 —— 暗示，随着时间的推移，萨茹曼的势力被赶出夏尔，可能只是诸多必要的"清洗"之一。就像他在 1958 年告诉荷兰书迷的那样："我没有看到索隆，但我看到了很多萨茹曼的后代！"[57]

警戒与保卫

托尔金能在可以培养他非凡学习能力的人身边和地方长大，可谓十分幸运。接着，最惨痛的一课来了——野蛮的战争使无与伦比的图书馆化成冒烟的废墟，使杰出的心灵窒息在泥土中。1914—1918 年的世界大战，为他想象中的传说之地和守卫之塔奠定了基础——这些地方如果要抵御毁灭的浪潮，就需要守望相助。

传说之地

早在萨尔霍，托尔金还不到 9 岁的时候，他母亲就开始教他拉丁语和法语、绘画和植物学了。然后，他赢得了奖学金，这笔钱让他去了伯明翰最好的爱德华国王学校。与此同时，他每天都会参观另一个学习的地方——伯明翰奥拉托利会教堂，那是他的监护人弗朗西斯·摩根神父的家。那是一个牧师社区，有一个馆藏可供人研读一生的图书馆。

在牛津，他伟大的语言学导师约瑟夫·赖特告诉他，牛津大学其实是一座"制造'学费'的工厂"，但托尔金仍然被这处历史悠久的学术之地迷住了。[1] 他认为牛津博德利图书馆是"一个令人敬畏、令人激动的地方"，馆里满是"无价的精彩文稿和书籍"。[2] 在他自己的学院埃克塞特，他发现了启发他创造精灵语的芬兰语法。埃克塞特学院在 1914 年 6 月庆祝了它的六百岁生日，就在第一次世界大战打响之前。

那年秋天，他在牛津认识的人几乎个个都离开了，去为王室和国家效力。他说："太可怕了。"[3] 大学收容了难民、伤员和正在受训的士兵。托尔金参加了军官训练团，而电讯带来了学生和校友阵亡的消息。与此同时，比利时的中世纪堡垒纷纷陷落，就像九柱戏中的木柱。在卢万，德国军队停下来焚烧了世界上最古老的天主教大学的图书馆，毁掉了数百份不可替代的中世纪手稿。

战争的基石

　　就在这战争的基石上，托尔金建造了他传说故事集中的高塔、城镇和王国。

　　一首题为《科尔：一座失落与死亡之城》的诗，从诗名到内容都借鉴了亨利·赖德·哈格德所著的《她》的书名和该书那荒凉、坚韧和炽热的奇异混合。托尔金曾说："我想我小时候最感兴趣的书就是《她》。"[4] 在这部1887年的浪漫故事中，"科尔"是一处遥远的非洲废墟，掩藏着不朽的阿伊莎女王统治的地下城市。而在托尔金1915年的诗中，"科尔"是精灵家园的海滨都城——宏伟、永恒，但寂静又空旷，城中居民已经出征，

去帮助身陷彼岸战争中的亲人。尽管他历年来对这座城市做了很多改动，但始终保留着最初的观念：水手埃雅仁迪尔发现了这座被遗弃的城市。这似乎是他对战时牛津的记忆。

　　1915年，托尔金以一等荣誉学位毕业，随即匆忙应征入伍。1916年3月，他回来参加毕业典礼，写了一首以牛津和沃里克为主题的诗，当时他正准备与伊迪丝·布拉特结婚。《梦想之镇和如今的悲伤之城》将牛津和沃里克写成了他个人旅程中的路标——沃里克代表过去的自我放纵，牛津代表现在的职责。

　　在沃里克，长眠的"老贵族们"不为战争所扰，"对这股邪恶的浪潮一无所知"。[5] 托尔金很

托尔金的一首反对战时自满的诗，似乎提到了沃里克教区教堂里的肖像，例如罗伯特·达德利的这一幅。

可能想到了理查德·博尚、安布罗斯·达德利和（伊丽莎白一世的宠臣）罗伯特·达德利，这几位伯爵的肖像都在新教的教区教堂里。[6*]沃里克已经在传说故事集中占有一席之地，成了精灵城市科尔提力安模糊的残迹，在那里，"旧日记忆正在消逝"，尽管精灵们仍私下唱着"怀念以往的歌"（见第47—51页，"露西恩之地"）。[7]写于1916年的这首诗哀叹它是一座"梦中之镇，那里人们不再歌唱"。[8*]

相比之下，牛津被称为知识的化身：

你的精神仍于殿堂中歌唱

歌唱现时悲哀中的旧日回忆……

它保存着流传至今的古代文学的生命力，尤其是古英语诗歌《马尔登战役》《流浪者》和《贝奥武甫》。托尔金以充满希望的一句结束全诗：

尽管战争过早剥夺了你众多的子孙

但是邪恶的潮水无法玷污你的荣耀……[9]

就这样，他为一部将在中洲反复上演的戏剧奠定了象征性的基础。警惕和回忆，或自满和健忘——这两种截然相反的态度，正是决定托尔金笔下要塞生死存亡的关键。

从刚多林到刚铎

托尔金最早的一个"失落的传说"写于索姆河战役刚过一年的时候，故事展示了自满如何摧毁了荣光最盛的守护之塔。

精灵城市刚多林是一处传承学识之地，凡人图奥就在这里学习了各种技艺、手工，了解了宇宙的源起。它也是一座爱情之城，图奥在那里与精灵王图尔巩的女儿伊绶尔结为连理——它的灵感或许来自切尔滕纳姆，1913年托尔金和伊迪丝曾在那里重聚（见第48页，"露西恩之地"）。最重要的是，刚多林是一座"警戒与保卫之城"。[10]

然而，图尔巩对众水主宰乌欧牟的战斗召唤不屑一顾。这座伟大的城隐藏在群山环抱的山谷里，沉浸在虚假的安全感中。当背叛暴露了它的位置，刚多林就惨遭焚毁。《失落的传说》中的叙述人宣称，就连巴比伦、尼尼微、特洛伊或罗马，"都不曾见过那日降临的恐怖"。[11] 刚多林的陷落与特洛伊的沦陷的确是耐人寻味的类比，但刚多林显然意在成为历史上所有陷落的伟大城市的原型。[12*]

刚多林与特洛伊的另一个相似之处，要在托尔金将他的传说故事集拓展到第二纪元和第三纪元时才变得真正意义重大。在维吉尔的《埃涅阿斯纪》中，埃涅阿斯带领特洛伊难民来到意大利，成为罗马的先祖。在中世纪的传说中，特洛伊是诸多欧洲国家的源泉，英国、神圣罗马帝国以及另外一些国家据说都是由特洛伊王朝建立的。像埃涅阿斯一样，图奥带领刚多林的难民逃到安全的地方，成为第二纪元努门诺尔诸王的先祖。在第三纪元，努门诺尔的埃兰迪尔建立了流亡王国——刚铎和阿尔诺。[13*] 特洛伊和它的后续历史为浩瀚的兴衰史提供了一种普遍的模式——一切都取决于警惕与自满的起伏交替。

努门诺尔是一片赐予曾经帮助精灵对抗魔苟斯的凡人

左图：巴别塔，老彼得·布吕格尔想象中的《圣经》里傲慢的象征。

对页左图：希特勒的建筑师阿尔伯特·施佩尔计划建造的巨大而虚荣的柏林人民大厅。

对页右图：在托尔金的《慕想社档案》中，牛津的拉德克利夫馆令人想起了魔苟斯的神庙。

的土地，该国达到了人类艺术、手工艺、文学和科学的巅峰。然而，它最终变成了一个更关注征服他国，追求长寿的帝国。在极度骄傲和愚蠢的驱使下，末代国王将索隆本人俘虏到努门诺尔，欣然听取了他的秘密进言。努门诺尔人接受了将精灵和维拉描绘成敌人的宣传，开始在独一之神伊露维塔的圣山上膜拜魔苟斯。

努门诺尔的蓝本是亚特兰提斯，但魔苟斯的神庙让人想起了另一个傲慢的缩影——巴别塔。1945 年，托尔金在开始大幅扩展努门诺尔传奇之前不久写道，上帝"对巴别塔的建造者并无赞许"。[14]1946 年版的圆形穹顶神庙，原型令人联想到 190 英尺（60 米）高的罗马哈德良万神殿，但考虑到神庙的穹顶高达 500 英尺（150 米），它的规模实际上更接近纳粹那个真正傲慢的计划——建造一座 950 英尺（300 米）版本的万神殿，即柏林人民大厅。[15*]值得注意的是，在 1945—1946 年写的《摹想社档案》中，牛津博德利图书馆 18 世纪的拉德克利夫馆令人想起魔苟斯神庙的近景，但这种相似并不是认真严肃的安排（而且很可能只是为了博墨

象社成员一笑）。

刚铎重镇米那斯提力斯上的罗马印记也不容错过：帝国历史、位于南方、海上影响和巨大的石造建筑（见第 142 页，"古老的印记"）。这座城从前称为米那斯阿诺尔（"太阳之塔"），人们将它与意大利哲学家托马索·康帕内拉 1602 年的作品中描述的"太阳城"对比：两座城都是建在一座山上，有七道同心的城墙，几乎不可攻克。康帕内拉写道："因此，谁想要占领这个城池，他就得进攻七次。"

但是，米那斯提力斯更像但丁《神曲》中灵泊的灵堡，那座城有七道城墙和七道大门。那些生前赢得光荣名声的有德异教徒在这里度过来世。他们包括荷马、奥维德和其他诗人，像埃涅阿斯这样的英雄，像尤利乌斯·凯撒这样的政治家，以及包括亚里士多德、苏格拉底和柏拉图在内的哲学家。托尔金当然是熟读但丁的。[16*]正如汤姆·希比所说，《魔戒》完全就是"一个关于有德异教徒的故事"。[17]

米那斯提力斯不仅是守卫之塔，也是传说之城。法拉米尔不是因为她的军事实力，而是由于"她的往事……和

艾伦·李想象中的米那斯提力斯,鼎盛时期的该城代表了托尔金心目中传承学识和军事警戒完美结合的最佳范例。

她如今的智慧"而珍视它。[18] 刚铎险些沦陷,因为执政宰相德内梭尔已经告别了"明智的年岁"。[19] 借此,托尔金在中洲的史册上最后一次重温了他 1916 年在牛津首次具象化的理想城市的戏剧性情节。

金殿

《魔戒》将至关重要的回忆珍藏在美杜塞尔德,一座脱胎于《贝奥武甫》的大殿。正如汤姆·希比所展示的,通往希奥顿"金殿"的路,从莱戈拉斯所说"它反射的光芒所及甚远"开始,每一步都在模仿通往罗瑟迦的鹿厅的路。[20] 在屋内,金殿和鹿厅都有织锦挂毯和色彩斑斓的石铺地板。洛汗人传唱至今的古老诗句"骁骏勇骑今何在?吹角长鸣何处闻?"也脱胎自古英语挽歌《流浪者》。[21]

在洛汗,托尔金的故事和人物一样,都在诉说牛津在《梦想之镇和如今的悲伤之城》中吟唱的"旧日回忆之歌"。[22] 场景也完全是关于回忆的:展示着洛汗开国之王,"年少的"埃奥尔的挂锦;洛汗诸王的坟丘;生长在坟丘上的醒目花朵——"永志花"辛贝穆奈。

然而,这处生动的回忆之地正面临着屈服于遗忘和自满的致命危险。希奥顿王坐在埃奥尔的英雄形象下,哀悼自己阵亡的儿子,但拒绝采取行动去应对危险的警示。他的谋臣佞舌所进的谗言让他仿佛陷入了一个黑暗的梦境——就像沃里克的伯爵一样沉睡着,"对这股邪恶的浪潮一无所知"。[23] 希奥顿必须被甘道夫的干预唤醒,才能迎接他所处时代的挑战。

金色的森林

在中洲,没有任何地方能像对抗索隆的首要精灵重地

洛丝罗瑞恩那样充分体现了往昔。

托尔金的金色森林源自亨利·赖德·哈格德的"科尔"，它是那座非洲火山荒原下的地下城最令人惊讶的绽放。[24*] 两处领域都是由卓越、美丽、富有魅力且永生不死的女巫创造出来的，她们都有可以预言的水镜。在科尔，阿伊莎保存了千年的古老文明，将所有地面的敌人甚至时间本身都挡在了门外。在洛丝罗瑞恩，加拉德瑞尔运用魔法对抗大敌在黑森林的据点（见第 122—123 页，"林木交织之地"），阻止自然的衰朽过程。

然而，这些与哈格德故事的相似之处也指出了这一切的问题所在。力图延缓岁月流逝是一个值得怀疑且不可能实现的目标。阿伊莎最疯狂、专横的时候，就是加拉德瑞尔若接受统御魔戒会变成的模样，而阿伊莎并未从此幸福终生。加拉德瑞尔体现了托尔金的意图：他把他的精灵形容为"防腐师"，他们想要阻止凡世中洲的变化，这样就能"让它继续成为乐园"。[25]

洛丝罗瑞恩庄严的林景让人回想起托尔金的旧时"梦想之镇"沃里克（见第 118—121 页，"林木交织之地"），这可能是更进一步的警示。洛丝罗瑞恩意为"梦之花"，完全是关于光明和记忆的，而不是黯淡的遗忘；但梦就是梦，我们终究必须醒来。

双塔与诸塔

人们普遍认为，托尔金的双塔灵感来自他少时居住的伯明翰小地方埃奇巴斯顿的两座塔。一座 96 英尺（30 米）高，共有六层的佩罗特荒唐塔，

约翰·豪所绘洛汗的美杜塞尔德。托尔金是直接模仿《贝奥武甫》中的金殿——鹿厅来塑造它的。

由当地一位绅士于1758年建造，可以俯瞰他的狩猎场。它的正式名称是"纪念碑"，自1884年以来一直被当作先进的天气预报站使用。另一座则是建筑之美和工业烟雾的混合，它不是真正的塔，而是埃奇巴斯顿自来水厂水泵房的烟囱。两者都能从托尔金居住了将近四年的斯特灵路尽头看见。这种灵感的说法似乎始于1992年，并借着彼得·杰克逊2002年的电影《双塔奇兵》迅速走红。[26*]

然而，没有迹象表明托尔金（或其他任何人）认为这两处地标是一对。而且，他其实极不情愿把《魔戒》中的任何塔楼视为一对。书之所以得名《双塔殊途》，只是因为他的出版商坚持要求把这部巨著分成三部出版。他为了想出一个既适合洛汗的经历又适合魔多边界的际遇的书名，颇费了一番心思，最后他或他的出版商万般无奈，推荐了"双塔"。托尔金说，双塔指的究竟是哪两座塔，可以是"模棱两可的"。可选择的塔楼不下五座：欧尔桑克，米那斯魔古尔，奇立斯乌苟，巴拉督尔，米那斯提力斯。虽然他最终选择了欧尔桑克和米那斯魔古尔，但要找出给了他灵感的"双塔"，这种努力只能是徒劳的。[27*]

无论如何，他想象的过程要有趣得多，从那导致《魔戒》中五座高塔之一诞生的非凡创作历程就可以看出。

临海高塔

托尔金最早构思的一座塔楼就是海鸟之塔，那是遨游苍穹的水手埃雅仁迪尔思念妻子埃尔汶，或埃尔汶思念他的地方。考虑到他早期作品中明显的自传性元素，迈克尔·弗劳尔斯的看法可能是正确的：它与约克郡的威瑟恩西灯塔有关，那里距离伊迪丝1917年夏天住的地方只有200码（180米）。[28]当时她怀有身孕，而托尔金通常身在别处，不是值勤服役，就是因战壕热住院。

灯塔，那些依靠孤独的尽职者英勇维护的至关重要的信号塔，无疑对托尔金经常寄托于他的海边高塔的向往之情有贡献。接近不死之地时，水手将首先看到坐落在精灵家园主要港湾里的灯塔发出的光辉。在微光群岛上的珍珠之塔（出自一首早期诗歌），一个被囚禁的人物渴望像精灵一样向西航行。[29]在1930年代写的《亚瑟王的陨落》中，流亡的兰斯洛特从法国的一座塔上越过咆哮的波涛眺望彼岸，渴望家乡和国王。

此外还有精灵之塔，从夏尔以西的高高山岗望向遥远大海对岸的精灵家园，不过从来没有霍比特人爬上塔去看风景。随后我们可以清楚看到，一种不同的灵感被搅拌进了催生这些塔的种种元素中。

高塔的寓言

在1933年给牛津大学本科生的讲座中，托尔金把《贝奥武甫》誉为一首关于勇气、大战怪兽和凡人的处境的诗。他感叹大多数评论家只想挖掘它的历史、语言或考古资料，于是编了一个小小的寓言：

The Lighthouse, Withernsea

威瑟恩西灯塔，耸立在伊迪丝·托尔金1917年在约克郡海滨小镇的住所附近。

有人在一块闲置的土地上发现了一大堆古老的石头，用它们砌了一座假山花园。但他的朋友们来了，发现这些石头曾经属于一座更古老的建筑。他们把石头翻过来，寻找隐藏的铭文……

其中一位朋友抱怨说："他真是个无趣的家伙，居然就用这些美丽的石头来点缀平平无奇的花朵。"[30] 作为一个寓言，这是需要解读的，不能就事论事。园丁代表《贝奥武甫》的诗人，而古老的石头就是他古老的素材。假山花园就是他的诗，花朵就是它的艺术之美。这些"朋友"是后世的批评家。毫无疑问，托尔金在那个假山花园流行的时代是一位热衷于园艺的人，他与寓言中的同行有强烈的共鸣。在 1934 年至 1936 年间的某时，当他重写讲稿时，假山花园被保留下来。

但后来，一种新的冲动袭来，他改了这个寓言。在新故事中，这个人用古老的石头建了一座塔。其他人推倒了它，寻找铭文之类的东西，最后抱怨道："他可真是个怪人！想想吧，他用这些古老的石头，居然造了一座荒谬的塔！"有力的结语也没有提到花朵，"但是，从那座塔顶，那个人当年可以眺望大海。"[31]*

这个关于塔的寓言现在已经广为人知。托尔金 1936 年在英国社会科学院的演讲——《贝奥武甫：怪物与批评家》中就提到了它。这次演讲永久性地撼动了《贝奥武甫》研究的定位，也是研究托尔金文学作品的参考标准。

但还有一点值得注意。这个关于塔的寓言诞生的时候，有一场引人注目的有趣争论正在进行，争论关乎牛津近郊一座荒唐的塔。

建塔者是伯纳斯勋爵，他是一位音乐家、作家、艺术家，也是个著名的怪人，其友人包括萨尔瓦多·达利。他提议在牛津西边他的法林登庄园附近的山顶上修一座荒唐的塔，当时规划官员

们表示"看不出有何目的或益处"，而他回答说："塔的伟大之处就在于它毫无用处。"[32] 他的邻居们颇有微词，其中一名退役海军中将尤甚，他说这个蠢东西会破坏他的风景，尽管那是从 4 英里（6.5 公里）开外用望远镜看。但伯纳斯承诺这塔会定期对公众开放，从望楼和角楼上可以看到周围数区的绝妙美景。1935 年，法林登荒唐塔落成开放，燃放烟火庆祝，嘉宾云集，《尚流》用了整整一页的篇幅报道此事。1936 年，伯纳斯画的塔楼远景被醒目地用在壳牌的广告中（见第 23 页栏目"小丘"）。这座荒唐塔还附有一则奇谈，就是在晴朗的日子里，你可以从塔上看到布里斯托尔海峡。[33]

托尔金几乎不可能没听过这个轰动一时的事件。他肯定惊讶于它何等适合——且改进了——他那讲述一个富有想象力的怪人和毫无想象力的朋友的寓言故事。新的点睛之笔"那个人当年可以眺望大海"，完美地捕捉到了《贝奥武甫》的基调，这是一首关于海岸和忧郁反思的诗。此外，法林登荒唐塔是全国性的新闻，所以托尔金可以期待博得人们认可的一笑。

从寓言到虚构历史

下一步似乎也被忽视了。托尔金在《贝奥武甫》演讲中显然对这个塔楼的场景很满意，他把它嫁接到了他的传说故事集里。在这个过程中，它从隐晦的寓言变成了直白又富有诗意的故事——众所周知，这是他的偏好。[34]* 而这个场景——塔、富有远见的建造者或居住者，以及持怀疑态度的局外人——继续以新的面貌出现在不同的中洲情境中。对于托尔金来说，它变成了我们可以称之为"模因"（meme）的东西。

从寓言到故事的跳跃发生在《努门诺尔沦亡史》中，它构思于 1936 年英国社会科学院演讲后

牛津附近的法林登荒唐塔在托尔金好几座文学创作的塔楼中起到了复杂但关键的影响。

的几周（我在别处已经证明）。幸存者在中洲的西海岸边兴建了众多高塔，希望顺着笔直航道得以瞥见维林诺的景象（见第80—81页，"海岸与大海"）。但是他们的大多数同胞由于缺乏远见和想象力，"鄙视造塔的人"。[35]

然后，在1938年的《魔戒》草稿中，托尔金将努门诺尔塔重新想象为精灵塔（如他儿子克里斯托弗所指出的那样），并将它们安插在夏尔以西的塔丘上。这个丘陵地带的设定表明，托尔金此时还想起了科茨沃尔德丘陵的种种荒唐建筑：百老汇塔，俯瞰他弟弟希拉里家附近的伊夫舍姆谷（见第15—16页，"从英格兰到夏尔"）；以及巴斯上方的贝克福德塔，从那里可以看到布里斯托尔海峡。但托尔金的《贝奥武甫》演讲中那一套完整的象征仍然天衣无缝——霍比特人本身就是缺乏想象力的局外人：

> 最高也是最远的一座，孤零零矗立在一座绿丘顶上。西区的霍比特人说，从那座塔顶远望，可以看见大海，但没听说过哪个霍比特人曾经爬上塔去。……他们不热衷于塔楼。[36]

然而，在《魔戒》的结尾，山姆·甘姆吉的后代迁往塔丘下的西界，这意味着至少有一些邻居摆脱了古老的疑虑（见第59页，"露西恩之地"）。

值得注意的是，那时这座精灵高塔已经在遥远的地方催生了一个镜像。这个过程始于1939年，当时托尔金正在想方设法解释甘道夫在弗罗多前往幽谷的旅途中延误的原因。他决定让黑骑手在最高的精灵塔中围攻巫师——弗罗多在梦中见到了这个场面。骑手们的确发出"嘲弄的笑声"抬头看着最高处的房间，不过他们嘲笑的是甘道夫，不是塔楼。[37]

1940年，托尔金想出了延误的确切原因。甘道夫仍然被囚禁在一座塔顶上，在弗罗多关于它的梦中，下方甚至传来"凶狠的吼声"。[38*] 但这是一座新塔，属于一个新的角色——叛变的巫师萨茹曼，而那些生物是艾森加德的生物。用克里斯托弗的话说："西方高塔的早期构思……变成了欧尔桑克。"[39]

因此，伴随着最后一个创造的转折，我们讲到了《魔戒》中那些标志性的塔楼之一。欧尔桑克塔不太像法林登荒唐塔，但二者都有观测台（萨茹曼用它来观星），必须攀登很长的楼梯才能到达。而在弗罗多的梦中，仍然可以看到《贝奥武甫》寓言的蛛丝马迹——善人、塔楼和敌意的声音。

战争之地

托尔金早年的丧亲之痛、别离和频繁搬迁，以一场再剧烈不过的变迁告终 —— 所有人都经历了那场变迁。1914—1918 年的第一次世界大战将欧洲变成了战区，让他这一代人步入了地狱般的场景。正是在这个充满灾难的世界里，中洲如同无人区的一朵鲜花，首次萌芽、绽放。

神话和战争

托尔金回忆说，早期的传说故事集大多是"在肮脏的食堂里、浓雾笼罩下的讲座上、充满污言秽语的小屋里、钟形帐篷内的烛光下，甚至是在炮火下的地下掩体里"构思出来的。这不仅仅是去往仙境的出路。当时和后来，他都曾设法写作表达自己"对善、恶、美好、肮脏的感受：让它合理化，防止它不断恶化下去"。[1*]

就像艾森加德的梅里和皮平一样，1916 年放松的士兵们与索姆河的风景格格不入。远处就是奥维莱尔－拉布瓦塞勒，托尔金在那里第一次见证了战斗。

159

他的本能是"将自己拥有的知识和个人对生活的批评，隐藏在神话和传奇的外衣之下"。[2] 令人惊奇的是，这很适合战壕中奇异而陌生的经历。从威尔弗雷德·欧文到大卫·琼斯，其他受过古典神话和亚瑟王传奇教育的军旅作家也在他们的战争作品中包含了魔幻和神话元素。用保罗·富塞尔的话来说，那是一个"神话复兴"的世界；他写道："如果一个人的想象力一直沉浸在真实的文学浪漫故事或其等价物之中，那么他直面命运的经历，对他来说必然就像中世纪罗曼史里的英雄经历。"[3]

但托尔金也表现出对现实主义的补充倾向，特别是在描绘风景的时候。我们不是在看挂毯上遥远的人物，而是与他的英雄们一起走过了活生生的世界。

他们给人的印象是如此生动，以至于被轰炸过的不毛之地、狭窄扭曲的隧道和不断更新的自然奇观的面貌，有时似乎反映出他们心中的所想所感。由此，景观成了一种刻画内心和外在旅程的方式。

这一切在关于霍比特人的故事中尤其真实，他们像爱德华时代的英国人，被投进了一个更广阔的战争世界。托尔金曾说，山姆·甘姆吉的灵感来自"我对在1914年的大战中所认识的士兵和我的勤务兵的记忆……嫁接在早年乡下男孩的形象上"，他可能是个萨尔霍园丁，自愿和"弗罗多长官"同行，进入无人区。[4]

前奏曲

1914年大战的序幕，反映在托尔金已知最早的风景画作品中。8月，正当英国对德国宣战之时（见第62—64页，"海岸与大海"），托尔金抵达康沃尔，写下了《潮汐：在康沃尔海滨》，当时战争的规模已经十分清晰。[5*] 康沃尔过于靠西，听不到像托马斯·哈代1914年的诗《海峡炮火》中"海上射击练习"那样能把死人吵活的噪声。相反，托尔金描绘了一场海边的风暴，在风暴中，"伟大战斗的雷声震撼着我脚下的世界"。[6] 风暴被神话化了，被描述成大海发动的军事袭击，其中：

> 他的大军起来参战
>
> 骑兵如同巨浪，扑向高耸如墙
>
> 岿然不动的海岸

而那海岸属于神圣不可侵犯的英格兰。[7]

但在这背后是真正的战争，以及它对托尔金的巨大震撼。

《林中的科尔提力安》（见第118—120页，"林木交织之地"）再次将自然和战争融合起来，这首诗是托尔金于1915年秋天军队休假期间在沃里克时写的，当时托尔金的同袍们正开始在欧洲战场上遭受屠戮。诗歌把秋天描述为冬天的武装袭击：

> 他无数的长矛尖端冰蓝
>
> 在太阳底下不可征服地推进……

榆树的叶子如同"哀悼的人群"，因恐惧而变得苍白；收割者收割了大量的野花。[8] 另一首诗《星空下的哈巴南》是在1916年前往索姆河的途中完成的，诗中想象凡人的灵魂在不朽的维林诺附近扎营，身处极乐净土的外缘，"无论多么漫长的道路都终于彼方"[9*]。正如前两首诗中自然反复出现的海洋风暴和秋天意象，这首诗是一幅慰藉式的图景，来自一个还不曾见过战争的人。

更不祥的是一幅未命名的画，作于1915年或其后几年。它画的风景看不出来自传说故事集。我们望进一个像铁路大厅或隧道那样古怪扭曲的建筑大张的入口，它渐渐远去，通往远处一处处猛烈爆发的光。更远处，在火焰的映衬下，耸立着漆黑与血红的群山。[10]

奔赴前线

1916年7月，托尔金随兰开夏燧发枪手团第十一营在皮卡第乡间行进数日之后，到达索姆河战场。随着英军炮兵试图在"大推进"中逐渐夷平敌军战壕，大炮的轰隆声越来越近。到了晚上，前方的地平线被火光和爆炸照亮，就像弗

1915 年或之后不久托尔金画的一幅
未命名的画，暗示着可怕的危险之
旅。

罗多和山姆向魔多望去看到的景象一样："在东方，低垂的云层底下亮着一团暗红的光芒——那不是黎明的红光。"[11]

　　7月3日托尔金的部队到达布赞库尔村时，战争造成的荒凉才首次显露。附近的一座小山相当于《魔戒》中荒凉的埃敏穆伊——一个能够清楚观察死亡和腐烂之地的地方。前方是一片起伏的田野和树林，位于极似英格兰东南部的白垩山岗上。但它被战壕分割开来，密密麻麻都是不断的爆炸留下的凹坑和白烟。若用双筒望远镜来看，能在昂克尔河对岸隆起的高地上发现许多黑点——那里有两万名英军士兵未掩埋的尸体，他们都在两天前战役的第一天阵亡。

既古老又现代的战场

饱受战争困扰的老林子和古冢岗让人回想起皮卡第的风景，就像回想起科茨沃尔德丘陵和伯克郡丘陵一样（见第 139 页，"古老的印记"）。在索姆河上，冰河时代和那时融化的水创造了战场历史学家彼得·巴顿所说的"一片起伏的丘陵地区，与英格兰东南部的丘陵地完全相同"。[1]这里也有自己的古老坟墓，例如瓦尔朗库尔丘，1916 年数万人为这座古冢丧失了性命。但埃德蒙·布伦登认为，即便是偶尔被炮弹炸出或铲子挖出的 1914 年死者遗骨，看起来也像是"特洛伊守军"那样古老的遗物。[2]

被活埋——霍比特人险些遭遇这种命运——是堑壕战的恐怖之一。托尔金在兰开夏燧发枪手团第十一营最亲密的军官朋友莱斯利·赫克斯特布尔就是在一枚炮弹爆炸，炸倒战壕墙将他压伤之后被送回家的。即使是霍比特人在老林子里奋力爬过巨大车辙和"深陷道路"的那一幕，对于那些曾经爬进杂草丛生的索姆河老战壕的人来说，也会显得异乎寻常地熟悉。[3]每张战壕地图都有自己的"深陷道路"，它是宝贵的防御优势或可怕的障碍。

在 1916 年 7 月到 10 月之间，托尔金随其部队多次进入战壕。太阳会在绿色的田野上落下，在他们一夜几英里的行军之后，第二天早上在满目疮痍的荒地上升起。

这种突兀而严酷的对比似乎唤起了他儿时经历的那种双重曝光的印象（见第 12 页，"从英格兰到夏尔"），但现在是英国与法国的双重曝光，以及乡村的和平与荒凉的战争的双重曝光。因此，垂柳之地也有战争的迹象，就像昂克尔河和牛津的彻韦尔河一样（见第 105—106 页，"河流、湖泊与水域"）。

通往战壕的旅程，随处可见旧秩序颠覆的不祥标志。在离前线最近的小镇阿尔贝，一座被敌人炮弹击中的教堂尖顶上，圣母玛利亚的金色雕像被扭曲的金属悬挂着，摇摇晃晃。很多十字路口都能见到钉在十字架上的基督像；从布赞库尔通往前线的路上，在士兵们称之为"耶稣受难角"的一处树木环绕的十字路口，就曾屹立着这样一尊耶稣受难像。同样，在前往魔多的途中，弗罗多和山姆在伊希利恩的十字路口看到了古老的国王石像——头被奥克砍了下来，但仍然完整。

托尔金对十字路口的树木的描述——"树冠已经枯秃断裂……就像暴风雨和雷电曾经狂扫过它们"——暗示了西线战场的场景，就像保罗·纳什在 1918 年的画作《我们

托尔金的画作《伦敦经伯克郡到牛津》，极似索姆河被炸得光秃秃的树木的景象。

正在创造一个新世界》（见第 120—121 页，"林木交织之地"）里描绘的那样。[12] 托尔金未注明日期的水彩画《伦敦经伯克郡到牛津》展现了被修剪过的树木，其剪影就像没有手指的拳头。韦恩·哈蒙德和克里斯蒂娜·斯卡尔将这幅画联系到"对荒芜无人区的记忆"。[13] 8 月和 9 月，托尔金在蒂耶普瓦勒森林的战壕里有两次定期轮岗，在这两段时间里，这里变成了埃德蒙·布伦登所说的"烟、光秃秃的树干或木炭形成的黑雾"。[14]

战壕生涯

战壕本身很可能会在士兵身上留下难以磨灭的印记，尤其是对"想象力丰富的年轻人"——托尔金就是这样形容自己的。[15] 他之所以把霍比特人安置在安全舒适的洞府里，却又创造了那么多幽闭的危险和恐怖的环境，可能这就是主要原因。

托尔金被追问霍比特人洞府的灵感来自何处时，提到了舒适的草皮屋（见第 22 页，"从英格兰到夏尔"），但他补充说："我们发现德国人的战壕往往真的非常适合居住……"[16] 因此，夏尔带有少量的西线特色，这似乎令人惊讶，但他这一代人是史前时代以来第一批住在洞里的人。

战壕士兵可以享受曳光弹、照明弹和大炮的夜间表演，就像霍比特人欣赏焰火一样。就连托尔金敏感、有艺术天赋的朋友罗伯特·奎尔特·吉尔森也发现，黑暗中开火"很美——如果它们不是那么可怕的话"。[17] 但所有士兵都很高兴撤退到战壕胸墙下挖出的防空洞里，或者爬下阶梯到白垩地更深处掘出的掩体里躲避。

托尔金亲身体会过洞穴意味着舒适和安全，是试图将所有危险拒之门外的地方。军官掩体的位置是精心选择的，为安全而设计，由每个分队的敬业木匠、铁匠、砖匠和工兵建造、维护。令人惊讶的高效供应网络满足了他们从食物到邮寄的各种需求。索姆河的白垩地使它们既坚固又明亮。

英国军官的防空洞可能舒适得令人羡慕，布置得就像牛津大学的学生宿舍一样——一个充满友情、幽默和文明交谈的地方。托尔金所在部队占领的德军掩体更深、更大、更安全、装备更好，还有炉灶和良好的通风条件。

不用说，这种温馨只是片面的。战壕这个"穴居人世界"（一名士兵这样称呼它）也是一个肮脏、疲惫、无聊、恐怖得令人窒息的地方。[18] 为了反映这种分裂，托尔金采用了他最爱的技法——制造反差。勇敢、热爱家园的霍比特人与住在地下更深处的奥克形成对比，后者生活的全部意义都在于打仗。这些半兽人熟知迷雾山脉底下那些错综复杂的隧道，"就像你熟知最近的邮局在哪儿一样"——或者说，其实就像士兵熟知迷宫般的战壕一样。[19]

地下世界经常能看出索姆河影响的痕迹。听到隐藏的敌人发出"像是某种信号，令人不安"（实际上极似摩尔斯电码）的声音时，墨瑞亚就开始严重令人不安。[20] 马扎布尔室的一幕（就像《霍比特人》中的食人妖洞穴）可能源于一个被攻下的敌人掩体，里面有死去的守卫者的遗骸和一本需要破译的战争日记。地面不停地咚隆颤动，"仿佛有双巨手将墨瑞亚的处处山洞都变成了一面硕大的鼓"——仿佛托尔金记起了炮兵的连珠炮火在他的掩体外爆炸的声音。[21]

同样，斯毛格发泄在山坡上的怒火也让岩石砸在躲在隧道里的比尔博和矮人们身边。从上方直接命中或引爆下面充满炸药的敌人坑道，可以摧毁一个掩体；敌人也可能爬下阶梯，用刺刀、手榴弹或火焰喷射器攻击。比尔博睡在迷雾山脉的山洞里时做了很多可以联系到掩体的噩梦——墙上出现裂缝，或脚下的地面坍塌。

无论是地下还是地上，在中洲，恐惧都是看不见的，就像爆炸引起的冲击波，或者能让索姆河的空气都变得致命的毒气。托尔金用古冢岗上的雾气、那兹古尔的黑息，以及从亡者之路泄出的灰色蒸汽体现了恐惧。皮平·图克狂奔穿过被围困的米那斯提力斯熊熊燃烧的街道，去找甘道夫——就像托尔金作为信号官指挥的一名通讯员那样——当城门随着"一波巨大的震动，以及一阵深沉回荡的隆隆声"被攻破时，他"对抗着一股……惧意和恐怖"奋力向前。[22]

然而，有时前线提供了毁灭性的力量无害分解的景象。托尔金的索姆河同辈人西格夫里·萨松描述了蓝天上的一团

托尔金在索姆河活动的中心——昂克尔河谷，在 1916 年秋季的大雨中变成了泥浆和洪水。

炮火烟雾，看起来就像"一个戴头巾的巨人，笨拙地挥动手臂抗议"，最终瓦解，"化为虚无"。[23] 休·布罗根则将之与索隆覆灭时的情景做了引人注目的对比，当时他的庞大阴影在天空中升起，伸出"一只充满威吓的巨手，可怕但无力"，然后就被风吹走了。[24]

无人区

托尔金在索姆河的那段时间，战场因战事和天气发生了翻天覆地的变化。当托尔金说死亡沼泽"一定程度上借鉴了索姆河战役之后的法国北部"（见第188页，附录）时，他指的是秋雨把白垩黏土变成烂泥之后。[25]

沼泽地是一个完全不同于中洲别处的世界，但与托尔金所知的战场极其相似，那里荒凉、烟雾缭绕、毒气猛烈，天上和东方都有致命的耳目。薄雾从池塘中袅袅升腾，空气中永远弥漫着一股"臭气"（reek）——reek是英格兰和苏格兰方言中的词，意思是"烟"或（在这种情况下）"看起来像烟的蒸汽"。旅行者们畏缩着躲避飞行的戒灵，弗罗多第一次弯下腰来躲避看不见的索隆之眼。他们小心翼翼地迈步，以免"掉下去跟那些死人做伴"——对索姆河战役的士兵来说，滑下横穿荒野的垫路木板是真实的危险。

沼泽中的死者不是近日战争的受害者，而是三千年前精灵与人类结成最后联盟对抗索隆，留下的幽灵残影。这是一个神话作者改编的现实。咕噜解释说，死亡沼泽已经扩大，"吞没了古代大战的坟墓"。[26] 在索姆河也是这样，涨水的昂克尔河淹没了周围的临时墓地，雨水灌满了士兵们匍匐着死去的弹坑。在战壕回忆录中，最令人恐惧的就是死者的面孔。在《魔戒》中，我们借山姆的眼睛，就像"透过沾满污垢的玻璃窗朝里凝视"，看到了他们的面孔，如同威尔弗雷德·欧

艾伦·李对死亡沼泽的想象。淹没在水中的死人面孔与索姆河的经历相呼应。

文的诗《为国捐躯》中透过防毒面具看到的垂死的毒气受害者：

> 模糊的视窗，黏厚的绿光，昏暗，
> 如身处绿海深处 …… [27]

就像索姆河的墓地一样，最后联盟被淹没的坟墓位于军力推进的西方和后方。之后，地面爬升成为荒凉的无人区（显然是大战时期的措辞），通向魔多门前的达戈拉德（辛达语，意为"战争平原"）高地。休·塞西尔（托尔金的墨象社友人大卫·塞西尔勋爵的儿子）写了一本考察"一战"的英国小说，这本书开篇没有引用布伦登、欧文或任何传统的军旅作家，而是引用了托尔金对达戈拉德的描述。[28] 这是荒凉的中心：

> 那些窒塞的水塘里填满了灰烬和缓缓流动的烂泥，呈现令人作呕的灰白色，仿佛山脉把腹中的秽物都呕吐在了周围的大地上。高高隆起的碎石堆和粉末堆，

以及遭受烈火焚烧和毒质污染的大土墩，就像一排排没有尽头的坟墓，形成了一片可憎的坟场 …… 它是一片被玷污的大地，病入膏肓，全然无可救药——除非大海倒灌进来将它清洗干净，令它悉数忘却前尘。[29]

那种灰白色是索姆河白垩地泥土的颜色。那片土地已经被霍比特人无法理解的力量烧焦、玷污。托尔金回忆真实的战场时说："我记得被炸烂、折磨的土地绵延数英里，也许通往魔多之路的那一章最能描述。那是一次震撼心灵的经历。"[30] 把那景象比作一排排没有尽头的坟墓，意味着对法国或比利时庞大的英联邦战争公墓的可怕模仿。

魔多外部的荒地在内部的戈埚洛斯高地上重现，那是很久以前最后联盟围困巴拉督尔的地方。托尔金又一次抛弃了所有幻想和仙灵的元素，让记忆直接代言，仿佛想象没有出路。这里没有恶魔，没有弥尔顿的火湖，也没有但丁式的泰坦，只有一个现代的地狱，充满苦痛，且压抑窒闷。

戈埚洛斯（辛达语，"恐怖，恐惧"）是一片平原，"布满了巨大的坑洞，仿佛当年它还是一片荒凉的软泥时，曾

遭到无数箭矢和巨大石弹骤雨般的攻击"。[31] 无论这是末日火山的喷发物还是最后联盟大战所致，这种效果都让人想起索姆河，尤其是在航拍的战壕照片中。[32]

在这片荒漠里，稀少的水尝起来"又苦又有油腥味"，空气本身也有一种"强烈的辛辣气息，让人口干舌燥"。[33] 口渴在索姆河战场上的确是个问题，那里的白垩地形高效地排干了高地上的雨水。查尔斯·卡林顿说，汽油罐里装的水总是"被汽油污染"，而"烧焦和有毒泥浆的气味"不可避免。[34]

戈墲洛斯的半兽人营地，"长而低矮的土褐色建筑和棚屋间有笔直阴沉的街道"。[35] 1915—1916年在英格兰，托尔金曾在鲁奇利和布罗克顿两处营地受过训练，在斯塔福德郡原本美丽的坎诺克蔡斯，它们无异于实用功利主义留下的污点。在法国，他看到新发明的尼森式营房（Nissen hut）那半圆形的波纹钢管在道路旁边和村庄周围纷纷出现，历史学家彼得·巴顿将其形容为"疹子般的一道道营地"。[36]

诸多荒凉之地

类似索姆河的荒凉之地第一次出现在1917年动笔的《失落的传说》中，当时托尔金正在斯塔福德郡大海伍德疗养。托尔金将这个村庄神话化了，成为孤岛上的塔芙洛贝尔（见第49—51页，"露西恩之地"）。故事的尾声据说是他虚构的另一个角色埃里欧尔在塔芙洛贝尔所写，讲述战争中的人类如何驱逐了精灵，留下了附近"被火焰的浓烟熏黑"的高荒野。[37] 这指的肯定是坎诺克蔡斯。所以，就像后来他让霍比特人返乡后发现夏尔遭到工业化的破坏一样（见第182页，"工艺与工业"），托尔金把索姆河的恐怖转移到了他在战争结束后到达的避难所本身。

图林·图伦拔的故事则被保留下来，纳入了

刚多林的坦克

托尔金从不希望自己丰富的神话创作被简化为纯粹的符号。像"魔戒寓指原子弹"（其实它比原子弹早），"奥克代表了英国战时的敌人"这类说法，他都义正词严地驳斥了。他说："我从来不曾对德国人有那种感觉。我非常反对那种事。"[①]但他也非常反对机械，现代军械库对他的想象产生了明显的影响。

《刚多林的陷落》写于索姆河战役刚刚结束之后，文中精灵城市狭窄街道上的守卫者被大火困住、吞噬，这似乎让人想起了德国便携式火焰喷射器的原始恐怖。火被恶魔般的炎魔使用，或被奇特的龙形机械喷出。

这些怪物或战争机械是"铁造的，连接十分精巧，可以像金属河流那样缓慢流动……攀上一切拦在它们前面的障碍"，或依靠纯粹的重量压垮防御工事。[②]它们的装甲可以抵抗火，奥克军队会从它们"中空的腹部"里爬出来。[③]所有这些特点都让人想起1916年9月在索姆河首次投入使用的坦克，目的是打破双方堑壕战的僵局。早期的报告通常把这种机器比作怪物。虽然斯毛格和格劳龙都是羽翼丰满的角色，但在逐渐展开的传说故事集中，龙仍然是魔苟斯发明的一种秘密武器，用来攻克传统攻击无法奏效的精灵防御。[④]*

1938年，托尔金在他的传说故事集外谈到龙时说："毒气对它们来说是一种香甜的气息（毒气就是它们发明的）。"[⑤]《霍比特人》中也有类似的推测，认为向来热爱爆炸的半兽人发明了"可以一次性杀死大批人的巧妙装置"。[⑥]在《魔戒》中，爆炸是萨茹曼的"邪术"。[⑦]在1937年的故事《失落之路》中，努门诺尔人在索隆的影响下建造了比风还快的钢船，并拥有远程火力。托尔金还在索姆河第一次看到了战斗机，它后来驱使他为"魔多特遣飞行大队"涂鸦了一个徽章，显然是对那兹古尔的讽刺。[⑧]

《精灵宝钻》。在那个故事中，恶龙之父格劳龙在贝烈瑞安德美丽的精灵土地上留下了一条毁灭的痕迹。在1927年的一幅画中，龙的两旁都是被火烧毁了一半的树木。格劳龙也是骤火之战的先锋，在这场战役中，来自魔苟斯山脉的熔岩将阿德嘉兰（辛达语，"绿色地域"）丰美的草原变成了安法乌格砾斯，"令人窒息的烟尘"。在《蕾希安之歌》中，这个地方：

> 诸多碎裂的枯骨
> 散曝在荒芜岩砾之中……[38]

安法乌格砾斯后来成为托尔金演绎的最接近索姆河的场景——他把这场屠杀称为"无数的眼泪"尼尔耐斯·阿诺迪亚德。他最初设想的战场是"水流呜咽的山谷"（见第106页栏目"战争的河流"）。[39]"无数的眼泪"可以理解为"索姆河（la Somme）"最残酷的双关语：它是战场上最大的河流，也是"总数，大量"la somme 的谐音。就像索姆河战役一样，泪雨之战是一场满怀胜利希望的盟军发动的大规模进攻，但意外和误解导致了不可估量的损失。

魔苟斯的奥克获胜后，堆起大批战败的敌人尸体，造了一座杀戮之丘。我们知道索姆河有成堆的尸体，不过传言无疑夸大了真实状况。有一则1916年7月的新闻报道来自奥维莱尔村，这是一个在托尔金所属部队协助下刚刚占领的德军要塞。报道称，村中的一条道路被800名德国人尸体堆成的"可怕壁垒"堵住了。[40]

杀戮之丘的象征意义与死亡沼泽截然不同，

伊恩·米勒想象中恩特摧毁艾森加德的场面，受到了莎士比亚和索姆河的启发。

后者传达的是恐怖和绝望的信息。没有奥克胆敢踏上山丘，它是饱经战争摧残的安法乌格砾斯荒漠中唯一长草的地方。图林发现它"被滴落的泪珠润湿"。[41]正如西蒙内·博内基所说，魔苟斯建造了一座唤起恐怖的纪念碑，但大自然把它变成了"悲伤的象征，也是不屈的希望的象征"。[42]就像佩兰诺平野之战后在刚铎建起的蒙德堡墓冢，它成了第一次世界大战后建起的英联邦战争公墓在中洲的对应。

在《霍比特人》中，托尔金最初将故事背景设定在《精灵宝钻》中的地区，然后将情节转移到了特意创造的大荒野。他实际上复制了安法乌格砾斯，造出枯荒野中的恶龙荒漠（就像他复制了暗夜森林，造出黑森林一样——见第122—126页，"林木交织之地"）。此外，孤山周围理所当然环绕着斯毛格荒漠，"没了灌木或树，只有一些断折焦黑的树桩，令人想起那久已消逝的林木葱茏。"[43]类似的"恶龙作乐场"出现在短篇小说《哈莫农夫贾尔斯》中。[44]对托尔金来说，它们是战争和其他方式破坏环境的缩影（见第179—184页，"工艺与工业"）。他曾说："龙造就了荒漠。"[45]

在《魔戒》中，恩特婆的花园重现了安法乌格砾斯的命运。树须回忆道："我们渡过安都因大河，去到她们的土地，但我们只找到一片荒漠。一切都被连根拔起，彻底烧毁了，因为战火烧过了那片大地。"[46]残存下来的就是褐地，护戒远征队曾从大河上瞥见。

通过恩特摧毁艾森加德的情节，托尔金彻底颠覆了传统战争，描绘了一场针对并且阻止这种破坏的战争。他的灵感来自年轻时对莎士比亚的《麦克白》这部"寒酸"作品的失望。在《麦克白》中，预言的"大勃南的树林会向邓西嫩高山移动"，原来只是一群士兵拿着从树林中砍下的树枝所做的伪装。[47]但是，推动恩特和胡奥恩（有意识，能行动的树）前进的，远不只是文学上的愤怒。愿望以严酷可怕的方式达成：托尔金给恩特配备了撕裂岩石的能力，这种能力远比萨茹曼任何类似爆破的"邪术"有效。而且这不是一个机械的过程，而是一个超有机的过程——它们所做的和树根能做的完全一样，只是速度快得多。

奇怪的是，这样做的结果是托尔金对现代战争直接后

托德沼泽

死亡沼泽的前身是《敲门》,这首诗讲的是吃人的"喵吻",住在:

> 遥远疲惫的长路尽头,
> 走下树木潮湿灰白的霉臭谷地,
> 在黑暗池塘的边上……

造访这些生物就等于拿命冒险:

> 你沉入泥沼,竟敢
> 敲它们的门,
> 而焰火在空中闪烁
> 照耀着海岸。①*

托尔金假装这全是为了敲开"一位崇高学者"的门——这个讽刺的笑话很适合 1937 年出版了这首诗的《牛津杂志》。但是,这种集恐惧之大成的景象在世间只有一处才有,就是西线的夜晚,在令人窒息的泥泞中,炮火和照明弹此起彼伏。还有那些"蜘蛛的影子",托尔金似乎也把它们与战争的恐怖联系起来了。也许"癞蛤蟆沼泽"(在托尔金 1962 年的诗选《汤姆·邦巴迪尔历险记》的改写版《喵吻》中拼写为"Tode")就是德语"Tod"(死亡)的双关语。

酷似咕噜的喵吻也令人想起一条战壕中的谣言:无人区在战斗结束后,(据另一位作家说)居住着"野人,有英国人、法国人、澳大利亚人、德国逃兵,他们生活在地下,像食尸鬼一样住在腐烂的死人当中,夜晚出来掠夺杀戮"。②喵吻收集受害者的骨头,埋在像昂克尔河边那样的垂柳下(见第 106 页栏目"战争的河流")。最怪异的细节是,它们"周身披着犰狳一样的甲",表明了人与坦克的一种超现实融合。

果的最现实的描述——数英亩方圆的砖石建筑被夷成一片废墟；深坑被水淹没；机械燃烧。水淹艾森加德以困住萨茹曼、赶走他的军队，这让人想起 1914 年比利时是如何打开伊瑟河上的水闸，阻挡德军推进的。霍比特人皮平和梅里在废墟中尽情玩乐，就像胜利的士兵在新占领的战壕里尽情地搜罗食物和烟草。

曲折的归途

尽管托尔金对破坏环境感到恐惧，但他也担心战争、丧失亲友和可怕的职责对人的心灵和精神造成的破坏——在极端情况下，就是人们所说的炮弹休克、战争创伤或创伤后应激障碍。他借助笔下那些受伤、厌战、悲伤难抑的人物在旅途中遇到威胁要陷住、缠住或吞噬他们的风景，来描绘这种影响。

巴顿说，索姆河上的树林"在幸存者的灵魂上留下了不可磨灭的印记"。[48] 在蒂耶普瓦勒森林被毁之前，升起又坠落的照明弹给树木留下了夜间延时摄影的印象，那是激烈战斗的中心。布伦登称之为"可怕和疯狂"。[49] 在《精灵宝钻》中，安法乌格砾斯这片无人区也被一片绝望疯狂的森林所俯瞰——陶尔－努－浮阴，即"暗夜笼罩的森林"（见第 122 页，"林木交织之地"）。盘根错节的树根"如爪子一般探入黑暗"，抓向那些"被恐怖的幽灵追赶到发疯"的流浪者。[50]

另一片令人迷乱惶惑的森林出现在 1930 年代初的一首诗《疯人》中。它讲了一个梦境，梦中一个凡人从异界海岸归来，变得判若两人。一团突兀的乌云将他驱赶到一片光秃秃的寂静树林里，他要么弓着腰走路，要么"坐着，想入非非"。[51] 他从海上归来，如同 1916 年托尔金自战争中归返的方式一样（见第 62 页，"海岸与大海"）。他与自己的族人疏远了，只是自言自语。韦尔琳·弗利格认为，这与"一战"退伍军人回国后发现几乎不可能向家乡的人表达他们的经历如出一辙。她认为，《疯人》代言的对象就是像托尔金这样的士兵，索姆河战役使托尔金失去了从前校友的亲密友谊——他们曾组成"茶社与巴罗社团"，简称"T.C.B.S."。[52*]

《疯人》中的树林反映的是不是某个特定的地方？ 1916

托尔金的密友杰弗里·巴赫·史密斯和罗伯特·奎尔特·吉尔森（下图）都死在索姆河战场上。

年 7 月，刚从战场归来的托尔金得知，T.C.B.S. 的罗伯特·奎尔特·吉尔森阵亡了。但是职责使他无暇思考，直到三周后他的部队在比莱萨图瓦休整。在那里，他在树林里坐了两个晚上，疲惫、饥饿、孤独，如他第二天在给另一位 T.C.B.S. 成员杰弗里·巴赫·史密斯的信中所说，满怀"不只是想法的强烈感情，但完全无能为力"。[53] 西格夫里·萨松熟知托尔金的这种冲动，他曾描述过"憋了一天的想法"会驱使人"在树林里胡言乱语"。[54] 托尔金在两周后写于掩体里的一首未发表的诗《森林漫步者》里，也提到了在比莱萨图瓦森林的那些夜晚。

在弗罗多的旅途，以及第一纪元的英雄贝伦和图林的旅途中，托尔金记录了饱受战争摧残的个体的变化。其中明显的重叠似乎再次指向索姆河。

贝伦不在时，他的父亲和战友惨遭屠杀（见第 117—118 页，"林木交织之地"），他梦见自己几乎被淹死，直到浮上去：

　　穿过阴沉水塘边的烂泥
　　　　在枯死的树木下

在那里，食腐的鸟用滴血的喙嘎嘎聒噪。[55] 贝伦逃离恐怖山脉，穿过鬼魅作祟的南顿垎塞布山谷，在谷中，恶魔般的蜘蛛编织着"摆脱不掉的深重绝望"的网。[56]

托尔金在到达战壕之前就曾把绝望的夜晚想象成蜘蛛，但也许罗伯特·布莱卡姆是对的——他虚构的蜘蛛网，源自无人区死死缠住了那么多年轻人的铁丝网。[57] 无论如何，当贝伦终于走出山谷，他"发白而背弯"，从不提起他的旅程，"以免恐怖重回脑海"。[58] 他的康复就像冬去春来，来自他与露西恩·缇努维尔的邂逅，当时她在多瑞亚斯森林中起舞——这段的灵感来自托尔金自己的经历（见第 117—118 页，"林木交织之地"）。

图林在安法乌格砾斯荒凉的平原上无意中杀死挚友烈格之后，在陶尔-努-浮阴森林里几乎丧失了理智。他没有遇到蜘蛛网，但他的头脑"被黑暗包围"，似乎被剥夺了说话的能力。[59] 在一个版本中，他穿过了那座贝伦曾经穿

过的鬼魅作祟的山谷。全凭一名坚定的同伴，精灵格温多的指引，图林才被带到伊芙林那"雀跃的泉水"边（见第 102 页，"河流、湖泊与水域"），他在那里得以开口，再次活转。[60] 即便如此，他有时依然会再次陷入精神上的黑暗，而我们得以与托尔金重回战壕：

　　在夜晚守望的
　　阴郁时刻，他疲惫地踏上
　　下方狭窄曲折的道路沉思 …… [61]

弗罗多则在受索姆河影响的死亡沼泽以及先前的古冢岗遇到了鬼魅（见第 139—141 页，"古老的印记"）。他穿过了另一座鬼魅作祟的山谷——魔古尔山谷，有毒的溪流在那里流淌；然后进入了另一道蜘蛛裂隙——希洛布的巢穴。在戈垎洛斯的荒漠中，他沦落到几乎完全依赖忠诚的山姆。在他们获救后，弗罗多重新在阳光普照的科瑁兰原野开怀大笑，但他受到的伤害依然存在。《汤姆·邦巴迪尔历险记》中收录了《海上钟声》，这是一首霍比特人的诗，提到了弗罗多每逢被巫王刺伤、被希洛布蜇伤的日子，就会被"黑暗和绝望的梦境"影响。[62] 这是一个重写版的《疯人》，补全了"想入非非"的树林。对弗罗多来说，只有向西渡过大海去往孤岛（见第 81 页，"海岸与大海"），才能给他带来治愈的希望。

托尔金笔下的蜘蛛叮咬源自一种虱子，这种虱子是前线生活中不可避免的一部分。1916 年 10 月，他患上虱子传播的战壕热，几周后被医疗船送回英国。这是他一系列入院、出院历程的开始，这样的历程主导了他余下的军旅生涯——热赞库尔、勒杜凯、伯明翰、哈罗盖特（他可能在那里写了《刚多林的陷落》的一部分）、赫尔（他在那里首次写下贝伦和图林的故事）和布莱克浦。因此，《魔戒》中梅里和伊奥温接受治疗的诊疗院，几乎完整展示了一名士兵的康复过程——这是自现实生活中提炼出来的神话图景。

....
伯明翰大学的临时军医院。1916 年托尔金回到英国后就住在这里，准备写他的《失落的传说》。

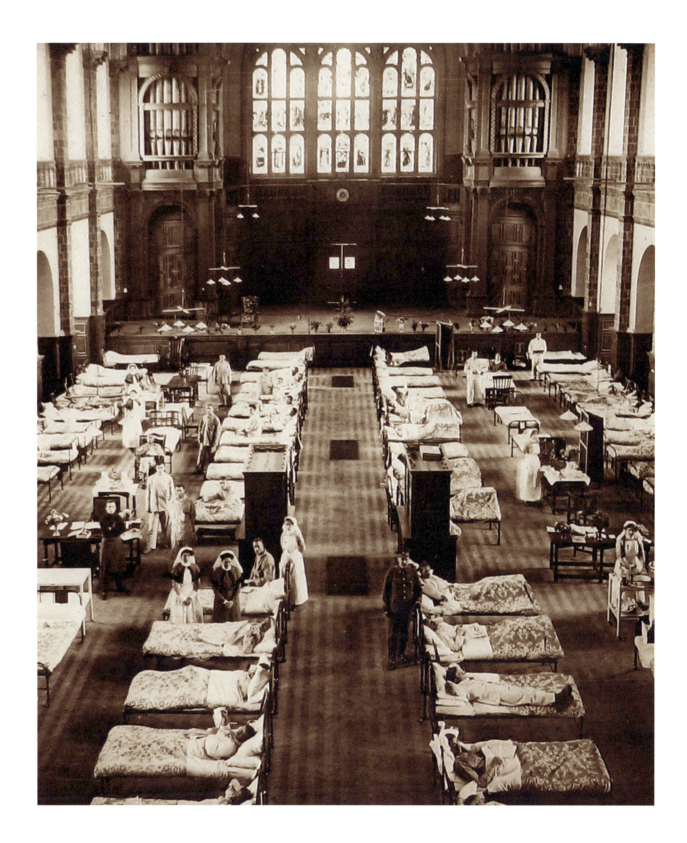

工艺与工业

广播员伊恩·希斯洛普如此概括托尔金青年时代生活的城市："魔多，一片熔炉与工厂的废墟——若有别名，那就是伯明翰。"[1] 托尔金从萨尔霍的乡村搬到这里，常常被看作离开了伊甸园。然而，乡村和城市在塑造他传说故事集的核心——理想的工艺时，都发挥了作用。

工艺

托尔金说，他在 1900 年之前的童年世界，很像洛瑞·李在《萝西与苹果酒》中回忆的那样："我们只有人力和马力，外加杠杆和滑轮的帮助。"[2] 托尔金说，萨尔霍的水磨坊"主宰了我的童年"，他经常和弟弟一起窥视里面呼呼飞转的齿轮和滑轮，还有忙碌的人。[3] 这为霍比特人设下了技术极限，他们不喜欢"比打铁风箱、水力磨坊和手动织布机更复杂的机械"。[4]

托尔金在伯明翰的生活中几乎没有魔多的痕迹。1903 年，他母亲报告说，他和希拉里进城"完成了我所有的圣诞购物——罗纳德可以像个真正的'巴黎女装设计师'一样搭配丝绸衬里或任何艺术色调"。[5] 他十几岁时正赶上了伯明翰蓬勃发展、日新月异的喧嚣。令人难忘的是，他使用了人们熟知的别名 Brummagem 的简称 Brum，把伯明翰称为"令人眼花缭乱的老布鲁姆"。[6]

首先将"工业化、浓烟滚滚、荒芜的伯明翰"与索隆的魔多王国相提并论的，可能是托尔金 1970 年代的传记作者汉弗莱·卡彭特。[7] 玛吉·彭斯认为，汉弗莱·卡彭特只是在表达牛津的偏见，而且伯明翰在他那个年代已经萧条，进一步加深了这种偏见。彭斯对托尔金眼中的伯明翰的看法截然不同——它是一个聚集了"手工艺……成千上万的小作坊"的繁华闹市。[8] 真相则在二者之间。

托尔金每天上学的必经之路，伯明翰加斯街内湾的维多利亚码头。

2017 年，法 国 奥 布松为纪念托尔金 的工艺理想，开启 了一个为期四年的 项目，将他的画作 织成挂毯。

工匠的鼎盛时期比托尔金的时代早一个世纪。当然，他发现一切都比萨尔霍更肮脏、更呛人、更吵闹；他看到了重工业地区和拥挤不堪的房屋。他若像伍斯特郡作家弗朗西斯·布雷特·杨一样，把乡村和伯明翰视为"绿与黑"的对立力量，也不足为奇。[9]

然而，还曾有过一个工匠、艺术家和建筑师不断憧憬的理想化的伯明翰，根植于城市的制造业历史中。工业化之所以令托尔金感到震惊，工匠群体之所以吸引他，都是出于相同的原因。伯明翰闪耀的自我形象和托尔金的作品颂扬着同样的美德——小规模的工艺与制造的乐趣。创造力的运用与滥用，是他的作品中除了力量和必死命运之外的关键主题。

大玩具店

伯明翰最令人印象深刻的发明就是它自己。由于没有自然资源，也没有可用以运输的大河，16 世纪时它只是一个集镇。在接下来的两百年里，它建立了一套绕开这些障碍的产业。在别处预轧成薄片的金属被运到镇上的诸多小锻炼厂，在那里，工匠们把它变成了可以运送到远方市场的小物件——从糖钳到时钟的各种工具和装饰品，最重要的，还有带扣和纽扣。伯明翰靠新技术领先于竞争对手，创造了时尚的新奇事物——珍珠首饰、珐琅鼻烟盒、丝绸包裹的纽扣、银纽扣、镀金纽扣。

这些正是富有的霍比特人喜欢的小玩意。比尔博·巴金斯的壁炉上有个时钟，背心上有黄铜纽扣。他逃出半兽人大门时，损失的东西包括"纽扣和所有的朋友"。[10] 最后，他发迹的标志就是新的纽扣——金质的。托尔金并没有解释到底是哪个霍比特人的工业闹市制造了它们。

不过，他的确指出了霍比特人非常喜爱的其他小饰品的来源——比尔博生日那天分发的玩具，标着"河谷城"。"欢乐的城镇河谷城"拥有繁荣的工业，与"令人眼花缭乱的老布鲁姆"不相上下。[11] 另一个联系来自格罗因向弗罗多吹嘘的水路。伯明翰为了弥补没有一条像样的河流这个缺陷，修建了比威尼斯还多的城市水道。托尔金步行上学时会跨过伯明翰运河，就在它生意繁忙的加斯街内湾。

左图：1906 年，伯明翰的国王北镇附近，这是托尔金年轻时看到的运河生活。

下图："玩具"的特殊定义为伯明翰赢得了"欧洲玩具店"的绰号。†

正如彭斯所指出的，河谷城和伯明翰最明显的联系是语言上的，就是"玩具"这个词。伯明翰被称为"欧洲玩具店"，"玩具"指的是那里生产的全套小金属制品。整个城镇就是一个"玩具店"的想法，绝对是一件令人着迷的事！梭林回忆说："河谷城的玩具市场是北方的奇迹。"[12] 但河谷城的玩具是孩子们喜欢的那种。比尔博生日那天送出的礼物让霍比特小孩们"兴奋得有一阵子几乎忘了吃饭"——用霍比特人的话说，这真是一项了不起的成就。[13]

工艺美术的理想

托尔金在伯明翰长大的时候，工匠们心目中对城市的理想已经被艺术与工艺运动及其先驱们振兴并改变了。运动的中心人物威廉·莫里斯的影响可以从他的作品（见第 188 页，附录）、装饰艺术品和书法中看出来。与其相关的拉斐尔前派兄弟会则启发促成了托尔金早期的理想创造团体，即"茶社与巴罗社团"（简称 T.C.B.S.），他将它视为年少时友谊圈子的一部分。艺术与工艺运动的精神塑造了他传说故

TOY MAKERS.

An infinite Variety of Articles that come under this Denomination are made here, and it would be endless to attempt to give a List of the Whole, but for the information of Strangers we shall here observe, that these Artists are divided into several Branches as the Gold and Silver Toy Makers, who make Trinkets, Seals, Tweezer and Tooth Pick cases, Smelling Bottles, Snuff Boxes, and Fillegree Work, such as Toilets, Tea Chests, Inkstands, &c. &c. The Tortoise Toy maker, makes a beautiful variety of the above and other Articles; as does also the Steel, who make Cork Screws, Buckles, Draw and other Boxes; Snuffers, Watch Chains, Stay Hooks, Sugar Knippers, &c, and almost all these are likewise made in various Metals, and for cheapness, Beauty and Elegance no Place in the World can vie with them.

---

† 图中文字说的是：玩具商。属于这类的手工艺品本地出产无数，要开列一份完整名单是不可能的。不过为了方便外人，我们还是做个简述。这些手艺人分成若干支：金银玩具商，制作小饰品、印章、镊子、牙签盒、嗅盐瓶、鼻烟壶，还有累丝制品，如牌匾、茶叶盒、墨水台等等；玳瑁玩具商，不但制作以上的种种精美物品，还制作其他商品；钢铁玩具商也是一样，制作开瓶器、带扣、抽屉和其他盒子，以及灭烛器、表链、窗钩、糖钳等，这些几乎全是以各种金属制成的。在廉价、美丽、典雅方面，全世界没有哪里竞争得过他们。——译者注

事集核心的创造理念，也可以说塑造了他对中洲建筑的观念。在他的成长时期，这些影响在英国无处不在，但伯明翰是将它们联系在一起的纽带。

在爱德华国王学校，托尔金身边围绕着哥特式复兴的成果，它的灵感来自约翰·拉斯金的作品，拉开了艺术与工艺运动的序幕。学校建筑位于新街，建于1838年，由查尔斯·巴里设计，奥古斯都·皮金装修，是维多利亚哥特式风格的开创性篇章。维多利亚哥特式不仅仅是一场建筑运动，更是对亚瑟王和圆桌会议价值观的全面重申——贵族、骑士精神和荣誉，这些都是飞速发展的工业化的对立面。爱德华国王学校的凹槽圆柱和花饰拱顶让托尔金预先体验到了中世纪和复古主义的牛津。它们可能还培养了他在中洲偶有表达的对大教堂式建筑的品位喜好（见第130—131页，"林木交织之地"）。[14*]

威尼斯哥特式是另一种受拉斯金启发的风格，它可以在伯明翰大学的钟楼、该市的艺术学校和海布里大厅的建筑中看到。海布里大厅就在国王荒地托尔金家上方的山上，于1901年左右建成。他直到写完《魔戒》才去了意大利，发现威尼斯"就像梦中的古老刚铎，或满是努门诺尔船只的佩拉基尔"。[15] 实际上，威尼斯和刚铎都符合伯明翰采纳的威尼斯哥特式风格。同样，米那斯提力斯的王座正殿、大理石圆柱、雕花的柱顶和沉暗的金拱顶，都有一种罗马式的氛围，让人想起托尔金在十几岁时目睹建成的伯明翰奥拉托利会教堂。

我们只能粗略估计它们的影响。托尔金的作品给人留下了很多想象的空间，他的传说故事集里为数不多的建筑图景也是如此。插画家们倾向于将一种精灵般的新艺术形象化，全部采用来自大自然的曲线和图案。他们想到的很可能主要是加拉德瑞尔与凯勒博恩的树屋，它是一个椭圆形的房间，由一棵活树支撑，墙壁和屋顶就像用

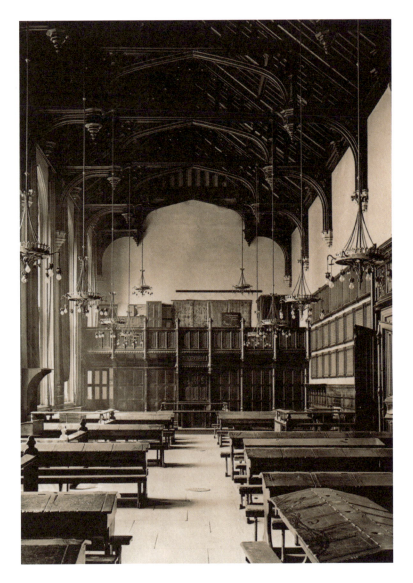

....
上图："大学堂"是哥特式复兴的杰作——爱德华国王学校最大的教室，托尔金曾在这里上学。

对页上图：威廉·莫里斯设计的墙纸。莫里斯是托尔金作为作家和艺术家的主要灵感来源之一。

对页下图：节选自莫里斯1896年的浪漫小说《世界尽头的井》，由他自己装饰，并由爱德华·伯恩－琼斯配图。

树的叶子和花朵造就（见第 118 页，"林木交织之地"）。

可以肯定的是，精灵代表着"生命与工艺的美丽和优雅"，体现了托尔金最初在伯明翰吸收的艺术和工艺运动的主旨。[16] 这场运动的萌芽来自以莫里斯和伯明翰人伯恩－琼斯为中心的"伯明翰集团"。莫里斯被伯明翰的工作条件吓坏了，因此得出这样的结论："真正的艺术是人们对自己劳动乐趣的表达。"[17] 拒绝大规模生产的艺术与工艺运动所提倡的是设计者和制造者二者合一，使用天然、当地的材料制作简单、实用和美丽的物品。这些观点被伯明翰的工匠们所拥护，他们在托尔金成长的年代迎来了自己的鼎盛时期，尤其在他度过青少年时光的埃奇巴斯顿留下了印记。他们也在幽谷和洛丝罗瑞恩留下了印记，它们为护戒队提供了优雅、实用的物品；最突出的则是刚多林，一座名副其实的工艺学院，从石工、金属加工到"编织和纺织，刺绣和绘画"。[18]

在托尔金的世界里，没有任何建筑、船只、城市或刀剑比世界本身更能体现这些理想。它是由造物主伊露维塔带领类似天使的众维拉设计的，之后众维拉居住在其中，将它的素材塑造成惊人的美。从他们那里，工艺和创造力通过精灵传到努门诺尔人，再从努门诺尔人那里传到刚铎。另一脉灵感来自众维拉当中的工匠奥力，通过矮人传给了那些著名的河谷城玩具制造者。在造物主之下，他们全都是"次创造者"，就像托尔金本人一样。

工业

1944 年，就在托尔金续写弗罗多的魔多之旅时，他去了他中学的老校舍——为了躲避噪声和拥挤，学校搬去了更通风的埃奇巴斯顿，之后旧舍在 1935 年到 1936 年间被开发商拆除。德国人

左图：1925 年前后，考利汽车制造厂忙于将牛津变成一个新兴城市。

对页图：1905 年和 1956 年的地图记录了萨尔霍乡村的消失，这促使托尔金写了"夏尔平乱"一章。

曾在新街投下炸弹，但托尔金写道："除了一小片可怕的废墟……它看起来没有受到太大的破坏：不是敌人干的。最主要的破坏是越来越多的高大、扁平、毫无特色的现代建筑，而其中最糟糕的就是在旧址上盖起来的可怕商场。"[19]

查尔斯·巴里爵士的传记作者大卫·布利塞特称那座旧学校是英国和维多利亚哥特式遗产的损失。他说："如果新街的那栋建筑今天仍然耸立，你是不可能拆除它的。它会被认定为国家纪念碑。"[20] 唯一留存的部分是一条美丽的走廊，它被运送到埃奇巴斯顿，改装成学校的小礼拜堂。这条走廊曾连着最大的教室和图书馆，托尔金和他的朋友们就是在那里第一次组建了至关重要的 T.C.B.S.（见第 142 页，"古老的印记"；第 171—172 页，"战争之地"）。墙上的战争纪念碑石上有几位成员的名字，包括托尔金的两位挚友杰弗里·巴赫·史密斯和罗伯特·奎尔特·吉尔森。

自 1920 年代以来，不断增加的交通噪声和拥堵一直是牛津面临的一大难题。托尔金童年时在萨尔霍从未见过汽车，

他称当时的牛津为"汽车工业的中心：不可思议的疯狂"。[21] 本地制造商威廉·莫里斯（与托尔金崇拜的那位莫里斯无关）将亨利·福特的大规模生产理念带到了英国，他的考利汽车厂使牛津成了那个十年中发展速度第三快的英国城镇。牛津的大街是数英里内唯一可以跨越泰晤士河的地方，是重型货车的主要路线。

1931 年，牛津噪声消减协会成立，致力于消减交通问题带来的危害。同一周，积极参与这场运动的《牛津杂志》编辑发表了一篇托尔金式的抨击机动车的文章。《宾波镇的进步》一诗以一个虚构的海滨度假胜地为背景（见第 72—74 页，"海岸与大海"），城中充斥着小汽车、摩托车和长途公共汽车的噪声。深夜，在嘈杂声之上，偶尔可以听到海的声音——海浪搅动着海滩上的垃圾。到了第二天：

带更多人去天知道什么地方
去管他什么地方，去往宾波镇……

对于因机械化交通工具的兴起而人数膨胀的游客群体来说，无论什么使这个小镇与众不同都无关紧要，只要它有香烟、口香糖和明信片就行。这首诗以当时壳牌公司的广告词"先看看不列颠！"作为充满讽刺的收尾。[22]

托尔金作为《霍比特人》的作者取得的成功，给了他一个新的平台。1938年，托尔金在牛津做了一次关于龙的演讲，他毫不犹豫地运用幻想去攻击现实。"当你醒来，听到尖啸和咆哮，看到奇怪的闪光，感到你的房子在震动时，"他说，"那多半不是一条龙在攻击牛津，而是某个大人物的重型卡车把穿过熟睡房屋的道路当成了铁路。"他惋惜牛津郡乡间道路的新柏油马路变成了黑色，以前那是当地土地的颜色。他说："如果你想看龙留下的痕迹，就去看看那里。"[23]*

1950年，托尔金一家搬到了市中心霍利韦尔的一所老房子里。战时的汽油配给结束了，离他们家门5英尺（1.5米）远的街道开始交通堵塞。这房子"不适合居住——无法睡觉，无法工作，摇晃着，饱受噪声的折磨，泡在烟雾里"，他抱怨道，"这就是现代生活。魔多就在我们中间。"[24]托尔金有一部未发表的讽刺作品《博瓦狄翁残篇》，描述了对 Dæmon of Vaccipratum（对"牛场"cow-field，即"考利"的拉丁化说法）制造的"摩托"（即汽车）的崇拜，这些东西堵塞了博瓦狄翁（拉丁语的"牛津"）的街道，窒息了它的居民，然后爆炸。[25]

火车和飞机是托尔金发泄愤怒的下一批目标。在第二次世界大战后期，他告诉他的出版商他不能写《哈莫农夫贾尔斯》的续集了（见第17—18页，"从英格兰到夏尔"）："这颗心已经离开了小王国，森林和平原成了机场和轰炸练习的目标。"[26]

遭到吞噬的萨尔霍

萨尔霍的命运更悲惨。"我一直都知道它会消失——事实也的确如此。"托尔金晚年回忆道，[27]"我童年生活的那片乡野在我10岁之前就被卑鄙地毁灭了。"[28]1908年，萨尔霍通了铁路，伯明翰吞并了整个村庄。1933年托尔金开车经过这里时，在附近"一片巨大、到处都是电车、毫无意义的郊区"迷了路，那里曾经是一个邻近的村庄。但最终，他来到了"童年时所珍爱的小巷的残余，经过了我们小屋的大门——现在它位于一片新砌红砖的海洋中"。两个"食人魔"之一的房子（萨尔霍农场）成了加油站。"风铃草巷"成了"一个到处是汽车和红灯的危险路口"，它后面的榆树已经消失了。托尔金写道："我真羡慕那些早年珍爱的风景没有经历如此

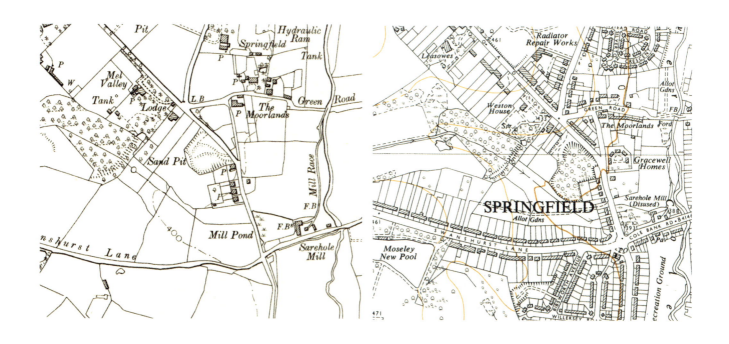

苏豪制造厂，世界上第一座拥有装配生产线的工厂，由马修·博尔顿在 1750 年代离开萨尔霍磨坊后建造。

剧烈、丑陋之极的变化的人。"[29*]

　　他心爱的西米德兰兹郡也是全球工业革命的摇篮，正是这场革命催生了他笔下一些最黑暗、最愤怒的场景。用燃煤炉大规模生产铁，始于什罗普郡的柯尔布鲁德尔。世界上第一座铁桥横跨塞文河，使附近的城镇得名"铁桥"。在伯明翰，18 世纪的月光社向工业大量注入了科学求知欲。月光社成员包括首次将氧作为气体分离出来的约瑟夫·普利斯特里，蒸汽机先驱詹姆斯·瓦特，还有工业家马修·博尔顿——他发明了现代工厂。

　　在 18 世纪 50 年代，萨尔霍磨坊（见第 13 页，"从英格兰到夏尔"）曾是为博尔顿在伯明翰的纽扣和带扣业务提供金属板材的"轧钢厂"之一。但当时萨尔霍没有贮水池，所以博尔顿把他的轧钢厂搬到了伯明翰的另一边。在那里，他迅速将自己的新厂重建为苏豪制造厂，并在那里开了大规模装配生产线的先河。到 1760 年代末，它已成为欧洲最大的制造业基地，拥有 1000 名工人。在安装了燃煤蒸汽发动机之后，他向一位来访者宣布："先生，我在这里卖的是全世界都渴望的东西——力量。"[30]

　　在《霍比特人》中，霍比屯的磨坊只出现过两次，分别在比尔博离开和返回的时候——它是舒适、繁荣和秩序的标志。这是托尔金将萨尔霍的童年投射到了遥远的史前时代，"很久以前，世界一片宁静安详，噪声比现在少，绿色比现在多"。[31*] 但是《魔戒》使磨坊成为工业化本身的象征——噪声大了，绿色少了。正如托尔金的经历，损害就在我们不注意的时候发生了。英雄们回到霍比屯，看到了 1933 年托尔金造访他消失的萨尔霍时见到的残余景象。树木被肆意砍伐，舒适的霍比特洞穴和雅致的古老建筑让位给"丑陋的房子"。[32] 但这不仅仅是城市的扩张。这就好像马修·博尔顿待在萨尔霍磨坊，把它变成了他的"工厂"。霍比屯磨坊被一座红砖建筑取代了，它烧的似乎是煤，喷出黑烟，把污水排进小河里。

　　罪魁祸首是萨茹曼，他对霍比屯所做的与他对自己的家园艾森加德所做的如出一辙。汤姆·希比认为，托尔金有意将巫师的名字与萨尔霍联系在一起，"萨尔霍"可能包含同样的原始元素，古英语 searu 的意思是"装置、设计、发明、艺术"。希比还富有启示性地将艾森加德翻译为"铁镇"，让人想起查尔斯·狄更斯以曼彻斯特为灵感创作的焦煤镇。[33*] 艾森加德从绿树成荫的园区变成了遍布瓦砾与冒着蒸汽的通风井，死气沉沉的荒地。农夫科顿没见过艾森加德，但他的抱怨一针见血："如果他们想把夏尔变成荒地，这倒当真是用对了法子。"[34] 山姆则更进一步："这比魔多还糟糕！"这更糟糕，因为这是家，他还记得它被毁之前的样子。[35]

黑色乡野

　　紧邻伯明翰西边的地区盛产煤、铁和黏土，由于重工业的影响，自 19 世纪以来一直被称为"黑色乡野"。托尔金从未说过魔多受到了这类地区的启发，但这个精灵语名的意思确实是"黑色的乡野"，两者都有荒凉、黑暗的风景。[36*]

　　1824 年，托马斯·卡莱尔在访问英国的黑色乡野时写道："一团瘟疫般的浓烟永远笼罩着它，甚至染黑了生长在那里的谷物；到了晚上，整片地区就像火山一样燃烧着，从上千根砖砌的管道中喷出火焰。"[37*] 1940 年，弗兰西斯·布雷特·杨

上图：19世纪中期"黑色乡野"的全盛时期，无疑是魔多的灵感来源之一。

下图：1890年代的插图，画的是一座"黑色乡野"轧钢厂内的情景。

仍然能这样写——"黑色乡野在永恒的烟幕下闷烧"。[38]

在达戈拉德的熔渣堆上（见第 166 页，"战争之地"），在末日山的深处"仿佛有巨大的机器正在搏动劳作"发出的噪声里，在它喷出的滚滚浓烟中，都能明显看出工业的痕迹。[39]死亡沼泽（见第 165 页，"战争之地"）中恶臭的污水池和"油腻"的水域，至少在一定程度上可以追溯到托尔金的计划——将其描述为"就像被现代的化工厂污染的绿色水塘和河流"。[40]

这样的描述在托尔金写《努门诺尔沦亡史》（1936—1937 年）的时候还不存在，之后要等多年才会问世。在《沦亡史》中，他使用精灵语元素 mor-（"黑色"）和 dor（"土地"）造出"魔多"这个名字。它的一般含义显然适用于任何被邪恶统治的王国，而它那洪亮的发音也会令人满意地想起古英语词 morðor（"谋杀"）和亚瑟王传说中的莫德雷德（见第 35 页，"四方的风"）。

考虑到名称和（《魔戒》中）风景的相似性，很难说在伯明翰长大的托尔金不知道这两者的相似之处。他的确直接将魔多与索姆河的景象相提并论（见第 166 页，"战争之地"），但我认为他年轻时当地的"黑色乡野"显然也是其中的一个因素。借用他对"小丘"（见第 18 页，"从英格兰到夏尔"）这类名称的评论，他虚构的"黑色乡野"一定是他所见过的每一处被炸过、有毒且烟雾弥漫的乡野合成的，尤其可能来自他所知的第一个体现了这一说法的"黑色乡野"。然而，他几乎肯定会否认所有具体的联系——他认为每个读者都该自由地通过魔多看到他们自己心目中的"黑色乡野"。

世界的神话

人们很容易嘲笑托尔金反对工业和机器，说他是极端保守、感伤怀旧、不切实际的。事实上，曾经有一段时间，每个有自尊的舆论制造者都不肯放过这样做的机会。

就连那些拥护托尔金作品中传达的环境关怀的崇拜者，有时也会低估其背后的情感力量。恩特对艾森加德的攻击让安妮·佩蒂觉得这是"纸上记载的最令人满意的报复行为之一"，但她也在努力消除它可能带来的任何超越文学乐趣的

力量。她写道："他在保护自然，尤其是保护树木这方面的立场，得到了 20 世纪 60 年代的绿色活动人士和此后几个更激进的生态运动的拥护支持，但你找不到他支持这些团体的任何证据。"她似乎忽视了托尔金支持远为激进的行动的评论。"只有一个亮点，那就是不满的人越来越习惯于炸掉工厂和发电站，"他说，"既然这都被当作爱国主义来鼓励了，我希望它可以保持下去！"[41]

那是在 1943 年，上下文表明他指的是极权主义政权中不同政见者的破坏行为。即便如此，这仍是一名老兵的真实语气，他那一代人正如第一次世界大战的征兵海报所表明的，在一定程度上是为保护英国的乡村景观而战。回顾过去，西格夫里·萨松等军旅作家也将英格兰描绘成一个失落的天堂。对他们来说，古老的风景呼唤着失落的过去。正如托尔金所指出的，怀旧不是"单纯的遗憾"，而是一种"回家的（隐痛的）渴望"。[42]*帕特里克·库里将托尔金的情绪形容为一种"激进的怀旧"，这种怀旧看到了问题并能激发改变——"一种使人在情感上更强大，而非有所损害的怀旧"。[43]

托尔金在旧日的萨尔霍看到的价值观——社区、和平、自由、工艺和与自然的亲密接触——都在夏尔体现出来，向全世界的人做了雄辩般的传达。他对工艺的理想也是如此，尤其是因为他亲自出色地将其付诸实践。

无论将英格兰重新塑造成乡村天堂还是中世纪王国，托尔金都并非形单影只。他和其他作家都在回应工业革命带来的不可估量的变化。洛瑞·李声称自己属于"碰巧看到千年的生活终结的那一代人"，托尔金也是如此，只不过他是李的上一代。[44]

在这个环境和人类状况的利害关系似乎一年比一年更激烈碰撞的世界里，我们几乎无需重申他的远见卓识。他创造了中洲，以反映他在自己的世界里最喜爱和最厌恶的东西。它将大量真实的景观和地点糅合在一起，有古老的，也有现代的，有野生的，有培育的，也有被毁掉的。的确，你可能会说，在托尔金传说故事集的篇章中，风景本身就传达了一种充满激情的信息。这就是为什么这归根结底不仅仅是英格兰或不列颠的神话，而是一个迫切需要每一点激励来拯救自己的星球的神话。

在第一次世界大战中，对乡村的热爱激励了英国的志愿兵。

附录

1. 利德尼、维农之戒和托尔金

托尔金对考古学研究做过直接的贡献——他为1928—1929年间格洛斯特郡利德尼的罗马神庙的发掘报告写了一篇关于凯尔特神名"诺登斯"的说明。一个神话由此产生——但它至少有九成是"关于"托尔金的神话，而不是他本人写的神话。

在利德尼发现的一块石碑上刻着一个叫西尔维亚努斯的人的抱怨，说他丢失了一枚戒指，并呼吁神灵诺登斯诅咒"那些名为塞尼尚努斯的人"，除非戒指送还利德尼神庙。一些历史学家将此与在汉普郡锡尔切斯特发现的一枚戒指联系起来，该戒指上刻有包括"塞尼尚努斯"这个名字在内的基督教铭文。

无论碑文中提到的戒指是否与汉普郡的戒指有关，利德尼的碑文都使我们窥见了一个罗马占领者扶植英国本土神灵的时代，即便基督教正逐渐扎根。诺登斯只在利德尼的铭文中，也许还有兰开夏郡的科克桑莫斯的铭文中才有记载。

这枚戒指被报纸称为"霍比特人的戒指"和"启发了托尔金的戒指"[1]。英国广播公司的一篇文章称其为"J.R.R. 托尔金的戒指"，说考古学家莫蒂默·惠勒"据悉在意识到这枚戒指与诅咒的联系之后曾与托尔金讨论过"，而且托尔金"曾多次造访该神庙"[2]。这些说法似乎全都来自汉普郡国家信托基金旗下的维农庄园发布的新闻稿，戒指就在那里展出。维基百科上关于这枚戒指的条目则不加批判地重复了这一说法[3]。我们需要一整章的内容才能厘清这一切以及其他利德尼是托尔金灵感来源的论据[4*]。

在利德尼和维农的文物与托尔金的统御魔戒之间，中世纪学者林恩·弗雷斯特－希尔发现了一个丢失、寻回、盗窃和诅咒的共有模式。但她承认，这对《霍比特人》没有影响，该书的写作时间与他对"诺登斯"的研究相近[5]。"黑暗中的谜语"这一章，1937年出版的原始文本与现在的著名章节有很大不同。咕噜明明吃人，却居然彬彬有礼，在猜谜游戏中认输，还在找不到他承诺作为奖品的戒指时向比尔博道歉，并为他指明了离开半兽人隧道的路。咕噜对"巴金斯"的诅咒只出现在为了和《魔戒》相符而改写的猜谜场景中，而改写的部分是1951年出版的[6]。

在1938年早期最初那些《魔戒》笔记和草稿中，我们可以看到托尔金认为比尔博的戒指和死灵法师（索隆）是《霍比特人》留下的两条最有希望的线索。要把它们联系在一起，最显而易见的方法就是让索隆成为戒指的赠送者，这是日耳曼传说中君主的传统角色。托尔金先是在《蕾希安之歌》中对这个传统进行了不祥的扭曲——在他参与利德尼研究之前的1928年春天——死灵法师亲口称魔苟斯为"最伟大的黄金与戒指的赐予者"[7]。在我看来，索隆之戒的故事（失落、被咕噜寻获、被比尔博窃走和咕噜的诅咒）是经过艰苦的拼图过程，出于纯粹的情节需要而成型的。它与利德尼的诅咒和维农之戒的相似性只有在碎片各就各位之后才显现出来，与其说这是有意或无意的模仿，不如说更像巧合。

托尔金参与利德尼发掘工作的程度似乎被极度夸大了，而那种强大灵感纽带的感觉似乎是错觉。将利德尼和维农的文物联系在一起的不是惠勒，这在1888年就已经完成了[8*]。没有证据表明托尔金见过惠勒或造访过利德尼，这样的游览对他的"诺登斯"说明也完全没有必要。

该说明本身基本限于总结和完善现有共识，即把"诺登斯"与爱尔兰的神话人物努阿达和威尔士的神话人物尼德联系起来。托尔金的创新之处在于将"诺登斯"解释为"捕捉者"。他写道："该神是在某种险恶的意义上被称为'诱捕者''捕捉者''狩猎者'，还是仅仅就是狩猎的主宰（venery，[狩猎]），靠单纯的词源学很难确定。"[9]

约翰·拉特利夫在一篇对"利德尼－诺登斯"故事的精

辟总结中指出，托尔金在后来写的《阿门洲编年史》中，受到"捕捉者"的启发，创造了一个险恶的狩猎者形象，在精灵最初的时期追逐并吞噬走散离群的精灵。[10] 如果是这样，那他就花了大约二十年的时间才抽出时间把这写下来，还忽略了其他所有传奇和民间传说中的捕捉者和诱拐者。

尽管同样无法证明，但托尔金在 1926 年的《神话概要》中给凤巫（后来的死灵法师索隆）冠以"狩猎者"称号时就已经想到了"诺登斯"的问题这个说法，尤其有吸引力。[11] 历史学家兼考古学家 R.G. 科林伍德是托尔金 1925 年至 1935 年在牛津大学彭布罗克学院的同事，他从 1919 年开始就致力于成为罗马碑文的主要权威。[12*] 他的牛津历史《罗马治下的不列颠和英格兰人定居点》确认，托尔金"不遗余力地帮助解决凯尔特语言学的问题"。[13*] 科林伍德在别处宣称，利德尼（他确实访问过）是"不列颠最有意思的神庙"。[14*] 几乎可以肯定，是科林伍德向惠勒推荐托尔金——一个日耳曼文学专家而非凯尔特文学专家——分析"诺登斯"。因此，如果科林伍德和托尔金在此之前讨论过"诺登斯"的铭文，这并不令人十分意外。

2. 解读托尔金对威廉·莫里斯和西线的说法

托尔金在唯一一次写下他对第一次世界大战景观的借鉴时，语焉不详。那段话是这样的：

> 我个人认为，这两场战争（当然也包括原子弹）对剧情或剧情发展的方式都没有任何影响。也许对景观是有影响的。死亡沼泽和通往魔栏农的道路一定程度上源于索姆河战役之后的法国北部。它们更多借鉴了威廉·莫里斯和他的匈人与罗马人，见于《狼族传说》和《大山之根》。[15]

这段话让少数真正读过莫里斯这些浪漫小说的托尔金读者大感不解。汤姆·希比认为，托尔金想说的是，"一战"士兵觉得莫里斯"比文学评论家偏爱的文雅小说更现实"。[16] 假如这两个莫里斯故事有哪一个描述了类似于死亡沼泽或

战斗平原的地点，这就是合理的。但正如杰西卡·耶茨所指出的，"这两本书都不包括类似的荒地"。[17] 而西线显然是包括的。

霍莉·奥德韦曾试图在《大山之根》中找出通往魔多和通往银山谷的风景之间的相似之处。[18] 但相似之处太少，没有说服力。广大的死亡沼泽和其中古老的幽灵军队不能等同于莫里斯作品中的一小片沼泽地和一对近日的谋杀受害者。

毫无疑问，托尔金实际上想说的是，伯格达勒人前往银山谷的英雄之旅影响了洛希尔人驰援米那斯提力斯的部分。二者都是一支庞大的武装力量为了把盟友从残酷的占领者手中解救出来而匆匆赶路——在莫里斯的作品中，敌人是匈人，在托尔金的作品中则是魔多。在战斗前夕，伯格达勒人隐藏在伍德谷的树林中，洛希尔人则躲在石马车山谷的灰森林中。在这里，两支部队都了解到敌人对非战斗人员的无情屠杀——在托尔金的故事中，这指的是刚铎的信使骑手。[19*]

如果我们认识到托尔金的评论只是断句不明确，那么一切就很清楚了。他的意思是，在情节上，《魔戒》更多借鉴了莫里斯的两部浪漫小说，而不是"一战"；但（附带说明）通往魔多沿途的景象确实是取自索姆河。但无论如何，死亡沼泽或战斗平原（或任何景观）怎能借鉴莫里斯的"匈人与罗马人"，还是令人困惑。

我会这样插入编辑性括号："我个人认为，这两场战争（当然也包括原子弹）对剧情或剧情发展的方式都没有任何影响。[也许对景观是有影响的。死亡沼泽和通往魔栏农的道路一定程度上借鉴了索姆河战役之后的法国北部。] 它们更多借鉴了威廉·莫里斯和他的匈人与罗马人，见于《狼族传说》和《大山之根》。"

因此，最后一句中的"它们"指的不是死亡沼泽和达戈拉德，而是剧情和剧情的发展。"一定程度上借鉴"和"更多借鉴"的模式，只表明了急迫——他给一名读者匆匆写了封很短的信。

当我向汤姆·希比提出这个问题时，他亲切地回应说："我当时也被托尔金没有标明旁白的写法弄糊涂了——我认为你的评论完全令人信服。"

注释

序言（第 6—7 页）

1 *Letters*, no. 211.
2 *Lord of the Rings*, 259.
3 *Lord of the Rings*, 291.
4 *Letters*, no. 181.

从英格兰到夏尔：正文（第 11—23 页）

1 Norman.
2 Resnick.
3 *Letters*, no. 163.
4 *Lord of the Rings*, 1030.
5 *On Fairy-Stories*, 75.
6 Foster.
7 *Letters*, no. 178. 托尔金一家居住在萨尔霍时，该地属于伍斯特郡，1911 年边界变更后被划分到沃里克郡。
8 *On Fairy-Stories*, 282.
9 Ezard.
10 *Hobbit*, 252.
11 Ezard.
12 Ezard.
13 Ezard.
14 Brace 1968.
15 Ezard.
16 *Reader's Guide*, 8.
17 Brace 1968.
18 Hilary Tolkien 12, 16.
19 *Biography*, 29.
20 Charlotte and Dennis Plimmer, 'The Man Who Understands Hobbits', *Telegraph Magazine*, 22 March 1968.
21 Ezard.
22 Brace 2001.
23 邦巴迪尔与克里斯托弗·哥伦布的敌人弗朗西斯科·博瓦迪利亚（Bo[m]badilla），以及本·琼森的 *Every Man in His Humour* 中的博巴迪尔船长（Bobadil）虽然相似，但似乎并不相关。邦巴迪尔与"邦波谷"（Bumble Dell）的相似之处更值得玩味，不过这种音形是托尔金的最爱之一。宾波湾是个虚构的地方，他为孩子们写的好几首诗都提到了它（见第 72 页）。"滚塌山"（Tumble Hill）是他给莱姆里吉斯上方一座山丘取的昵称——可能是指小镇东部海岸上方的木材山（Timber Hill, *Artist and Illustrator*, 30），也可能是当地其他正在崩塌的山坡，那里有很多这样的山。如果他想让捆木林（Bindbole Wood，可在夏尔地图上看到，也可在《小丘：小河对岸霍比屯》那张画的远景中看到）读起来

就像"宾波"（Bimble），也不足为奇。地名用久之后，听起来经常不再符合写法。牛津的莫德林学院和北边的比斯特就证明了这一点，它们分别写作 Magdalen 和 Bicester。
24 *Letters*, no. 19.
25 Maria Artamonova, interview.
26 *Adventures of Tom Bombadil*, 277. 国王的名字来自威尔士语（"高贵"），在一种真正的前凯尔特语中，ond 是"石头"的意思，这种语言在别处几乎完全没有记录（John Rhys, *Celtic Britain* [London: Society for Promoting Christian Knowledge, 1882], 266）。在托尔金的传说故事集里，他造了精灵语词 ond 和 gon(d) 来表示"石头"。
27 *Letters*, no. 122.
28 Brin Dunsire, 'Of Ham, and What Became of It', *Amon Hen*, no. 98 (1989), 17.
29 *Letters*, no. 36.
30 *Reader's Guide*, 335–6.
31 *Hobbit*, 34.
32 *On Fairy-Stories*, 82.
33 *Letters*, no. 190.
34 由埃德蒙·韦纳告知笔者。
35 克里斯托弗·托尔金认为 "Nobottle" 的意思是"这个村庄太穷，太偏远，连一家客栈都没有"（*Treason of Isengard*, 424）。事实上，它的意思是"新建筑"。
36 托尔金的《〈魔戒〉命名原则》（*Nomenclature of Lord of the Rings*）草稿，收录在《〈魔戒〉读者参考》（*Lord of the Rings Companion*）第 56 页和《J. R. R. 托尔金参考与导读》之《导读卷》（*Reader's Guide*）第 171 页。探源人士应该把"邦波谷"视为足够的提醒，托尔金有时候会用非官方名字来称呼他所知道的地方。他在 1933 年的一篇日记中提到了"蓝铃花巷""磨坊巷"和"白食人魔的家"（*Biography*, 125）。罗伯特·布莱卡姆指出，"绿丘"（就像夏尔地名"绿丘乡野"一样）是国王荒地的阿什菲尔德路尽头一座高地的当地名称，托尔金刚到英格兰时就和他萨菲尔德家的外祖父母住在那里（*The Roots of Tolkien's Middle-earth*, 15）。
37 Shippey, 114.
38 Gilliver et al, 129.
39 Maria Artamonova, interview.
40 Paul H. Vigor, 'Questing for "Tygers": a historical archaeological landscape investigation of J. R. R. Tolkien's real Middle-earth', *Mallorn* no. 48 (Autumn 2009), 33.
41 *Artist and Illustrator*, 17.
42 *Artist and Illustrator*, 40; online Addenda and Corrigenda to *Artist and Illustrator*, www.hammondandscull.com/addenda/artist.html.
43 *Lord of the Rings*, 100.
44 Gelling, *The Place-Names of Oxfordshire*, 93. 牛津郡其他地方的名字有的指沃登神（用的名字是 Grim），有的指鬼魂出没的地方，有的指龙的宝藏。波佩茨山（Poppets Hill）最初的意思是"哥布林坑之山"，包含 puca 这个词，与 Puck 和 púkel 有关，托尔金用它给黑蛮祠的神秘石雕像取名为菩科尔人（Púkel-men）。

从英格兰到夏尔：栏目

威尔士雄鹿地（第 19 页）

① Seamus Hamill-Keays, 'Tolkien in Buckland: An Analysis of the Evidence', *Brycheiniog* (Journal of the Brecknock Society) no. 69 (2018) (condensed online at http://www.talybont.com/); 'Tolkien and the Wines of Jerez', *Beyond Bree*, March 2019. 另一个当地人的观点可见 https://calmgrove.wordpress.com/tag/seamus-hamill-keays/.

山姆与其他来自生活的速写（第 21 页）

① *Letters*, no. 303.
② *Farmer Giles of Ham*, 30.
③ *Letters*, no. 257. "甘姆吉"是伯明翰人对桑普森·甘姆吉发明的外科用脱脂棉的称呼。他的外科医生儿子伦纳德在伯明翰医院是个令人印象深刻的人物，1916 年托尔金从索姆河被送到了伯明翰医院。无巧不成书，1938 年 2 月，在伯明翰爱德华国王学校的一次理事会议上，托尔金就坐在伦纳德·甘姆吉旁边，当时他刚刚将甘姆吉老头儿写进故事里。
④ Tolkien to H. Cotton Minchin, 16 April 1956, 在拍卖会上出售, Tolkien Gateway 网站有备份：http://tolkiengateway.net/wiki/Letter_to_H._Cotton_Minchin_(16_April_1956). 托尔金的军队文件中完全没有提到这些人的身份。
⑤ *Peoples of Middle-earth*, 52. H.C. 奥尼尔（H. C. O'Neill）的《巴纳巴斯·巴特与贝蒂·齐克的真爱》（*The True Love of Barnabas Butter and Betty Kick*, *Devonshire Idyls*, 1892）据称是一个名叫巴纳巴斯的男人的真实故事，他被埋葬在德文郡虚构的"利沃西"（Leaworthy）。
⑥ Guy Davenport, 'J. R. R. Tolkien, RIP', *National Review*, 28 September 1973, 引自 Bratman, 'Hobbit Names Aren't from Kentucky', *The Ring Goes Ever On: Proceedings of the 2005 Tolkien Conference* vol. 2 (Tolkien Society, 2008), 164.
⑦ Tolkien papers, Bodleian Library；private correspondence with Barnett's family.
⑧ Bratman, 168.

小丘（第 23 页）

① David Hinton, 'Lord of the Hrungs', *British Archaeology*, no. 65, June 2002 （感谢 Charles

Noad and Jessica Yates）。

② 'German Planes visiting Cassel by Sir William Orpen', www.tolkienguide.com, 4 September 2016.

③ *Chronology*, 17 January 1937，该书认为它是在之前提交给乔治·艾伦与昂温出版社的插图被接受之后（1 月 7 日）绘制的。8 月 13 日，托尔金告诉 C.A. 弗思，他已经画了一幅关于这个场景的画。

④ 《食人妖》《比尔博醒来，眼前一片清晨阳光》《贝奥恩的大厅》《长湖镇》这几幅插画的来源，见 *Artist and Illustrator*, 110–11, 120–4 and 132–3, and Douglas A. Anderson in *The Annotated Hobbit* 74–5, 160, 170–1 and 244–5。

四方的风：正文（第 25 — 41 页）

1 *Lord of the Rings*, 418.

2 托尔金在 1940 年代写的《奇谈》中，以仙境奇谭的方式重述了《贝奥武甫》，开头跟其他童话故事一样："很久很久以前，在世界的北方有一位国王，在他家里，有个跟其他孩子不一样的小男孩。" *Beowulf: A Translation and Commentary*, 387.

3 *The Red Fairy Book*, ed. Andrew Lang (London: Longmans, Green & Co., 1890), 357; *On Fairy-Stories*, 55.

4 Andrew Wawn, *The Vikings and the Victorians: Inventing the Old North in Nineteenth-Century Britain* (Cambridge: D. S. Brewer, 2000), 27–9. Gray's 1768 *The Fatal Sisters* translates a poem from *The Saga of Burnt Njal*.

5 *Lost Tales II*, 290.

6 *Monsters and the Critics*, 18.

7 *Beowulf: A Translation and Commentary*, 226.

8 *Letters*, no. 19.

9 *Lost Tales II*, 290.

10 *Letters*, no. 19.

11 *Lost Tales II*, 290.

12 'Tolkien Talking', *Sunday Times*, 27 November 1966, 9. 托尔金在他母亲去世之前就开始发明语言了，大约在他八九岁左右（*Reader's Guide*, 631）。

13 "克莱尔郡的布伦地区启发了中洲的地理景观"这种说法毫无根据。另一种说法来自乔治·塞耶，说托尔金提过自己能感觉到爱尔兰土地里有一种邪恶，但塞耶承认自己有时很难听懂朋友快速、断续的含糊话语。托尔金曾亲笔写道，他在爱尔兰"总是很快乐"（*Reader's Guide*, 729）。

14 关于托尔金的凯尔特灵感来源，笔者很感谢 Verlyn Flieger, Dimitra Fimi, Marjorie Burns, Charles Huttar, Carl Phelpstead, Kris Swank, David Doughan 和 Yoko Hemmi 等人所做的研究。

15 Marjorie Burns, 53.

16 *Lord of the Rings*, 388. 关于托尔金怎么计划让罗瑞恩的时间是静止的，见 Verlyn Flieger, *A Question of Time: J. R. R. Tolkien's Road to Faërie* (Kent, Ohio: Kent State University Press), 89–107。

17 *Letters*, no. 131.

18 David Doughan, 'An Ethnically Cleansed Faery: Tolkien and the Matter of Britain', *Mallorn* no. 32 (1995), 23–24. 阿斯托拉特（Astolat）是托马斯·马洛礼爵士的《亚瑟王之死》（*Le Morte D'Arthur*）中悲剧的伊莱恩（Elaine）的家乡，大约在 1931 年左右，这词可能形成了一个昆雅语单词 Astulat "嶙峋的山脊"（Tolkien, *Declension of Nouns, in Parma Eldalamberon*, no. 21 [2013], ed. Christopher Gilson, Patrick H. Wynne, and Arden R. Smith）。马洛礼认为阿斯托拉特就是萨里郡（Surrey）的吉尔福德，吉尔福德位于一座名为"猪背"的雄伟山脊之下。

19 *On Fairy-Stories*, 55.

20 Draft Valedictory Address, Tolkien papers, Bodleian Library.

21 要全面地讨论亨利·沃兹沃斯·朗费罗和托尔金，请参阅笔者的论文"'The road from adaptation to invention": How Tolkien came to the Brink of Middle-earth in 1914', *Tolkien Studies*, vol. 11 (2014), 18–21, 28–30, 32–5。

22 Shippey, 127.

23 *Letters*, no. 294.

24 *Letters*, no. 142.

25 Cited in Garth, *op. cit.*

26 *Letters*, no. 131.

27 *Letters*, no. 227.

28 *The War of the Ring*, 229.

29 Judy Ann Ford, 'The White City: Lord of the Rings as an Early Medieval Myth of the Restoration of the Roman Empire', *Tolkien Studies* vol. 2 (2005), 54.

30 *Letters*, no. 131.

31 *Lost Tales II*, 262.

32 *Letters*, no. 78.

33 *Letters*, no. 71.

34 *Letters*, no. 61 (18 April 1944). 引入伊希利恩，并以伏击哈拉德人结尾的那一章，是在那时和 4 月 30 日之间写的。

35 *Lord of the Rings*, 650. 正如克里斯托弗·托尔金在《魔戒大战》（*War of the Ring*, 134）中所言，他父亲出于描述山姆烹调兔子的需要，才开始探索伊希利恩的芳香植物。"托尔金的灵感来自东开普省的猪背地区（这与本章注释 18 中提到的英格兰萨里郡的地标不是一回事）"的说法是没有根据的。

36 *Lord of the Rings*, 661.

37 见 Margaret Sinex, '"Monsterized Saracens", Tolkien's Haradrim, and Other Medieval Fantasy Products', *Tolkien Studies*, vol. 7, 2010; 以及 Brian McFadden, 'Fear of Difference, Fear of Death: The *Sigelwara*, Tolkien's Swertings, and Racial Difference', in *Tolkien's Modern Middle Ages*, ed. Jane Chance and Alfred K. Sievers (Basingstoke: Palgrave Macmillan, 2005), 156; 和 Jane Chance, 'Tolkien and the Other: Race and Gender in Middle Earth', *op. cit.*

38 Tolkien, 'Sigelwara Land', *Medium Ævum*, vol. 3, no. 2 (1934), 110.

39 Tom Shippey, *Author of the Century* (London: HarperCollins, 2000), 86.

40 *Lord of the Rings*, 670.

41 *Letters*, no. 297. 与此同时，托尔金坚持表示刚铎的埃瑞赫黑石与《圣经》中同名的城市没有任何关系。

42 1876 年的翻译（由摄影先驱和业余语言学家亨利·福克斯·塔尔博特所作）几乎在方方面面都是错的。这种与托尔金故事的相似性是彼得·吉利佛发现并首先进行调查的。笔者在 'Ilu's Music: The Creation of Tolkien's Creation Myth' 中做了全面的叙述和讨论，见 *Sub-Creating Arda*, ed. Dimitra Fimi and Thomas Honegger (Zürich: Walking Tree, 2019)。

43 与 Denys Gueroult 的访谈，BBC Radio, 1965。

44 W. B. Yeats, *The Song of Wandering Aengus*, from *The Wind among the Reeds* (1899). 有关评论和进一步的相似，请参阅 Marie Barnfield, 'Celtic Influences on the History of the First Age', *Mallorn*, no. 28 (1991)。

45 Nansen, vol. 2, 383.

46 闪族语言（如阿拉伯语和希伯来语）通过插入和附加元音，从三辅音基础衍生出单词，如 KTB "写"。托尔金还把闪族语作为矮人的库兹都语的原型。

47 *Letters*, no. 131.

48 *The Travels of Sir John Mandeville* (London: Macmillan, 1900), 46.

四方的风：栏目

一切皆始于此（第 27 页）

① *Letters*, no. 5 (August 1916).

② *Sauron Defeated*, 236. 托尔金最初选择"劳德姆"（拼作 Loudham）这个名字，是为了刻画他在墨象社的爱高声说话的朋友雨果·戴森。剧情和人物彻底改变之后，"洛德姆"（拼

作 Lowdham，与盖德灵附近的村庄一样）变成了他自己的写照。

精灵、芬兰人和英格兰（第 28 页）

① Andrew Higgins, '"Those Who Cling in Queer Corners To The Forgotten Tongues and Memories of an Elder Day": J. R. R. Tolkien, Finns and Elves', *Journal of Tolkien Research*, vol. 3, no. 2 (2016).

② Andrew Higgins，未发表博士论文。

③ Thomas William Shore, *Origin of the Anglo-Saxon Race* (London: Elliot Stock, 1906), 127–8.

一个充满敌意的世界（第 30 页）

① *Monsters and the Critics*, 18.

② *Monsters and the Critics*, 18.

③ *Monsters and the Critics*, 20.

④ *Beowulf: A Translation and Commentary*, 163–4.

北方的民族（第 32 页）

① *The War of the Jewels,* 282.

② *Lord of the Rings*, 1136.

③ Shippey, 117.

精灵语和威尔士语（第 33 页）

① *Monsters and the Critics*, 197. 托尔金曾写道，威尔士语在英国存在了很长时间，"以一种英语无法匹敌的方式属于这片土地"，但即使是对不懂它的英语使用者来说，威尔士语也"深深拨动了心弦"（'English and Welsh', *Monsters and the Critics*, 177, 194）。边见叶子指出，《魔戒》中弗罗多和同伴们在夏尔遇到精灵时，重现了这种情景（'Tolkien's *Lord of the Rings* and His Concept of Native Language: Sindarin and British-Welsh', in *Tolkien Studies*, no. 7, 2010）。他们的辛达语主要存留于林顿（见第 58 页），比霍比特人的通用语要古老得多；而对霍比特人来说，他们唱的辛达语颂歌似乎"自动在他们脑海里成形，化作了他们只能半懂的话语"（*Lord of the Rings*, 79）。

露西恩之地：正文（第 43 — 59 页）

1 *Lord of the Rings*, 2.

2 *On Fairy-Stories*, 52.

3 *Letters*, no. 236.

4 *Qenya Lexicon*, 42.

5 转载自 Garth, 2003, 145。

6 *Lost Tales II*, 160. Christopher Gilson、Bill Welden、Carl F. Hostetter 和 Patrick Wynne 指出，诺姆族语 Celbaros 中的 baros，意思是"小村庄"（*Early Noldorin Fragments*, 96）。他们认为这棵树是垂柳，但托尔金把柳树和牛津联系在一起。金链花是维林诺（*Morgoth's Ring*, 157–8）的金树劳瑞林的灵感来源，也是它的刚多林后代之源。

7 *Qenya Lexicon*, 36. 关于埃林提代表伊迪丝，见

Christopher Gilson, '*Narqelion* and the Early Lexicons', *Vinyar Tengwar* no. 40 (1999), 9。

8 罗伯特·奎尔特·吉尔森等人（*Early Noldorin Fragments*, 94）怀疑 tram nybol 的意思是"雪桥"（诺姆族语的 nib "雪花"）。的确，1916 — 1917 年的冬天漫长又寒冷，12 月和 1 月下了好几场大雪。但托尔金刚刚发明了诺姆族语，日后它会有很多变化。笔者倾向于比较他的诗《塔芙洛贝尔的灰桥》，也许还有诺姆族语 nim "淡蓝色"（*Gnomish Lexicon*, 60）。

9 大卫·罗比经过仔细研究，论证了《失落的传说》中对大海伍德的进一步呼应，并促成了追随托尔金足迹的步行活动，还在斯塔福德郡成功举办了有关托尔金的巡回展览（与图书馆学专家 Scott Whitehouse 一起）。

10 *Lost Tales I*, 13.

11 *Lost Tales II*, 291, 288.

12 *Lost Tales II*, 289.

13 *Lord of the Rings*, xxiv.

14 *Lost Tales II*, 288–9.

15 *Lost Tales I*, 34.

16 *On Fairy-Stories*, 67.

17 Thomas Honegger, 'A Mythology for England? Looking a Gift Horse in the Mouth', in *Myth and Magic: Art According to the Inklings*, ed. Eduardo Segura and Thomas Honegger (Zürich: Walking Tree, 2007). Honegger 的论文对笔者所谓的托尔金的连续重启或世界图景进行了更全面且有所不同的描述。

18 *Lost Tales II*, 290.

19 《失落的传说》的编纂者在 1920 年 3 月还是埃里欧尔，也许在 10 月份托尔金的次子迈克尔出生的时候也是 —— 最后那些有关准自传性的埃里欧尔的随笔，也给了他第二个儿子。从那个月开始，托尔金独自在利兹生活了两个学期，只有周末才回牛津。换了环境，每晚都是孤独的 —— 这似乎是重新思考的节点。

20 *Lost Tales II*, 313.

21 *Lost Tales II*, 313.

22 *Lost Tales II*, 314. 迪米特拉·费米（Dimitra Fimi）认为，艾尔夫威奈的凯尔特母亲是凯尔特人和盎格鲁-撒克逊人传统融合中"第一个缺失的部分"（'Tolkien's "'Celtic' type of legends": Merging Traditions', *Tolkien Studies*, vol. 4 [2007], 53），但地点的作用同样重要。

23 *Lost Tales II*, 313.

24 Trans. Shippey, 373. 父亲的名字叫狄奥，而托尔金 1920 — 1921 年在利兹大学的教学大纲也包括了古英语诗《狄奥》。

25 *Lost Tales II*, 313.

26 *Shaping of Middle-earth*, 39.

27 *Shaping of Middle-earth*, 134.

28 *Lost Road*, 33. 托尔金所设想的，从贝烈瑞安德的毁灭中幸存下来的为数不多的岛屿（如希姆凌和托尔浮阴）都不是史前的不列颠群岛。

29 *Lord of the Rings*, 185.

30 *Lord of the Rings*, 283. 甘道夫指的是冬青郡。

31 *Letters*, no. 211. 托尔金为艺术家波琳·贝恩斯（McIlwaine, 382–3）在印制的《魔戒》地图上手写的一条注记开头，说霍比屯处于牛津的纬度（参看 *Letters*, no. 294）。他在霍比屯画了一条子午线，这似乎是他的出发点，他说米那斯提力斯（大约在拉文纳的纬度上）"在霍比屯以东 900 英里，更靠近贝尔格莱德"。通过将中洲地图投射到谷歌地球上，布兰登·罗兹（Brandon Rhodes）成功将霍比屯定位于牛津，将米那斯提力斯定位于贝尔格莱德（'Google Earth and Middle-earth', 30 September 2009, https://rhodesmill.org/brandon/2009/google-earth-and-middle-earth/），不过迪迪埃·威利斯（Didier Willis）用同样的数据计算出霍比屯在荷兰（http://tolkiengateway.net/wiki/Middle-earth）。毫无疑问，这取决于你使用的地图投影。

32 托尔金完全有能力将他的神话故事融入日常生活，1952 年他访问克雷夫登这个地方时所写的一封信就证明了这一点。托尔金给他的儿子克里斯托弗寄了一张草图，说它"不是提力安（精灵家园的首府）的景象，而是试图捕捉被横跨塞文海的彩虹困住的加迪夫景象"（*Reader's Guide*, 246）。

露西恩之地：栏目

随着讲述而成长的故事（第 44 页）

① *Tales from the Perilous Realm*, 286.

给英格兰的神话（第 47 页）

① *Letters*, no. 131.

② *Letters*, no. 131.

③ Angela Bartie, Paul Readman et al, 'Commemoration through dramatic performance', in *The Age of Anniversaries: The Cult of Commemoration 1825–1925*, ed. T. G. Otte (London: Routledge, 2018), 195; 'Warwick Pageant', *The Times*, 3 July 1906, 12.

④ *Lost Tales I*, 33. 假设托尔金 14 岁时曾与偏爱戏剧的监护人弗朗西斯·摩根神父一起观看了沃里克的古装游行，这不是完全不可能的。1906 年 7 月的第一周，从伯明翰、伦敦等地加开了到沃里克的特别专列。1913 年，托尔金参观了活动的前总部 —— 古装游行馆（Pageant House），并画下了以古装游行活动的利润布置的花园。

⑤ *Letters*, no. 131, 至 Milton Waldman, 约 1951 年。

仙境里的孪生城镇（第 54 页）

① *Lost Road*, 203, 380. 在 1937 年的《词源列表》（*Etymologies*）中，塔芙洛贝尔也是英雄图林·图伦拔在布瑞希尔森林中安家的村庄的名字。克里斯托弗·托尔金认为这可能是对大海伍德的"呼应"，暗示他父亲"不希望最终放弃它与他年轻时这种古老而深刻的联系"，并比较了附近的泰芬林河和西瑞安河汇合处与索乌河和特伦特河的汇合处（413）。即使在 1950 年代的文稿（*War of the Jewels*, 148, 157, 186）中，塔芙洛贝尔也偶尔出现，代表布瑞希尔的这个地方。1937 年，托尔金修改了他写沃里克的旧诗《林中的科尔提力安》，但我们完全不清楚他认为这首诗要如何纳入传说故事集——如果他真这么想过。

名字有什么含意？（第 56 页）

① *The Mistress of Vision*, from *New Poems* (1897); repr. *The Poems of Francis Thompson: A New Edition*, ed. Brigid M. Boardman (London: Continuum, 2001), 97.

② 1919 年左右，当诺姆族语"露西恩"（Lúthien）第一次用于称呼英格兰时，它的等价昆雅语说法被设为 Lósien（*Qenya Lexicon*, 2），这或许让人想起托尔金最早给孤岛取的诺姆族语名字之一—— Gar Eglos，"释放之地"（*Lost Tales I*, 13, 21）。

③ 1924 年，缇努维尔第一次被命名为"露西恩"。"露西恩"（缇努维尔）在晚得多的时候（约在 1937 年，*The Lost Road*, 370）曾被译为"有魔法的女子"或"花的女儿"（1960s, *Words, Phrases and Passages*, 11），这都无助于理解托尔金在 1920 年代首创这些名字时的意图。

④ *Lost Tales I*, 13, 250.

⑤ *Lays of Beleriand*, 120.

⑥ "自由"（free）与"朋友"（friend）之间的词根联系，其实与感性理由无关。在日耳曼和凯尔特文化中，一个大家庭中只有首领的家人不是奴隶，所以，被首领所爱之人同时也是自由人。古英语 fréon 的意思还是"去爱"，这词也是现代英语单词"朋友"（friend）的词源。与 fréon 有密切联系的 fréogan（"释放"）一词，衍生出了现代英语中 free（"自由"）的意思。

海岸与大海：正文（第 61 — 81 页）

1 W. H. Lewis, *Brothers and Friends: The Diaries of Major Warren Hamilton Lewis* (New York: Harper & Row, 1982), 206.

2 *Adventures of Tom Bombadil*, 34.

3 *Family Album*, 18. 该书误称大西洋为印度洋。

4 圭尔夫号（下水不到一年，10 月份开始服役）

于 4 月 14 日上午离开特尼里弗岛，次日午餐时间离开马德拉岛，4 月 17 日下午 4 点离开里斯本。*Hampshire Advertiser*, 24 April 1895, 3; and *The Times*, 22 April, 6.

5 Bill Cater, 'We talked of love, death and fairy tales', *Daily Telegraph*, 4 December 2001, 23.

6 Tolkien, 'The Lonely Isle', *Leeds University Verse 1914-1924*, 57; reprinted in Garth 2004, 145.

7 Garth 2004, 145.

8 天气历史学家将那个"没有夏天的年份"——有记录以来最冷的 8 月之一——归因于阿拉斯加的卡特迈火山的喷发（Kington, 396）。

9 Tolkien papers, Bodleian Library. 利泽德镇据说因中世纪的麻风病人聚居地得名，麻风病人（lazar）与利泽德（Lizard）读音相近（*Kelly's Directory of Cornwall 1914*, 176），但实际上这名字来自康沃尔的凯尔特方言，意为"高庭；高处的庭院"。

10 *Biography*, 71.

11 *Biography*, 70.

12 *Kelly's Directory of Devonshire and Cornwall*, vol. 3 (London: Kelly's Directories, 1914), 176.

13 *Shaping of Middle-earth*, 214.

14 *Shaping of Middle-earth*, 217.

15 *Shaping of Middle-earth*, 216.

16 *Lord of the Rings*, 1030.

17 这次访问至少从 8 月 5 日持续到 16 日。天气报告显示，除了 14 号的暴风雨之外，后面几日都天气晴朗。月亮从 7 日开始渐亏，低悬在东方。天文观测是笔者自己模拟的，用的是 Stellarium 软件。

18 *Lost Tales II*, 268.

19 塞门兹（B. Symons）在 *Grundriss der Germanischen Philologie* vol. 2, part 1 [ed. Hermann Paul [Strassburg: Karl J. Trubner, 1891–93], 62–3）中总结了这个理论，1914 年 6 月托尔金从埃克塞特学院图书馆借阅了这本书。这段话是艾伦·特纳（Allan Turner）为笔者翻译的。卡尔·穆伦霍夫的原始理论记载在 *Deutsche altertumskunde* (Berlin: Weidmannsche Buchhandlung, 1870), 30–46. 很久之后，当托尔金推论古英语挽歌《水手》"曾经一度提到可以辨认的人物…… 一个航海冒险家，一个年事已高的北方尤利西斯式的人物"时，他提到了这个理论（1964–5 notes, quoted in Stuart Lee, 'Tolkien and The Wanderer', *Tolkien Studies* vol. 6 [2009], 199）。

20 *Lost Tales II*, 261.

21 *Family Album*, 18.

22 Nansen, vol. I, 156, 284. 后来，C.S. 刘易斯在《黎明踏浪号》（*The Voyage of the Dawn Treader*）中把同样的传统用到三个沉睡者的小岛上。

23 Nansen, vol. I, 192, 363.

24 *Lost Road*, 24. 昆雅语名字的意思只是它在维林诺附近。后来，托尔金用"阿瓦隆尼"这个形式命名了托尔埃瑞西亚岛上的海港，而不是用它来称呼整座岛屿。

25 *Morgoth's Ring*, 365.

26 Nansen, vol, I, 375.

27 *Adventures of Tom Bombadil*, 90. 在圣布伦丹的《航海》的情节里，海兽（虽然被称为"鱼"）显然是鲸鱼，就像在托尔金第一版的《法斯提托卡隆》（*Fastitocalon*）中。它最初发表在 *Stapeldon Magazine* (Exeter College, Oxford, June 1927)，并在 2014 年版的《汤姆·邦巴迪尔历险记》中再版。在他的第二个版本中，托尔金把这种生物写成海龟，因为他认识到中世纪的名称 Fastitocalon 虽然用于鲸鱼，但实际上是从 aspido-chelōne 一词派生出来的，意思是"有圆形（皮）盾牌的海龟"（*Letters*, no. 255）。

28 *Lost Tales II*, 261.

29 George MacDonald, *At the Back of the North Wind* (1871).

30 面向学生的讲座，1920s–30s（*Beowulf: A Translation and Commentary*), 151. See Shippey, 170–1.

31 *Beowulf: A Translation and Commentary*, 152.

32 *Lost Road*, 77. 构思于 1937 年，这可能是暗示维林诺在遥远的过去存在的一系列历史事件之一。

33 如今，南森的观点似乎大多被人遗忘了，不过，即便 1960 年在纽芬兰的兰塞奥兹牧草地（L'Anse-aux-Meadows）发现挪威遗址，也无法证明这是文兰，而不是在传说中称为 Helluland 或 Markland 的不那么引人遐想的地区。

34 克雷吉在有关这些传奇故事的一本新书中，为"备受讨论和争议"的文兰描述的历史基础进行了辩护（*The Icelandic Sagas*, Cambridge: Cambridge University Press, 1913, 58）。

35 1914 年 11 月与牛津大学一个学生社团的谈话（*Story of Kullervo*, 68）。

36 Revision of 1914 *Kalevala* talk, 1919–23 (*Story of Kullervo*, 113–14). 克里斯托弗·托尔金和他儿子亚当体贴地帮笔者查了托尔金那本南森的《北方迷雾》。第一卷里写着"约翰·鲁埃尔·托尔金，1921 年 11 月"。

37 托尔金在他的演讲《论仙境奇谭》（29,88）中抱怨说："在西方，神奇之地海布拉塞尔已经变成了区区的巴西。"海布拉塞尔岛是爱尔兰神话中的"福乐之岛"，但在地理大发现时代，它出现在地图上，激励了约翰·卡伯特和克里斯托弗·哥伦布等探险家向西进发。南森认为，海布拉塞尔可能来源于爱尔兰语的"好运、繁荣"bress，由于与葡萄牙语的"红色染料木"brasile 混淆而产生了真实的地名"巴西"。

38 托尔金阅读的文本主要是关于索尔芬，但它有个更广为人知的标题——《红发埃里克萨迦》（*The Saga of Erik the Red*）。埃里克是莱夫的父亲。《格陵兰人萨迦》（*The Saga of the Greenlanders*）对文兰的航程也有一些不同的描述。

39 这幅画的名字是"I Vene Kemen"，是昆雅语的双关语，意思是"世界的面貌"和"世界之船"。

40 Valinor, Valar, valin 都与"好运，蒙福，幸福"vald- 有关（*Qenya Lexicon*, 99）。后来，托尔金重新考虑了这个词的含义，因此维拉的意思是"力量"。

41 *Lays of Beleriand*, 40, 112 (from the early 1920s).

42 *Nansen*, vol. I, 1.

43 *Nansen*, vol. I, 195.

44 *Lord of the Rings*, 1041–2.

45 几个月后，托尔金将假期的日期记为 9 月 6 日至 27 日。韦恩·哈蒙德和克里斯蒂娜·斯卡尔认为他记错了，指出月亮在 9 月 2 日达到满月，而 9 月 5 日那天的天气造成了海岸的破坏（'High tides and rough seas', *The Times*, 7 September 1925, 12）。但另一种可能是风暴发生在 9 月 19 日，根据英国气象局每月的天气报告，当时"南部和东部海岸暴露的部分风力上升到烈风，局部地区有强降雨……例如，法利发生了 55 毫米（2.18 英寸）的降雨"。9 月 6 日晚上 8 点 35 分，月亮升出海面，仍然接近满月的状态。

46 *Roverandom*, 8, 18.

47 汉弗莱·卡彭特（*Biography*, 38）声称他"认为"这是龙的下颚。托尔金自己在书中说他早在看童话故事的时候就接触到了古生物学，他很喜欢围绕着史前野兽的"幻想之光"，但"不喜欢别人告诉他这些生物是'龙'（*On Fairy-Stories*, 81）"。

48 *Qenya Lexicon*, 47; *Gnomish Lexicon*, 40; *Treason of Isengard*, 312. 托尔金喜欢双关语，尤其是年轻的时候。也许是莱姆里吉斯的 Cobb 和英语中公天鹅的单词 cob 有相似之处，才让托尔金首先想到了天鹅港（科帕斯·澳阔伦滕）。

49 *Letters*, no. 257.

50 戴维斯的诗《拉莫纳湾》（*Lamorna Cove*）写于 1928 年。

51 1958 年，雷恩在牛津大学的凯尔特研究年度奥фак 纳讲座上发表了题为"英国西南部的撒克逊人和凯尔特人"的演讲。1955 年，托尔金发表了就职演讲《英语和威尔士语》。

52 普雷丹耐克（Predannack）就在步行距离内（*Lost Road*, 50）。

53 S. Baring-Gould, *Cornwall* (Cambridge: Cambridge University Press, 1910), 29.

54 *Letters*, no. 257.

55 *Reader's Guide*, 246.

56 Tolkien, *The Lay of Aotrou and Itroun*, ed. Verlyn Flieger (London: HarperCollins, 2016), 15. 传统上，布罗赛利安德与布列塔尼中部的小潘蓬森林（Forêt de Paimpont）联系在一起。

57 *Letters*, no. 257.

58 *Letters*, no. 332.

59 关于构思努门诺尔的日期，请参阅笔者的博客文章 "When Tolkien reinvented Atlantis and Lewis went to Mars"，https://johngarth.wordpress.com/2017/03/31。

60 *Silmarillion*, 279.

61 *Lord of the Rings*, 1037.

62 *Sauron Defeated*, 264. 这首诗最初是《摹想社档案》中的《圣布伦丹之死》，在 1955 年以"伊姆兰"为题发表。

63 *Silmarillion*, 304.

64 *Lord of the Rings*, 1030.

65 *Lord of the Rings*, 1030.

66 *Silmarillion*, 304.

67 *Lord of the Rings*, 1030.

海岸与大海：栏目

从大雅茅斯到贝尔法拉斯（第 65 页）

① *Adventures of Tom Bombadil*, 31.

② 1913 年 9 月 16 日，托尔金的朋友克里斯托弗·怀斯曼写信给他，说他听说托尔金要去诺里奇。托尔金在信封上写了一份费用清单，其中包括"诺里奇车费"。（Tolkien family papers, Bodleian Library.）在一首尚未出版的诗《孤独的风信子》中，有一则注释说，这首诗的灵感来自 1914 年诺福克郡的克罗默。托尔金曾于 1910 年和 1945 年造访约克郡的惠特比，并于 1904 年在东苏塞克斯郡的霍夫逗留，其影响至今仍未确定。

多温尼安到底在哪里？（第 69 页）

① *Hobbit*, 153.

② *Lays of Beleriand*, 11, 111–12.

③ 《魔戒》后期的注解将多温尼安翻译成"青春之地的乡野"（*Words, Phrases and Passages*, 54），这显然是出自 dor "乡野"和辛达语的 gwin "青春"（191）。后者可追溯到 1917 年的诺姆族语词汇表（*Gnomish Lexicon*, 45）中的 gwinwen "青春，新鲜"。

④ Roger Echo-Hawk, *Tolkien in Pawneeland: The Secret Sources of Middle-earth* (Charleston: CreateSpace, 2013) 8–13; 'Night the Spider', tolkienland. wordpress.com (2 October 2018). 罗杰·艾科 - 霍克还提到了托尔金最早的埃雅仁德尔大纲中，维林诺和古斯坦的纳维亚传奇之间的一些关联。

⑤ *Lost Road*, 334.

⑥ *Lord of the Rings*, 1030.

⑦ *Fall of Arthur*, 55.

在海边的山洞里住着一只……（第 72 页）

① *Annotated Hobbit*, 119.

② *Hobbit*, 68.

③ 古鲁姆（Gulum）是《刚多林的陷落》一份早期名词列表里的诺姆族词（*Early Noldorin Fragments*, 101），等同于昆雅语的乌欧牟（Ulmo）。当时的注释说 Ulmo 来源于词干 ULU "倾倒，快速流动"（*Qenya Lexicon*, 97），可能也有类似于吞咽的灵感。

④ *Annotated Hobbit*, 119.

⑤ Helen Armstrong, 'Whence We Hobbits', *Amon Hen* no. 187 (May 2004), 31. 她引用了凯瑟琳·布里格斯（Katharine Briggs）1976 年出版的《仙子词典》（*A Dictionary of Fairies*）——是对威廉·亨德森的释义，远没有原版那么有霍比特味儿。hobbit（霍比特）一词引发了大量猜测。托尔金认为 hobbit 这个词是他造的，不过他也承认"埋藏的童年记忆可能会在很久之后突然浮出水面"（*Letters*, no. 319）。在他去世后，人们注意到 hobbit 一词出现在 19 世纪的民间传说集《德纳姆文集》（*The Denham Tracts*）的一长串超自然生物清单中（没有描述）。没有证据表明托尔金见过这份清单。另一种可能是，他也许见过 hobbit 这个词指一个过时的测量单位，或榴弹炮的旧称；但哪怕他见过，这些东西也不能说明 hobbit 现在对我们的意义。

⑥ William Henderson, *Folk-lore of the Northern Counties of England and the Borders* (London: Folk-lore Society, 1879), 264.

⑦ 由埃德蒙·韦纳告知笔者。

⑧ *Lord of the Rings*, 54.

波洛克的诅咒（第 75 页）

① 我们只知道 1937 年的徒步旅行是在匡托克丘陵一带，但它可能是前往萨默塞特海岸波洛克和沃切特之间的迈恩黑德的更长远足的一部分。在 1957 年的一封信中，托尔金说："我（多年前）最后一次真正的长距离徒步旅行是从莱姆里吉斯到迈恩黑德，大部分是越野。可不是一天走完的！"（*Reader's Guide*, 755）。这次徒步旅行可能要走 50 英里（80 公里）或更多——如果没有不知疲倦的刘易斯，托尔金似乎不太可能走完这段距离。1937 年，托尔金从匡托克丘陵寄来一张明信片，告诉女儿普莉希拉他们每天要走 20 英里（32 公里）。大约 40 年后，当她说他和刘易斯一起去做了"另外一场"徒步旅行去莱姆里吉斯时，她很可能已经记不清了（Humphrey Carpenter, *The Inklings* [London: George Allen & Unwin, 1978, 57）。1937 年以

后，刘易斯和托尔金能徒步旅行的年份没几个。1938 年，他们在汉普郡徒步旅行，1947 年则是在马尔文附近，这似乎是托尔金和刘易斯分道扬镳前的最后一次徒步旅行。"二战"时期没有徒步旅行；只有 1939 年和 1946 年无法确定。

名字里有什么？（第 78 页）

① "布罗塞利安德"似乎从未被翻译过，而"贝烈瑞安德"直到 1937 年才被翻译（此时它被关联到巴拉尔湾，*Lost Road*, 350）。

沉船（第 79 页）

① J. C. Trewin, *Up from the Lizard* (London: Anthony Mott, 1982; first pub. 1948), 196.

② *Adventures of Tom Bombadil*, 254. 为了这本 1962 年出版的诗集，《疯人》被改写为《海上钟声》。

③ *Monsters and the Critics*, 214.

④ Claudian, 'The First Book against Rufinus', in *Claudian*, trans. Maurice Platnauer (London: Heinemann, 1921), 35. 见 Hersart de la Villemarqué (ed.), *Barzaz-Breiz: Chants Populaires de la Bretagne*, vol. 1 (Paris: Franck, 1846), 259–60; and Procopius, *History of the Wars*, Book 8, Chapter 20。

⑤ *Lost Tales II*, 283, 285.

群山之根：正文（第 83—99 页）

1 *Letters*, no. 306.

2 托尔金是 7 月 26 日被亲戚从学校接走的。留言簿上的条目显示，一行人于 8 月 5 日来到施特歇尔贝格上方的宾馆（Ober Steinberg），并于 8 月 25 日来到阿罗拉以南的伯托尔小屋（Alex Lewis and Elizabeth Currie, *Tolkien's Switzerland: A Biography of a Special Summer*, privately published 2019）。1911 年 8 月 17 日，托尔金的朋友克里斯托弗·怀斯曼回复了当天收到的两张托尔金寄自格莱奇的明信片，他说托尔金"在山谷的另一边"（Tolkien papers, Bodleian Library）。这可能意味着在罗纳河谷的某个地方，或者可能是格里姆瑟尔隘口。

3 *Lost Tales II*, 261.

4 *Letters*, no. 109.

5 *Letters*, no.78. 托尔金总是把 moraine 拼写成 morain。

6 由萨莉·佩尔松告知笔者。

7 *Letters*, no. 96.

8 *Hobbit*, 47.

9 *Letters*, no. 306.

10 *Hobbit*, 48.

11 *Art of The Hobbit*, 41–8; *Art of Lord of the Rings*, 56, 180.

12 *Letters*, no. 306.

13 在这一点上，笔者要感谢地质学家萨莉·佩尔松。托尔金很可能听过他爱好登山的校长罗伯特·卡里·吉尔森关于斯凯岛之旅的演讲（*King Edward's School Chronicle*, March 1906, 10）。

14 'Four deaths on the Eiger', *The Times*, 23 July 1936, 15.

15 *Lord of the Rings*, 792.

16 *Lord of the Rings*, 791.

17 *Art of The Lord of the Rings*, 163–4.

18 *Letters*, no. 306. 托尔金回忆这是从阿莱奇冰川看到的，但注释人认为这肯定是从阿罗拉地区看到的。

19 1895 年，穆默里在喜马拉雅山脉的一次雪崩中遇难，他是托尔金的校长罗伯特·卡里·吉尔森"永远值得哀悼的朋友"和登山伙伴（*Old Edwardians Gazette*, March 1902, 121），而罗伯特·卡里·吉尔森是托尔金在 T.C.B.S. 的朋友罗伯特·奎尔特·吉尔森的父亲。这个鬼故事出现在穆默里的《我在阿尔卑斯山和高加索的攀登》（*My Climbs in the Alps and Caucasus*, London: Fisher Unwin, 1895, 30–4）中，这是一部登山经典。1911 年 1 月，校长在托尔金经常参加的学校文学协会一次关于"户外文学"的演讲中，推荐了这本书。

20 *Reader's Guide*, 770.

21 科林·布鲁克斯-史密斯描述了学校督学勒库特（Dorothy Le Couteur）那张"1911 年旅行地图"上标注的路线。他说，在阿莱奇冰川与布里格·菲斯普之后，他们去了施塔尔登，向西经过一个山口到圣尼克劳斯（St Niklaus），然后到了图尔特曼（Turtman）山谷的格鲁本（Gruben），接着再向西越过佛克莱塔隘口（Forcletta Pass）到格里门茨（Grimentz），最后向西南偏南到洪德莱斯（Les Haudères）和阿罗拉。

22 Brookes-Smith, 2.

23 *Letters*, no. 306.

24 *Letters*, no. 232.

25 1964 年 3 月 6 日托尔金致赫敏·乔尔斯（他的老师 R. W. 雷诺兹的女儿）的信，感谢阿诺德·乔尔斯提供。第 84 页上的照片背面注明了格里姆瑟尔隘口，它曾经属于科林·布鲁克斯-史密斯，收录在《托尔金家庭相册》（*Family Album*, 31）中，标题为阿莱奇冰川。但是，造访阿罗拉冰川的行程被新发现的伯托尔小屋（Cabane de Bertol）留言簿条目证实了（见注释 2）。这一定是托尔金回忆中靠攀绳到达的"阿尔卑斯俱乐部的高处小屋"，马特峰就在远处。他对满身泥污很难抵达采尔马特，遭到"法国布尔乔亚女士们瞪视"（*Letters*, no. 306）的记忆表明，他们可能是从阿罗拉通过伯托尔隘口（Col de Bertol）翻

越的——"10 到 11 个小时，疲惫但有所回报"（*Baedeker's 1909 Switzerland*, 393）——这是南希·马奇（Nancy Martsch）大致推测的路线（'Tolkien's Trip to Switzerland', *Beyond Bree*, November 2011, 2）。在阿罗拉之后的行程，布鲁克斯-史密斯也记不清楚了："我不记得我们在那里待了多久，但我们的假期快得结束了，我们一定是沿着艾宏山谷（Val d'Herens）走到锡永的。"他们在锡永搭上了回家的火车。

26 *Artist and Illustrator*, 116, 200. 这幅未注明日期的早期风格画作，出现在一本少年时代写生簿的最后一页，前一幅画是莱姆里吉斯附近的金帽山（*Artist and Illustrator*, 12）。托尔金最后一次确定到那里度假是在 1907 年。

27 Rateliff, 36–7. 如果托尔金想象孤山大致在尚未被创造出来的希姆凛山的位置（这是约翰·拉特利夫的看法，19–20），那么希斯路姆就是一趟向东征程的合理起点。在 1920 年代的诗歌中，托尔金提到了"迷雾山"（*Lays of Beleriand*, 37）。这个短语第一次大写成"迷雾山脉"是在幽谷（111），但他可能先让这趟冒险之旅越过山脉到达鹰巢，才在最后创作出人们熟悉的大荒野西部边缘的景象（见第 123 页）。

28 Shippey, 74, 81. 在献给托尔金的译本中，奥登把这些诗句写成了"越过迷雾山脉，/ 食人妖一族的荒原"（Paul B. Taylor and W. H. Auden, *The Elder Edda*, London: Faber, 1969, 119）。

29 Longfellow, Canto IV; *Lord of the Rings*, 502.

30 Lars Gustafsson, 'Den besynnerlige professor Tolkien' ('Tolkien, the Peculiar Professor'), *Dagens Nyheter*, 21 August 1961; trans. Morgan Thomas and Shaun Gunner, 'Two Swedish Interviews with Tolkien', in *Hither Shore* 9 (2012).

31 *On Fairy-Stories*, 55.

32 *Lord of the Rings*, 555.

33 W. G. Collingwood and Jón Stefánsson, *A Pilgrimage to the Saga-Steads of Iceland* (Ulverstone: W. Holmes, 1899) 154–6. 这位合著者的儿子 R. G. 科林伍德是托尔金在牛津彭布罗克学院十多年来的朋友和同事。汤姆·希比指出，托尔金一定认识老科林伍德，或者至少知道他关于北方考古学的著作和这本冰岛旅游书。博加维尔基为"堡垒工事"的传说也被威廉·莫里斯和埃里克尔·马格努松（Eiríkr Magnússon）讲述过，见 *The Story of the Ere-Dwellers with The Saga of the Heath-slayings* (London: Bernard Quaritch, 1892), xl–xliii.

34 J. W. Dunne, *An Experiment with Time* (3rd ed., London: Faber and Faber, 1934). 34. 邓恩没有说他真的看到了培雷惨剧的景象，而是认为

他很可能先读了报道，然后他的潜意识制造了梦境的错误记忆。他错误地认为水的入侵是喀拉喀托火山爆发的原因。

35 Verlyn Flieger, *A Question of Time: J. R. R. Tolkien's Road to Faërie* (Kent, Ohio: Kent State University Press, 1997), 66.

36 *Lost Road*, 52.

37 *Sauron Defeated*, 251.

38 *The Voyage of St Brendan*, in *Sauron Defeated*, 295.

39 *Silmarillion*, 22. 选自版本 'C' of *Ainulindalë*, written c. 1948–51 (*Morgoth's Ring*, 16)。

40 美国托尔金学社的理查德·普洛茨 (Richard Plotz) 声称，托尔金曾叙述自己在 1966 年的地中海之旅中看到了斯特龙博利火山，"说他从未见过任何东西与埃敏阿纳如此相像"。('An Edited Transcript of Remarks at the December 1966 TSA Meeting', *Niekas*, no. 19 [December 1968], 40)。即使这是一份准确的报道，并且承认埃敏阿纳可能是阿蒙阿玛斯（辛达语"末日山"）之误，它依旧只意味着斯特龙博利火山让他想起了末日山，而不是启发了他。一些网上讨论误将这一说法归于克莱德·基尔比 (Clyde S. Kilby)，*Niekas* 杂志在同样的书页上发表了他与此无关的评论。

41 有关儒勒·凡尔纳的书和《霍比特人》之间的各种相似之处，请参阅 Mark T. Hooker 的 *The Tolkienaeum* (CreateSpace Independent Publishing Platform, 2014), 1–11。

42 *Organ*, 110.

43 斯蒂芬·坦贝斯特 (Stephen Tempest) 2018 年 4 月 18 日的评论（见 www.quora.com/When-writing-The-Hobbit-did-Tolkien-take-Erebos-the-Greek-god-of-darkness-as-an-inspiration-for-Erebor）发表的评论。坦贝斯特很可能明智地驳斥了将厄瑞玻斯与希腊神话中的黑暗之神或地狱区域相比的说法。

44 *Letters from Father Christmas*, 23.

45 *Lays of Beleriand*, 33.

46 *Lays of Beleriand*, 309.

47 所有《泰晤士报》的引文都来自《海克拉火山喷发》(*Hekla in eruption*), 26 April 1947, 5, 以及 'Iceland volcano in eruption', 31 March 1947, 6。

48 'After 102 years: Mount Hekla in eruption', *The Times*, 2 April 1947, 6.

49 *Lord of the Rings*, 949.

50 Richard Fortey, *The Earth* (London: HarperCollins, 2005), 151.

51 *Letters*, no. 187.

52 *Shaping of Middle-earth*, 216.

53 1867 年的考察是由英国科学促进会地质分会组织的，在邓迪召开会议 (Archibald Geikle, *A Long Life's Work: An Autobiography* [Cambridge: Cambridge University Press, 2012], 117–8)。

54 Anon., 'A geotourist at the Rock and Spindle', *New-Cleckit Dominie* blog, 20 August 2013 (newcleckitdominie.wordpress.com). 托尔金应该会注意到这里的"岩石"（rock）是 distaff 的旧词，而 distaff 是（和纺锤一起）用来纺羊毛或亚麻的（纺纱秆起用）。

55 *Shaping of Middle-earth*, 217.

56 "地质周期"一词似乎最早出现在曼特尔 (G. A. Mantell) 和理查森 (G. F. Richardson) 合著的《地质奇观》(*The Wonders of Geology, 1838*) 当中。

57 由厄谢尔大主教在 17 世纪计算出来，公元前 4000 年这个日期是"我们怀着英国人的骄傲和勇气，像支持经文本身一样坚定不移地支持"的 (R. S. Watson, *Cædmon: The First English Poet* [London: Longman, Green, 1875], 30)。

58 *Lost Tales I*, 100.

59 Hynes, 22.

60 *Shaping of Middle-earth*, 240.

61 *Shaping of Middle-earth*, 239.

62 *Letters*, no. 257.

63 *Times*, 12 August 1929, 8（英国科学促进会一次会议报告）；*Letters*, no. 324.

64 *Times*, 29 September 1931, 9（同样是英国科学促进会一次会议报告）。

65 *Letters from Father Christmas*, 86. 笔者要感谢大卫·卢埃林·多兹 (David Llewellyn Dodds) 指出这一点，见 '"Kubla Khan" and Father Nicholas Christmas?', www.superversivesf.com/inklings/2018/11/07/。

66 Mitch Liddell, 'Tectonics of Middle-Earth' LondonMoot 2018 (unpublished), citing W. A. S. Sarjeant, 'The Geology of Middle-earth', in *Proceedings of the J. R. R. Tolkien Centenary Conference*, ed. Patricia Reynolds and Glen Good-Knight (Milton Keynes: Tolkien Society, 1995) 334–9.

67 近年的大尺度研究见 Chris Ingles and Lindy A. Orthia, 'A New Synthesis on the Geology of Middle-earth: Genesis, Orogeny and Tectonics' (manuscript prepared for *Journal of Hobbitlore*, 2016)。较小尺度的研究见 Neil Holford's 'The Geology of the Northern Kingdom' (*Mallorn* no. 29, August 1992, 2–5)。

68 *On Fairy-Stories*, 58.

69 *Letters*, no. 26.

70 Joseph O'Neill, *Land Under England* (Woodstock, NY, 1985), 49–51.

71 *Letters*, no. 321.

72 Ernest A. Baker and H. E. Balch, *The Nether-world of Mendip* (Clifton: J. Baker and Son, 1907), 92.

73 *Silmarillion*, 93.

74 *Lord of the Rings*, 547–8.

75 *Lord of the Rings*, 548.

群山之根：栏目

天堂的群山（第 90 页）

① Denis Bridoux, 'Over Snows by Winter Sown and Under Mountains of the Moon' (unpublished presentation, Oxonmoot 2016).

② *Lost Tales II*, 292.

③ tún "丘陵，光秃秃的小山" 出现在 1920 年代的"诺多语词汇列表"(*Early Noldorin Fragments*, 154) 中；诺多语 tund, tunn "小山，丘陵" 出现在约 1937 年的《词源列表》(*Lost Road*, 395) 中。

④ C. W. R. D. Moseley (trans.), *The Travels of Sir John Mandeville* (London: Penguin, 1983), 183. Cf. A. Keith Kelly and John Livingston, '"A far green country": Tolkien, Paradise and the End of All Things in Medieval Literature', *Mythlore* vol. 27, no. 3 (2009), 95–6.

⑤ Longfellow, Canto IV.

河流、湖泊与水域：正文（第 101—111 页）

1 *Silmarillion*, 252.

2 *Lays of Beleriand*, 62.

3 Elias Lönnrot, *Kalevala*, trans. W. F. Kirby (London: Dutton, Everyman's Library, 1907), vol. 2, 113.

4 Charles Marriott, *The Romance of the Rhine* (London: Methuen, 1911), 77.

5 这个故事已经获得了民间传说的恒久地位，但开篇是一首 1801 年布伦塔诺 (Clemens Brentano) 的民谣，并因海涅 (Heinrich Heine) 1924 年的诗《罗蕾莱》(*Die Lorelei*) 而闻名。

6 *Amon Hen* no. 68 (Tolkien Society), 22.

7 Barnfield, 7–9. 劳特布伦嫩 (Lauterbrunnen，"清泉") 和吕奇纳 (Lütschine) 似乎都不是"响水"的意思。

8 Blackham 2006, 31, and interview; Brace 1968; Acocks Green History Society, 'The river Cole in Yardley, and its fords and bridges', aghs.jimdo.com/waters-of-yardley/river-ford-bridges.

9 McIlwaine, 154.

10 *Lost Tales II*, 297.

11 *Lost Tales II*, 153–4.

12 *Lost Tales II*, 154.

13 William Henderson, *Folk-lore of the Northern Counties* (London: Folk-lore Society, 1879),

265.

14 John Milton, *Comus: A Masque*; 见 John Bowers, 'Tolkien's Goldberry and Maid of the Moor', *Tolkien Studies* no. 8 (2011), 29。

15 *Lord of the Rings*, 129.

16 *Lord of the Rings*, 339.

17 *Treason of Isengard*, 222, 238–9.

18 这个名字很自然的解释是"平稳航道",但埃克沃尔（Ekwall, 162）解释为"埃欧拉的通道或渡船"（"埃欧拉" Eowla 是人名）。

19 *Lord of the Rings*, 317.

20 Hilary Tolkien, 6.

21 *Lord of the Rings*, 373.

22 A. H. Smith, *The Place-names of the East Riding of Yorkshire and York* (1937, repr. London: Cambridge University Press, 1970), xv–xvi, 129. Smith 引用了法律术语 væt-vangr，与英语的"湿"没有任何关系。

23 E. Maule Cole, 'On the Place-name Wetwang', *Saga-Book of the Viking Club*, vol. 4 (1904–5), 104.

24 *Nomenclature*, 779.

25 *Chronology*, 685.

26 Longfellow, Canto 9, 'Hiawatha and the Pearl Feather', *Song of Hiawatha*.

27 *Lord of the Rings*, 626.

28 *Lord of the Rings*, 627.

29 *Beowulf: A Translation and Commentary*, 52. 对比由 Rod Giblett 而做，*Environmental Humanities and Theologies: Ecoculture, Literature and the Bible* (Routledge, 2018), 33。

30 *Beowulf: A Translation and Commentary*, 52.

31 *Beowulf: A Translation and Commentary*, 52; illustrations in *Artist and Illustrator*, 54–5.

32 *Beowulf: A Translation and Commentary*, 54.

33 *Unfinished Tales*, 264.

34 Arthur L. Salmon, *Dorset* (Cambridge: Cambridge University Press, 1915), 38.

35 由丹尼斯·布里杜告知笔者。

36 *Unfinished Tales*, 263.

37 Nigel Holmes and Paul Raven, *Rivers: A Natural and Not-So-Natural History* (London: Bloomsbury, 2014).

38 Karen Wynn Fonstad, *The Atlas of Middle-earth* (revised ed., Boston: Houghton Mifflin, 1991) 120–1.

39 *Peoples of Middle-earth*, 39, 67. 英国的马尔文是一个古不列颠名称，与威尔士语的"秃山" Moel-fryn 有联系。

40 Tolkien, *Names and Required Alterations*, in *Parma Eldalamberon*, no. 15 (2004), ed. Patrick H. Wynne, 16.

河流、湖泊与水域：栏目

城堡和卡尔岩（第 103 页）

① *Silmarillion*, 120.

② *Lays of Beleriand*, 227.

③ *Hobbit*, 100.

④ Karl Baedeker, *The Rhine* (17th ed., London: Fisher Unwin, 1911), 231. 精灵语元素 lam- 一直都是"舌头、语言"的意思，但在写《霍比特人》那段时间，托尔金发明了与"回声"相关的词（*Lost Road*, 358 GLAM, 367 LAM, and 405–6）。

⑤ *Treason of Isengard*, 268–9, 287.

战争的河流（第 106 页）

① Garth 2003, 207–8.

② *Lost Tales II*, 287.

③ *Lost Tales I*, 240.

河流名称（第 108 页）

① *Lost Tales I*, 205.

② Shippey, 123. 他把 Cher- 和古英语中表示"转向"的 cierran 联系起来。

③ Jason Fisher, 'The Poros and the Bosphorus', *Lingwë – Musings of a Fish*, 9 October 2011 (lingwe.blogspot.com/2011/10/). 希腊语 Bosphorus 的字面意思就是"牛津"，正如费尔尔所言，这会吸引托尔金。刘易斯的哥哥沃尼是墨象社的成员，他在牛津的泰晤士河上有一艘名叫"博斯普鲁斯"（Bosphorus）的船。

④ Translation from Old English: Orchard, 229.

林木交织之地：正文（第 113—131 页）

1 *Biography*, 47.

2 *Story of Kullervo*, 21（还可见 Verlyn Flieger 的注释，57）。

3 *Lost Tales I*, 183–9；又见 Garth, 2003, 95–100。

4 *Lord of the Rings*, 1115.

5 Andy Slater, 'Moseley Bog: A Journey through Time', 11 February 2018. https://andyunderscore.com/2018/02/11/moseley-bog-through-time/.

6 *Lord of the Rings*, 255.

7 *Hobbit*, 129–30.

8 Rateliff, 334–5. 蝴蝶是黑色的（黑森林的标志颜色），但《霍比特人》说它们可能是"一种'紫闪蛱蝶'，一种热爱橡树林树冠的蝴蝶"。约翰·拉特利夫认为，虽然紫闪蛱蝶如今只分布在英格兰最南端，但在托尔金写作的时候，它们的栖息地一直延伸到牛津，在托尔金童年时可能出现在伯明翰周边。

9 'Philology: General Works', *Year's Work in English Studies*, 1925, ed. F. S. Boas and C. H. Herford (London: Oxford University Press, 1927), 32.

10 *Lord of the Rings*, 650. 托尔金发表的第一首牛津诗歌（*Stapeldon Magazine*, Exeter College, Oxford, 1913）是在他 1911 年入学读本科之后不久写的。这是一首对河流的赞美歌，开头是"从长着众多垂柳的，古老的泰晤士河边缘"。

11 *On Fairy-Stories*, 55.

12 *Silmarillion*, 165.

13 C. A. Johns, *Flowers of the Field*, vol. 1 (London: Society for Promoting Christian Knowledge, 1853), 255.

14 Flowers, 127–32.

15 见 Shippey, 247–8, and Lee and Solopova, 243。

16 *Legend of Sigurd and Gudrún*, 73–74.

17 *Lost Tales I*, 33. 托尔金 1937 年重新润色《林中的科尔提力安》时，这里引用的诗句（36）被保留下来。1937 年也是他动笔写《魔戒》的那年。

18 R. H. Richens, *Elm* (Cambridge: Cambridge University Press: 1983), 55.

19 *Gnomish Lexicon*, 32. 在托尔金晚期的文稿中，ele 保存了近似 elm 的读音，据说那是精灵首次见到群星时发出的感叹，也是昆雅语词 elen "星星"、Eldar "星辰的子民，精灵"的来源（*War of the Jewels*, 360）。

20 *Lord of the Rings*, 377.

21 *Lost Tales I*, 33, 35.

22 *Lost Tales I*, 95.

23 埃弗莉达之丘（或之山）是 17 世纪或更早种植在圣殿公园内的榆树大道的焦点。在 18 世纪的景观园艺师"能人"布朗的指导下，埃文河以南的这个公园里种植了 1200 多棵榆树（David Jaques, 'Warwick Castle Grounds and Park, 1743-60', *Garden History*, vol. 29, no. 1 (2001), 51, 60）。城堡公园被卖给商业集团之后，布鲁克勋爵树丛现在成了种植园的一部分，但在托尔金年轻的时候，它是作为对城堡的补充而单独存在的。

24 别处讨论过（见第 193 页，"波洛克的诅咒"栏目注释①），1937 年这次远足可能是托尔金记忆中从莱姆里吉斯到迈恩黑德的一次，最有可能的路线是沿着匡托克丘陵的西侧走，七姐妹山毛榉就矗立在科塞尔斯通山（Cothelstone Hill）上（这座山在萨默塞特郡大部分地区乃至南威尔士都能看到）。

25 *Lord of the Rings*, 350.

26 *Lays of Beleriand*, 255.

27 托尔金回忆说，这时他的写作出现了"中断。其中有一处特别明显"，他"真的不知道故事要怎样发展下去"（1957 radio interview for *Carnival of Books* with Ruth Harshaw, quoted in Anderson, 8）。约翰·拉特利夫（228—229）给出了提到黑森林的剧情笔记，并描述了手稿中在鹰巢处有一个相应的中断，但（忽视了 1957 年这个评论）认为这显示了一个"很可能不超过一个晚上"的停顿。

28 *Letters*, no. 289.

29 Anderson, 210.

30 关于刚铎、罗瓦尼安的北方人类和鲁恩的战车民，参看 *Lord of the Rings* 1045–9, *Unfinished Tales*, 288–95, and Tom Shippey, *Roots and Branches: Selected Papers on Tolkien* (Zürich: Walking Tree, 2007), 117–8.

31 *Legend of Sigurd and Gudrún*, 131.

32 *Farmer Giles of Ham*, 10, 57.

33 *Return of the Shadow*, 29（在第 42 页的一份大纲中也提到林子"可疑"）。

34 他们讨论了要把多塞特郡的伯恩茅斯包括在即将到来的 1938 年复活节徒步旅行中（C. S. Lewis, *Collected Letters, Volume 2: Books, Broadcasts and War 1931–1949* [London: HarperCollins, 2004], 222）。结果，他们从贝辛托克走到奥尔顿（正如托尔金写的一份恶搞考卷所表明的那样，见 McIlwaine, 244–5），很可能更远。从这些汉普郡的城镇一到伯恩茅斯有 70 英里（113 公里）—— 以刘易斯的正常标准来看并非不可能 —— 而且需要穿越新森林。不过，他们似乎不太可能真的进行了这样的跋涉，因为刘易斯的脚受了伤，而托尔金无论如何也不会徒步这么远。

35 *Lord of the Rings*, 265.

36 *Lord of the Rings*, 265. 奥龙佐·奇利（Oronzo Cilli）记录了这句沃里克郡的俗语，并给出了许多 19 世纪使用它的实例（*Tolkien's Library: An Annotated Checklist* [Edinburgh: Luna Press, 2019], xxv–xxvi）。托尔金和 E.V. 戈登在他们 1925 年编著的中古英语诗歌《高文爵士与绿骑士》第 94 页中引用了类似的说法："从布拉肯角到赫尔布里（Helbree）/ 松鼠可以从一棵树上跳到另一棵树"；但迪伊河口（Dee Estuary）的希尔布雷（Hilbre）是一个岛，所以这指的似乎不是失去了树林，更是失去土地（如今在水下）。

37 Jacquetta Hawkes, *A Land* (London: HarperCollins, 2012; first published 1951), 144.

38 *Unfinished Tales*, 263. R. G. Albion, *Forests and Sea Power: The Timber Problem of the Royal Navy 1652–1862* (Cambridge, Massachusetts: Harvard University Press, 1926)：该书富有说服力地描述了海军木材需求对英国林地的影响，不过自 1986 年以来，这种观点已经被拉克姆（91 — 92）有力地淡化了。

39 *Lord of the Rings*, 131.

40 *Lord of the Rings*, 462.

41 *Lord of the Rings*, 459.

42 *Lord of the Rings*, 469.

43 *Lost Tales II*, 327–8.

林木交织之地：栏目

国王的橡树（第 115 页）

① *Lord of the Rings*, 170.

② *Black and White Ogre Country*, 6. 希拉里年老时草草写下的回忆，将查理一世与他儿子混为一谈，并将橡树定位在萨尔霍，但雷德纳尔附近的里克山更有可能拥有一棵带着这种传说的橡树。1651 年 9 月 10 日，逃亡的查理二世在从昆顿到布罗姆斯格罗夫的路上经过了这些树。号称被他用来躲避追兵的树木"在他逃跑的路线上比比皆是"（J. Simpson and S. Roud, *A Dictionary of English Folklore* [Oxford: Oxford University Press, 2000], 164）。

③ 写给 Baronne A.Baeyens 的信件，16 December 1963（来自 Manhattan Rare Books 公司的网站）。

④ *Lord of the Rings*, 702.

森林与野人（第 116 页）

① Shippey, 74. 地名 Woodhouse 的标准词源是简单的"森林中的房子"。

② *Sir Gawain and the Green Knight, Pearl and Sir Orfeo*, 38.

③ *Nomenclature*, 765.

④ *Lord of the Rings*, 831.

雷霆之林（第 123 页）

① Tolkien papers, Bodleian Library (Tolkien A15/2). 托尔金还将 Hercynia 与古英语 fyrgen 联系起来，这也是《魔戒》里的菲瑞恩森林（Firien-wood）名字的来源。詹姆斯·弗雷泽在其颇具影响力的比较宗教研究著作《金枝》中指出，橡树是一大批欧洲雷神的圣物 —— 宙斯（希腊）、朱庇特（罗马）、伯库纳斯（立陶宛）和托尔（北欧）。

② *Fall of Arthur*, 19–20.

冬青郡和都林之门（第 129 页）

① Charles Kingsley, *Hereward the Wake, 'Last of the English'* (1866). 这个词是埃德蒙·韦纳认定的托尔金借用这本书的证据之一（Peter Gilliver, Edmund Weiner and Jeremy Marshall, 'The Word as Leaf: Perspectives on Tolkien as Lexicographer and Philologist", in *Tolkien's Lord of the Rings: Sources of Inspiration* [Zürich: Walking Tree, 2008], 69）。

森林和大教堂（第 131 页）

① François-René de Chateaubriand, *Genius of Christianity, or the Spirit and Beauty of the Christian Religion*, trans. Charles White (Baltimore: John Murphy, 1871), 386.

② Lyons, 196.

③ *Lord of the Rings*, 470.

古老的印记：正文（第 133 — 145 页）

1 *Lost Road*, 51. 阿尔波因在其学术追求方面受到了他当教师的父亲奥斯温带有嘲弄的鼓励，而奥斯温某种程度上是托尔金的监护人弗朗西斯·摩根神父的肖像（Diana Pavlac Glyer and Josh B. Long, 'Biography as Source: Niggles and Notions', in Fisher, 197）。虽然弗朗西斯神父没有托尔金那样的学术情怀，但他是在热衷于业余考古的人身边长大的，特别是他叔叔托马斯·摩根（Thomas Morgan），他在 1886 年出版的《罗马 – 英国马赛克路面》(*Romano-British Mosaic Pavements*) 是一本重要的调查报告（José Manuel Ferrández Bru, 'Uncle Curro': J. R. R. Tolkien's Spanish Connection [Edinburgh: Luna Press, 2018], 13）。

2 Tolkien, 'Philology: General Works' 1924, 64.

3 *Beowulf: A Translation and Commentary*, 33.

4 *Lord of the Rings*, 512.

5 *Sauron Defeated*, 206.

6 B. C. A. Windle, *Remains of the Prehistoric Age in England* (London: Methuen, 1904, revised 2nd ed., 1909), 134–5. 伯特伦·温德尔的各种著作还包括《早期英国的生活》(*Life in Early Britain*, 1897)。托尔金肯定知道他的作品，而且他在童年时有可能与这位杰出的伯明翰天主教科学家有过交集。温德尔于 1904 年离开伯明翰，此前一直和奥拉托利会神父一样，是同一个紧密小圈子里的一员。他曾在奥拉托利会创始人红衣主教纽曼的影响下从英国圣公会皈依，还曾担任伯明翰天主教文学社的主席，弗朗西斯·摩根神父也参加了该社团（*Tablet*, 10 March 1888, 35）；他还是奥拉托利会教区长 H.D. 赖德（H. D. Ryder, 托尔金继承了他的拉丁文字典）的密友。1909 年，他被教皇庇护十世授予圣大额我略骑士号，并在 1912 年新年授勋时被授予英国骑士称号。那时，托尔金在牛津大学与马克斯·温德尔已经成了好朋友（John Garth, *Tolkien at Exeter College* [Oxford: Exeter College, 2014], 12–13, 46），马克斯的父亲与这个杰出的人是堂亲。托尔金后来的墨象社朋友内维尔·科格希尔则是温德尔更远的亲戚。

7 John Rhys, *Celtic Folklore: Welsh and Manx*, vol. 2 (Oxford: Clarendon Press, 1901), 679–80.

8 伯特伦·温德尔为他编辑的爱德华·泰森（Edward Tyson）1699 年著作所做引言。*Philological Essay Concerning the Pygmies of the Ancients* (London: David Nutt, 1894), xv. 泰森本人并没有预料到原住民俾格米理论。

9 Andrew Lang, introduction to his edition of Robert Kirk's *Secret Commonwealth of Elves, Fauns and*

Fairies (London: David Nutt, 1893), xxi.

10 *On Fairy-Stories*, 254 (手稿 B 中的一段，可能是为他 1939 年在圣安德鲁斯的讲座写的，或来自 1943 年的修改稿).

11 关于《贝奥武甫》中的 eorðcyning 这个词，托尔金写道："我无法不在这个罕见的合成词中看到对传统的回忆，该传统使芬恩成了土著国王而非弗里斯兰人。"它不应该被翻译成"大地之王"，而应被翻译成"地下世界的国王，因为矮人普遍有采矿和挖掘的爱好"，他补充道（Tolkien papers, Bodleian Library）。叙尔特岛是托尔金从约翰·厄尔（John Earle）的译本《贝奥武甫的事迹》中得知的，他 1914 年阅读了此书；但它曾在大卫·麦克里奇 1890 年关于土著"仙灵"的例子中出现。

12 *Lays of Beleriand*, 68; *Art of The Hobbit*, 84.

13 更多参见 *Artist and Illustrator* 59–61, 124–8; 和 *Art of The Hobbit*, 77–89。这些年的其他画作上，这两个精灵要塞有着拱形门户。

14 Simon J. Cook, 'Concerning Hobbits: Welsh Fairies in Oxford' (2013)，该文着重讨论了霍比特人与约翰·里斯观点的关系。www.tolkienlibrary.com/press/1100-concerning-hobbits-welsh-fairies-in-oxford.php.

15 Scull, 1993, 48.

16 *The Hobbit*, 31.

17 Joseph Holden Pott, *An Essay on Landscape Painting* (1782), quoted in Nick Groom, 'Gothic Antiquity: From the Sack of Rome to The Castle of Otranto', in D. Townshend (ed.), *Terror and Wonder: The Gothic Imagination* (London: British Library, 2014), 49.

18 威廉·H. 格林在 1969 年首先指出了该图与《古斯堪的纳维亚语入门》中的插图相似，J. S. 瑞安在 1990 年也独立指出了这一点。卡尔·F. 霍斯泰特、雅顿·R. 史密斯和道格拉斯·A. 安德森揭开了完整的起源。见 Rateliff, 260–1, 284–5; Anderson, 171; *Art of The Hobbit*, 66–70。

19 *Hobbit*, 165.

20 Herodotus, *The Histories*, trans. Aubrey de Sélincourt (London: Penguin, 1954, rev. 1972), 285.

21 *Hobbit*, 165.

22 参见 Scull, 1993, 40–1; Anderson, 244–5; Rateliff, 448–50。

23 Denis Bridoux, 'Laketown: How a Mythology for Switzerland Came to Contribute to a Mythology for England' (unpublished presentation, Oxonmoot 2013, with assistance from Marc-Antoine Kaeser, director of the Laténium Archaeological Museum in Neuchâtel, Switzerland).

24 托尔金在霍尔德内斯居住的 14 个月里，肯定去过赫尔图书馆及其附近的博物馆，该博物馆由托马斯·谢泼德主持，他是多产的当地历史学家，发现了沙泽地（Sand-le-Mere）的湖上居所。关于托尔纬瑟农的另一种解释，见 Garth (2003), 236。喜欢寻找霍比特名字的人可能想知道，斯基普西曾是征服者威廉手下一个叫卓录（Drogo de la Bouerer）的人的封地；在更早的盎格鲁-撒克逊时代，一个叫弗罗达（Fróda）的人用自己的名字命名了北弗罗丁厄姆（North Frodingham），离斯基普西 4 英里（6.5 公里）远。

25 例如，1931 年 4 月 6 日，《泰晤士报》刊登了格拉斯顿伯里遗址的发现者亚瑟·布利德（Arthur Bulleid）的一封信，总结了 39 年来对这个萨默塞特湖上村庄的发掘工作，并呼吁公众支持出版一本关于米尔的书，以补充已经出版的两本关于格拉斯顿伯里的书。

26 约翰·埃文斯爵士（Sir John Evans）的考古收藏品分三次（1909 年、1927 年和 1949 年）捐赠给了阿什莫尔博物馆，其中包括他 1870 年委托制作的湖上村庄模型（Deborah Sabo, 'Lake-town and Lake-village Archaeology: Romantic Nationalism at the Edges of The Hobbit', unpublished paper, International Congress on Medieval Studies, Kalamazoo 2010）。

27 Sabo, 出处同上。如今人们承认，那些最初认为是"湖上村庄"的有桩支撑的定居点实际上是建在容易发洪水的沼泽地上，而不是在湖泊中间。

28 *Letters*, no. 19; *Adventures of Tom Bombadil*, 127.

29 Alexandra Harris, *Romantic Moderns: English Writers, Artists and the Imagination from Virginia Woolf to John Piper* (London; Thames & Hudson, 2010, paperback edition 2015), 209.

30 *Lord of the Rings*, 114. 古代英语特许状里提到了许多下沉的道路（hola weg），这就是现代英语 holloway 一词的由来——由脚、蹄和轮子经过数个世纪的使用而创造出来的小道，两边通常是长满了树木的陡峭山坡。

31 R. E. M. Wheeler, 'Maiden Castle', *Times*, 1 March 1935, 15.

32 R. E. M. Wheeler, 'Maiden Castle', *Times*, 26 February 1937, 17.

33 *Lord of the Rings*, 130.

34 R. E. M. Wheeler, 'Maiden Castle', *Times*, 25 February 1938, 17, 20.

35 一份下面画线但未使用的笔记"莫蒂默·惠勒和贝尔盖人"，出现在托尔金早期的《英语和威尔士语》讲座笔记中（Tolkien papers, Bodleian Library）。在罗马人之前，贝尔盖是从大陆来的重要后来者，惠勒判断他们在韦帕芗公元 43 年入侵前几年就从杜罗特里吉人手中夺取了梅登城堡。

36 *Beowulf: A Translation and Commentary*, 163–4.

托尔金借用了安德鲁·朗的说法"古冢尸妖"（barrow-wight）来形容古冰岛语的 draugr (Gilliver, et al, 215)。

37 *Lord of the Rings*, 143.

38 *Lord of the Rings*, 649.

39 R. Q. Gilson to Tolkien, 8 July 1913 (Tolkien papers, Bodleian Library).

40 'Songs on the Downs', in *A Spring Harvest*, edited by Tolkien and Christopher Wiseman (London: Erskine Macdonald, 1918), 48.

41 *Lord of the Rings*, 528, 751.

42 Sabo, 96.

43 Murray Smith, 'The Wonderful Things of Tutankhamen, Thorin II and Bard', *Amon Hen* no. 252 (2015), 22.

44 *Lord of the Rings*, 976.

45 Haaken Shetelig and Hjalmar Falk, *Scandinavian Archaeology*, trans. E. V. Gordon (Oxford: Clarendon Press, 1937), 144.

46 Scull, 1993, 47.

47 *Lord of the Rings*, 794, 832.

48 Dickinson.

49 *Lord of the Rings*, 183.

50 *Lord of the Rings*, 845.

51 Philip Schwyzer, 'The Scouring of the White Horse: Archaeology, Identity, and Heritage', *Representations*, no. 65 (winter 1999), 45; 施怀泽（Schwyzer）进一步讨论了这个传统，59—60。白马是由盎格鲁-撒克逊人造就的观点一直没有受到质疑，直到斯图尔特·皮戈特（Stuart Piggot）在 1931 年将其与铁器时代凯尔特人的艺术作品中类似的不连贯的马相比较。1995 年用新的扫描技术进行的研究显示，它实际上是在公元前 1000 年左右首次刻出来的。

52 笔者采访 Maria Artamonova。

53 *Lord of the Rings*, 838.

54 *Letters*, no. 80. 当托尔金称结局"荒谬"时，也许他想到的是阿尔弗雷德攻占伦敦时那段令人窒息的简短叙述，而不是前面的《白马的清洗》。

55 malcolmguite.wordpress.com/2011/10/10/. 这也曾被用作 1859 年托马斯·休斯的小说（他继《汤姆·布朗的学生时代》之后的下一部作品）的标题，描述了伴随着传统民间游戏翻新白垩马的盛况。

56 G. K. Chesterton, *The Ballad of the White Horse* (London: Methuen, 1911; 6th ed. 1920), 171.

57 Daniel Helen, 'Lost Tolkien voice recording discovered', Tolkien Society website, 22 May 2014. www.tolkiensociety.org/2014/05/lost-tolkien-voice-recording-discovered/.

古老的印记：栏目

审判之环（第 142 页）

① *The War of the Jewels*, 282–3.

警戒与保卫：正文（第 147 — 157 页）

1 *Letters*, no. 250.

2 McIlwaine, 152.

3 *Biography*, 72.

4 Henry Resnick, 'An Interview with Tolkien', *Niekas* no. 18 (1967), 40.

5 *Lost Tales II*, 296.

6 教区教堂是圣玛丽学院教堂（Collegiate Church of St Mary's），不要与托尔金夫妇结婚的圣贞女玛丽天主教堂混为一谈。

7 *Lost Tales I*, 33–4.

8 *Lost Tales II*, 296. 这首诗（又名"流浪者的忠诚"）似乎与传说故事集无关，不过托尔金后来把它的开头改写成了《埃里欧尔之歌》的一部分。

9 *Lost Tales II*, 297.

10 *Lost Tales II*, 160.

11 *Lost Tales II*, 196.

12 Alexander M. Bruce, 'The Fall of Gondolin and the Fall of Troy: Tolkien and Book II of *The Aeneid*', *Mythlore* vol. 30, no. 3 (2012), 103. 在众多相似之处中，布鲁斯将乌欧牟对精灵城市的守护与尼普顿对特洛伊的保护相提并论，将载着敌军进入刚多林的金属怪物（见第 168 页栏目"刚多林的坦克"）与特洛伊木马相提并论。

13 托尔金将《魔戒》中国王的回归比作"重新建立一个实际的神圣罗马帝国，统治中心设在罗马"（*Letters*, no. 294）。

14 *Letters*, no. 102.

15 希特勒的建筑师阿尔伯特·施佩尔在 1946 年 6 月纽伦堡审判中的辩护开场白是这样的："他作为一个年轻的艺术家，梦想在希特勒的热心赞助下建造世界上最伟大的建筑。"（*Times*, 21 June 1946, 4）

16 米那斯提力斯的结构是在一份显然写于 1944 年的大纲中构想出来的（*War of the Ring* 260–1），并在 1946 年以散文的形式充实了内容。托尔金于 1945 年加入牛津大学但丁协会。在墨象社中，他长期与但丁专家相处，这些人包括查尔斯·威廉姆斯（在 1943 年出版了 *The Figure of Beatrice*）、C.S. 刘易斯和科林·哈迪（Colin Hardie）。以刘易斯的哲学专长和行星学兴趣，他无疑知道托马索·康帕内拉的"太阳城"，其中的七环表示中世纪宇宙学的七个行星。

17 Shippey, 199.

18 *Lord of the Rings*, 672.

19 *Lord of the Rings*, 856.

20 *Lord of the Rings*, 507; *Beowulf: A Translation and Commentary*, 49. 见 Shippey, 124–5。

21 *Lord of the Rings*, 508.

22 *Lost Tales II*, 297.

23 *Lost Tales II*, 296.

24 在此前不久写的幽谷章节中，托尔金最终将精灵家园的首府名称从"科尔"改成了"提力安"。就这样，他及时抑制了对《她》的直白呼应，但又从哈格德的书中借用了洛丝罗瑞恩。

25 *Letters*, no. 154.

26 这种联系始于 1991 年 8 月托尔金学社干事在伯明翰考察时开的一个玩笑，目的是为来年的托尔金百年纪念会议准备巴士观光旅游（丹尼斯·布里杜如此告诉笔者）。并由伯明翰建筑方面的专家彼得·莱瑟（Peter Leather）推广，他主持了这些观光旅游活动（Chris Arnot, 'Lord of the ring road', *Guardian*, 5 August 2003）。（我写了这一章后，有人告诉我伯明翰播音员卡尔·钦［Carl Chinn］在 1980 年代谈到了这个城市的"双塔"，而且历史学家克里斯·厄普顿在为 1992 年会议出版的一本小册子中提到了它们。）另一座距离较远的埃奇巴斯顿塔是伯明翰大学的约瑟夫·张伯伦（Joseph Chamberlain）纪念钟楼，被认定是巴拉督尔的灵感来源。毫无疑问，这是因为它与电影中的柱形黑塔有几分相似，钟就是燃烧的索隆之眼。但托尔金的插画显示的巴拉督尔更像金字塔，《魔戒》中的魔眼大部分是看不见的威胁（Wayne G. Hammond and Christina Scull, *The Art of Lord of the Rings* [Boston: Houghton Mifflin Harcourt, 2015] 187, 220）。

27 *Letters*, no. 140. 托尔金并不愿意将此时已经完成的史诗分卷出版。他的封套草图将"双塔"描绘成米那斯提力斯和巴拉督尔，或米那斯魔苟尔和欧尔桑克（*Artist and Illustrator*, 180–1）。托尔金曾在第一部《魔戒同盟》（1954 年）的结尾说，双塔是米那斯魔古尔和欧尔桑克。

28 Flowers, 136–8.

29 见 *The Happy Mariners*, 1920 version reprinted in Garth, 2003, 90–1; 1923 version reprinted in *Lost Tales II*, 273–4。

30 *Beowulf and the Critics*, 68.

31 *Monsters and the Critics*, 8. 对墨水手稿的几乎所有修改都是用墨水写的，最有可能是在写作的时候就改了。对寓言的修改是铅笔写的，这是重修最多的段落。

32 Mark Amory, *Lord Berners: The Last Eccentric* (London: Pimlico, 1999).

33 Christopher Hayhurst-France, 'Lord Berners' Folly', publication unknown, 1989.

34 "我打心底不喜欢任何形式的寓言故事，自从我足够成熟与敏感，能察觉它的存在时便是如此。我相对偏爱历史，不管历史是真实还是虚构。"（*Lord of the Rings*, xxiv）

35 *Lost Road*, 28.

36 *Return of the Shadow*, 312–13.

37 *Treason of Isengard*, 34.

38 *Lord of the Rings*, 127. 弗罗多梦见精灵塔楼的情节另外留存了一部分（108）。

39 *Treason of Isengard*, 130.

战争之地：正文（第 159 — 173 页）

1 *Letters*, no. 66. 他建议儿子克里斯托弗尝试类似的做法，当时是第二次世界大战期间，克里斯弗正在皇家空军受训。托尔金在战壕里写诗或修改过诗歌，但没有在那里写过《失落的传说》的任何篇章（见 Garth, 2003, 186）。

2 *Letters*, no. 163.

3 Fussell, 124, 146.

4 Letter to H. Cotton Minchin, auctioned by Sotheby's, www.sothebys.com/en/auctions/ecatalogue/2013/books-manuscripts-n09066/lot.226.html. 另见笔者的文章 'Sam Gamgee and Tolkien's batmen', johngarth.wordpress.com/2014/02/13/。*Lord of the Rings*, 106.

5 托尔金从康沃尔给伊迪丝·布拉特写的第一封信日期是 8 月 5 日。

6 *Artist and Illustrator*, 45（这里引的是 1915 年版，*Sea Chant of an Elder Day*）.

7 *Shaping of Middle-earth*, 216（这里引的是 1917 年版《乌欧牟的号角》。1914 年版至今未发表）.

8 *Lost Tales I*, 34.

9 *Lost Tales I*, 91. 哈巴南在《失落的传说》中改名为埃茹曼（Eruman），在《精灵宝钻》中则改名为阿拉曼（不过，在《精灵宝钻》中它并不是凡人灵魂的安息地）。

10 这幅无标题的水彩画在托尔金称为"意势集"的画簿中，出现在 1915 年的画作之后。

11 *Lord of the Rings*, 699.

12 *Lord of the Rings*, 701.

13 *Artist and Illustrator*, 66.

14 Blunden, 65.

15 *Letters*, no. 43.

16 Norman.

17 John Garth, 'Robert Quilter Gilson, T.C.B.S.: A Brief Life in Letters', *Tolkien Studies* no. 8 (2011), 93.

18 John Brophy, quoted in Fussell, 70.

19 *Hobbit*, 59.

20 *Lord of the Rings*, 313.

21 *Lord of the Rings*, 323.

22 *Lord of the Rings*, 827.

23 Siegfried Sassoon, *The Complete Memoirs of George Sherston* (London: Faber and Faber, 1972), 277.

24 *Lord of the Rings*, 949; 见 Hugh Brogan, 'Tolkien's Great War', in *Children and their Books, A Celebration of the Works of Iona and Peter Opie*, ed。Gillian Avery and Julia Briggs (Oxford: Clarendon Press, 1989), 353–4.

25 *Letters*, no. 226.

26 *Lord of the Rings*, 628.

27 *Lord of the Rings*, 627. Wilfred Owen, *Collected Poems of Wilfred Owen*, ed. Cecil Day Lewis (London: Chatto & Windus, 1963), 55.

28 Hugh Cecil, *The Flower of Battle: British Fiction Writers of the First World War* (London: Secker and Warburg, 1995).

29 *Lord of the Rings*, 631–2.

30 Brace 1968.

31 *Lord of the Rings*, 934.

32 *Silmarillion*, 294.

33 *Lord of the Rings*, 921，922.

34 'Charles Edmonds' (Charles Carrington), *A Subaltern's War*, 110. Charles Carrington, *Soldier from the Wars Returning*, 142.

35 *Lord of the Rings*, 923.

36 Barton, 36.

37 *Lost Tales II*, 287.

38 *Lays of Beleriand*, 280.

39 *Lost Tales I*, 239.

40 *Northern Daily Telegraph*, 19 July 1916, 7.

41 *Lays of Beleriand*, 58.

42 Simone Bonechi, 'In the Mounds of Mundburg: Death, War and Memory in Middle-earth', in *The Broken Scythe: Death and Immortality in the Works of J.R.R. Tolkien*, ed. Roberto Arduini and Claudio A. Testi (Zürich: Walking Tree, 2012), 143.

43 *Hobbit*, 173–5.

44 *Farmer Giles of Ham*, 58.

45 1938 talk on dragons, *Reader's Guide*, 310.

46 *Lord of the Rings*, 476.

47 *Letters*, no. 163.

48 Barton, 185.

49 Blunden, 95.

50 *Silmarillion*, 155.

51 *Adventures of Tom Bombadil*, 254.

52 见Verlyn Flieger, *A Question of Time: Tolkien's Road to Faërie* (Ohio: Kent State University Press, 1997), 224. 见 "茶社与巴罗社团" (T.C.B.S.) 的名字来源于该团体在学校图书馆办公室泡茶, 以及在伯明翰巴罗百货商店的茶室聚会的做法。

53 *Letters*, no. 5.

54 *Repression of War Experience*, in *Collected Poems* (London: Faber, 1983), 84.

55 *Lays of Beleriand*, 340.

56 *Lays of Beleriand*, 175.

57 Robert S. Blackham, *Tolkien and the Peril of War* (Stroud: History Press, 2012), 84.

58 *Silmarillion*, 165, 164.

59 *Lays of Beleriand*, 58.

60 *Lays of Beleriand*, 65.

61 *Lays of Beleriand*, 77.

62 *Adventures of Tom Bombadil*, 34.

战争之地：栏目

既古老又现代的战场（第162页）

① Barton, 36.

② Blunden, 12.

③ *Lord of the Rings*, 114.

刚多林的坦克（第168页）

① Norman.

② *Lost Tales II*, 170.

③ *Lost Tales II*, 176.

④ "诺姆族认为安格班合围无法被攻破，但魔苟斯琢磨新的装置，想出了恶龙。"(the earliest Annals of Beleriand, from the mid-1930s, in *Shaping of Middle-earth*, 297) 在后来对恶龙起源的叙述中 (*War of the Jewels*, 46)，托尔金强调它们是培育出来的生物，而不是发明出来的 "装置"，但这是因为他确立了哲学观点，即大敌 "只能仿制，无法创造"，如弗罗多对奥克的评价 (*Lord of the Rings*, 914)。

⑤ Tolkien papers, Bodleian Library.

⑥ *Hobbit*, 60.

⑦ *Lord of the Rings*, 537.

⑧ *Artist and Illustrator*, 189.

托德沼泽（第170页）

① *Adventures of Tom Bombadil*, 210–12.《敲门》有个更早的版本可能是在1920年代末写的，也就是写宾波湾诗歌的时候 (Ratcliff, 377, citing Douglas A. Anderson)。

② Ardern Beaman, *The Squadroon*, London: Bodley Head, 187.

工艺与工业：正文（第175－185页）

1 *Ian Hislop's Olden Days: The Power of the Past in Britain*, episode 3, 'Green Imagined Land', BBC Two, 2014.

2 Laurie Lee, *Cider with Rosie* (London: Vintage, 2014) 212.

3 *Letters*, no. 303.

4 *Lord of the Rings*, 1.

5 *Biography*, 28.

6 Garth (2003), 206.

7 Humphrey Carpenter on BBC Radio 4 *Woman's Hour*, quoted in 'Old Brum', *The Listener*, 30 June 1977, 853.

8 Burns, 26, 28.

9 Quoted in Hall, 18.

10 *Hobbit*, 83.

11 *Hobbit*, 28.

12 *Hobbit*, 28; cf. Burns (2010), 29–30.

13 *Lord of the Rings*, 27.

14 巴里和皮金后来又建造了威斯敏斯特宫。作为一个天主教徒，托尔金从不在英国的老教堂做礼拜（不过没有理由认为他避开了这些教堂）。

15 *Reader's Guide*, 580–1.

16 *Letters*, no. 73.

17 Morris, 'The Art of the People', 1879 speech at Birmingham Town Hall.

18 *Lost Tales II*, 163.

19 *Letters*, no. 58.

20 Elliander Pictures, *Birmingham's Lost Masterpiece – The Charles Barry Building* (2011). vimeo.com/20017714.

21 Letter to Ronald Ashton, 12 March 1927 (Michael Silverman, *Catalogue Twenty-Seven*, London, 2009).

22 *Oxford Magazine*, 15 October 1931, 22; reprinted *Annotated Hobbit*, 254.

23 Talk on dragons, 1 January 1938, the University Museum, Oxford (Tolkien papers, Bodleian Library). 托尔金最初写道，这些货车属于纳菲尔德勋爵（Lord Nuffield），即考利的威廉·莫里斯，但他删去了这个说法。

24 *Letters*, no. 135.

25 *Biography*, 163.

26 *Letters*, no. 98.

27 Ezard.

28 'Foreword to the Second Edition', *LotR*, xxv.

29 *Biography*, 124–5. 托尔金提到了 "白食人魔"（磨坊主的儿子）的房子。但加油站是在以前的萨尔霍农场，"黑食人魔" 的家。

30 Uglow, 257.

31 *Hobbit*, 13.《霍比特人》的结尾（从斯毛格之死开始）是在1933年1月前写成，还是直到1936年才完成，人们有不同看法。比尔博回来后发现最麻烦的就是别人在拍卖他的财产，（可以想象）这个事实支持更早的日期。1933年9月，托尔金看到了萨尔霍发生的事情，这段经历决定了霍比特人在《魔戒》结尾处令人痛苦得多的回归。

32 *Lord of the Rings*, 1017.

33 Shippey, 171. 汤姆·希比进一步将萨茹曼与磨坊的"白食人魔"联系起来，依据的是汉弗莱·卡彭特的说法，即磨坊的"主要工作"是将骨头磨成肥料（*Biography*, 20）。托尔金自己回忆说，磨坊"确实磨过谷物"（Ezard）。萨尔霍磨坊博物馆现任主管韦恩·狄克森（Wayne Dixon）提供的照片和其他证据证实了这一点。他表示，骨粉生产可能是偶尔的副业。卡彭特的根据很可能是约翰·莫尔斯·琼斯写的一部地方史，依赖于 1960 年代的口头回忆，这些回忆或许与托尔金一家离开后的那些年有关。关于磨骨的唯一文献证据是 1894 年的，比他们的到来还要早。

34 *Lord of the Rings*, 1013.

35 *Lord of the Rings*, 1018.

36 *Lord of the Rings*, 966; *Nomenclature*, 766. 汉弗莱·卡彭特在谈到托尔金时，心里想的很可能主要是黑色乡野："他憎恶伯明翰的工业。我认为，它的确出现在他对摩多那遭到破坏、令人恐惧甚至堪称邪恶的景象的描述中。"他继续表达了个人看法："我认为你可以认出一些工业化、烟雾缭绕的、荒凉的伯明翰，例如，就是你从车站出来和从伯明翰到伍尔弗汉普顿时见到的那种景象。"（*The Listener*, 30 June 1977, 853）黑色乡野正是位于这片地区，城市的扩张已经渐渐模糊了它与伯明翰的分界线。

37 Humphrey Jennings, *Pandaemonium 1660–1886: The Coming of the Machine as Seen by Contemporary Observers* (London: Icon Books, 2012), 165. 一名 1830 年的游客也想起了火山的荒地："大地似乎被翻了个底朝天。它的内脏散落一地；几乎整个地表都被熔渣堆和岩烬丘所覆盖……草已经被烟口喷出的硫酸蒸汽烤干杀死，每一种草本植物都呈现出可怕的灰色……火神已经赶走了谷神。"（171）

38 F. B. Young, *Mr Lucton's Freedom* (quoted in Hall, 66).

39 *Lord of the Rings*, 945.

40 *Lord of the Rings*, 626; *War of the Ring*, 105.

41 *Tolkien in the Land of Heroes: Discovering the Human Spirit* (Cold Spring Harbor, NY: Cold Spring Press, 2003), 220; *Letters*, no. 52.

42 *On Fairy-Stories*, 282. 托尔金在 1948 年写下"夏尔平乱"时，正值第二次世界大战之后，新一轮的廉价房浪潮正在包括牛津在内的各地城镇如火如荼地展开。他在《魔戒》第二版（1965 年）的前言中明确指出，战后的这股建筑潮对夏尔的破坏没有影响。事实上，这样的剧情发展早在 1939—1940 年就可以预见到了。然而，很难想象他在写"夏尔平乱"时完全免于新的城市化影响。这篇前言是对那些似乎忽视托尔金的战前背景、坚持将《魔戒》完全作为社会评论阅读的读者的直率回应，不一定是对他灵感来源的全面、公正的看法。

43 Patrick Curry, *Defending Middle-earth* (Boston: Houghton Mifflin, 2004), 15–16.

44 Laurie Lee, *Cider with Rosie* (London: Vintage, 2014), 212.

附录（第 187—188 页）

1 *Guardian* and *Telegraph*, 2 April 2013, www.theguardian.com/books/2013/apr/02/hobbit-tolkien-ring-exhibition and https://www.telegraph.co.uk/culture/books/booknews/9966793/The-Hobbit-ring-that-inspired-Tolkien-goes-on-display.html.

2 BBC News, 3 April 2013, www.bbc.com/news/uk-england-hampshire-22008746.

3 en.wikipedia.org/wiki/Ring_of_Silvianus (accessed 5 May 2019).

4 J.S. 赖安（J.S. Ryan）认为利德尼朝圣遗址是作为医者的阿拉贡的灵感来源，而附近的矿场是墨瑞亚和《霍比特人》中寻宝征途的来源，罗马的马赛克则启发了托尔金在 1960 年代绘制努门诺尔花砖图案（*In the Nameless Wood: Explorations in the Philological Hinterland of Tolkien's Literary Creations* [Zurich: Walking Tree, 2013], 93–135）。海伦·阿姆斯特朗（'And Have an Eye to That Dwarf', *Amon Hen* no. 145 [1997], 13–14）认为利德尼的坎普山（以前名叫"矮人山"）的旧矿场启发了《魔戒》中的墨瑞亚、埃瑞吉安的凯勒布林博和都林之门，以及《蕾希安之歌》中凯勒巩和库茹芬诱拐露西恩的情节。马修·莱昂斯（49–74）则认为矿洞给了托尔金关于霍比特人洞府的想法。

5 Lynn Forest-Hill, 'Tolkien, Lydney and the Vyne: patterns of loss and discovery' (2013, available at Academia.edu).

6 *Hobbit*, 77.

7 *Lays of Beleriand*, 230.

8 Chaloner W. Chute, *A History of the Vyne in Hampshire* (Winchester: Jacob & Johnson, 1888), 8. 在锡尔切斯特发现的戒指成为丘特家族在维农家中的收藏品的一部分。当它被现在的主人——国家信托基金展出时，新闻报道说是莫蒂默·惠勒"发现"了石碑和戒指之间的联系。（*Guardian*, 2 April 2013）

9 'The Name "Nodens"', 182.

10 John D. Rateliff, 'To Recall Forgotten Gods from Their Twilight: J. R. R. Tolkien's "The Name 'Nodens'"', in *A Wilderness of Dragons: Essays in Honour of Verlyn Flieger*, ed. John D. Rateliff (Wayzata, MN: Gabbro Head), 223–4.

11 *Shaping of Middle-earth*, 25.

12 Stefan Collini and Bernard Williams, 'Robin George Collingwood', *Oxford Dictionary of National Biography*, 2004/2008 (online). R. G. 科林伍德从 F. J. 哈弗菲尔德（1919 年去世）手中接过了描述所有英国罗马铭文的任务，后者已经在《维多利亚时期的汉普郡县历史》（*Victoria County History of Hampshire*, London: Archibald Constable, 1900, 283–4）中写到了利德尼诅咒和维农之戒。

13 R. G. Collingwood and J. N. L. Myres, *Roman Britain and the English Settlements* (Oxford: Clarendon Press, 1936; 2nd ed. 1937), vii. 菲尔普斯泰德（77—78）认为，《高文爵士与绿骑士》（1925）中关于凯尔特语的内容是托尔金贡献的，该书是他与 E.V. 戈登在利兹编辑的。

14 R. G. Collingwood, *Roman Britain* (Oxford: Clarendon Press, 1932), 137. 雅克塔·霍克斯在《莫蒂默·惠勒：考古学中的探险家》（*Mortimer Wheeler: Adventurer in Archaeology*, London: Weidenfeld and Nicolson, 1982, 149）中提到了 R. G. 科林伍德对利德尼的访问，就在她提到托尔金写的说明之前。

15 *Letters*, no. 226.

16 Report of a conference paper as reported in Leonardo Mantovani, Valérie Morisi, Simone Ronchi and Tom Shippey, 'Tolkien and the Literature of the Fourth Age', *Amon Hen* no. 272 (July 2018), 14.

17 Jessica Yates, 'William Morris's Influence on J. R. R. Tolkien' (unpublished).

18 Holly Ordway, 'Tolkien, Morris, and the Dead Marshes', 19 November 2015, www.hollyordway.com/2015/11/19/.

19 篇幅所限，这里无法探讨《大山之根》与伊奥温故事的明显相似之处。托尔金的墨象社朋友沃兰·刘易斯（C. S. 刘易斯的哥哥）当然意识到了这些相似之处。他写道："在新的《霍比特人》中，有整整几章在莫里斯擅长的领域胜过了莫里斯——尤其是旅程。"（W. H. Lewis, *Brothers and Friends: The Diaries of Major Warren Hamilton Lewis*, ed. Clyde S. Kilby and Marjorie L. Mead [Harper & Row, New York, 1982], 206）这是在 1947 年，当时墨象社成员应该正在听"洛希尔人的驰援"。

部分参考书目

此处列出的是在尾注中多次引用的作品，它们按作者姓氏（必要时还包括年份）或简称排列。目录中还包括一些笔者发现大体上有用的出版物，即使它们可能没有被直接引用。其他资料的书目细节在尾注中给出。

J.R.R.托尔金的作品

The Adventures of Tom Bombadil and Other Verses from the Red Book, ed. Christina Scull and Wayne G. Hammond. London: HarperCollins, 2014.

The Art of The Hobbit, text by Wayne G. Hammond and Christina Scull. London: HarperCollins, 2013.

The Art of The Lord of the Rings, text by Wayne G. Hammond and Christina Scull. London: HarperCollins, 2015.

Beowulf and the Critics, ed. Michael D. C. Drout. Tempe, Arizona: Arizona Center for Medieval and Renaissance Studies, 2011 (second edition).

Beowulf: A Translation and Commentary. London: HarperCollins, 2014.

The Book of Lost Tales, part one (History of Middle-earth, vol. 1), ed. Christopher Tolkien. London: George Allen & Unwin, 1983.

The Book of Lost Tales, part two (History of Middle-earth, vol. 2), ed. Christopher Tolkien. London: George Allen & Unwin, 1984.

Early Noldorin Fragments. Parma Eldalamberon, no. 13 (2001), ed. Christopher Gilson, Bill Welden, Carl F. Hostetter, and Patrick Wynne.

The Fall of Arthur, ed. Christopher Tolkien. London: HarperCollins, 2013.

Gnomish Lexicon (I · Lam na · Ngoldathon). Parma Eldalamberon, no. 11 (1995), ed. Christopher Gilson, Patrick Wynne, Arden R. Smith, and Carl F. Hostetter.

The Hobbit. London: George Allen & Unwin, 1978 (fourth edition). (For *Annotated Hobbit*, see Anderson, and *History of The Hobbit*, see Rateliff.)

The Lays of Beleriand (History of Middle-earth, vol. 3), ed. Christopher Tolkien. London: George Allen & Unwin, 1985.

The Legend of Sigurd and Gudrún, ed. Christopher Tolkien. London: HarperCollins, 2009.

Letters from Father Christmas, ed. Baillie Tolkien. London: HarperCollins, 2015.

The Letters of J. R. R. Tolkien ('*Letters*'), ed. Humphrey Carpenter and Christopher Tolkien. London: HarperCollins, 1995 (first published 1981).

The Lord of the Rings. London: HarperCollins, 2004 (50th anniversary edition).

The Lost Road (History of Middle-earth, vol. 5), ed. Christopher Tolkien. London: Unwin Hyman, 1987.

Lost Tales I: see *Book of Lost Tales, part one*.

Lost Tales II: see *Book of Lost Tales, part two*.

The Monsters and the Critics and Other Essays. London: George Allen & Unwin, 1983.

Morgoth's Ring (History of Middle-earth, vol. 10), ed. Christopher Tolkien. London: George Allen & Unwin, 1993.

Mr. Bliss. London: HarperCollins, 2011 (first published 1982).

'The name "Coventry"'. *Catholic Herald*, 23 February 1945.

'The name "Nodens"', in *Tolkien Studies* vol. 4 (2007) 177–83. Originally published in R. E. M. Wheeler & T. V. Wheeler, *Report on the Excavation of the Prehistoric, Roman, and Post-Roman Site in Lydney Park, Gloucestershire* (Oxford: The Society of Antiquaries 1932).

Nomenclature. 'Nomenclature of *The Lord of the Rings*', repr. in *The Lord of the Rings: A Reader's Companion*; see under Hammond.

On Fairy-Stories: see *Tolkien on Fairy-Stories*.

The Peoples of Middle-earth (History of Middle-earth, vol. 12), ed. Christopher Tolkien. London: HarperCollins, 1996.

'Philology: General Works', in *The Year's Work in English Studies 1924*, ed. F. S. Boas and C. H. Herford. London: Oxford University Press, 1926.

Qenya Lexicon (Qenyaqetsa). Parma Eldalamberon, no. 12 (1998), ed. Christopher Gilson, Carl F. Hostetter, Patrick Wynne, and Arden R. Smith.

The Return of the Shadow (History of Middle-earth, vol. 6), ed. Christopher Tolkien. London: Unwin Hyman, 1988.

Sauron Defeated (History of Middle-earth, vol. 9), ed. Christopher Tolkien. London: HarperCollins, 1992.

The Shaping of Middle-earth (History of Middle-earth, vol. 4), ed. Christopher Tolkien. London: Unwin Hyman, 1986.

The Silmarillion. London: George Allen & Unwin, 1977 (first edition).

Sir Gawain and the Green Knight, Pearl and Sir Orfeo, ed. Christopher Tolkien. London: HarperCollins, 2006 (first published 1975).

Smith of Wootton Major, ed. Verlyn Flieger. London: HarperCollins, 2005 (extended edition).

The Story of Kullervo, ed. Verlyn Flieger. London: HarperCollins, 2015.

Tales from the Perilous Realm. London: HarperCollins, 2008.

Tolkien on Fairy-Stories, ed. Verlyn Flieger and Douglas A. Anderson. London: HarperCollins, 2014.

The Treason of Isengard (History of Middle-earth, vol. 7), ed. Christopher Tolkien. London: Unwin Hyman, 1989.

Unfinished Tales of Númenor and Middle-earth, ed. Christopher Tolkien. London: George Allen & Unwin, 1980.

The War of the Jewels (History of Middle-earth, vol. 11), ed. Christopher Tolkien. London: HarperCollins, 1994.

The War of the Ring (History of Middle-earth, vol. 8), ed. Christopher Tolkien. London: Unwin Hyman, 1990.

Words, Phrases and Passages in The Lord of the Rings. Parma Eldalamberon, no. 17 (2007), ed. Christopher Gilson.

其他人的作品

Anderson, Douglas A. (ed.). *The Annotated Hobbit*. Boston: Houghton Mifflin, 2002 (2nd edition).

Artamonova, Maria, and Nicolay Yakovlev. 'Tolkien's Oxfordshire'. Unpublished lecture.

Artist and Illustrator: see under Hammond and Scull.

Barnfield, Marie. 'The Roots of Rivendell'; in *þe Lyfe ant þe Auncestrye* no. 3, ed. Trevor Reynolds. Milton Keynes: Forsaken Inn, 1996.

Barton, Peter. *The Somme*. London: Constable, 2006.

Biography: see under Carpenter, Humphrey.

Blackham, Robert S. *The Roots of Tolkien's Middle-earth*. Stroud: Tempus, 2006.

Blunden, Edmund. *Undertones of War* (Chicago: University of Chicago Press, 2007; 1st pub. 1928).

Brace, Keith. 'In the Footsteps of the Hobbits.' *Birmingham Post*, 25 May 1968.

Brace, Keith. 'Perspective: Tolkien dismissed idea of a deeper meaning.' *Birmingham Post*, 27 November 2001, 11.

Bratman, David. 'In Search of the Shire', *Mallorn* no. 37. Tolkien Society, 1999.

Bridoux, Denis. 'Tolkien's Swiss Journey'. Unpublished talk, 2017.

Brookes-Smith, Colin. *Some Reminiscences of J. R. R. Tolkien*. Unpublished: Bloxham, 1982.

Burns, Maggie. 'A local habitation and a name', in *Mallorn* no. 50. Tolkien Society, 2010.

Burns, Marjorie. *Perilous Realms: Celtic and Norse in Tolkien's Middle-earth*. Toronto: University of Toronto Press, 2005.

Carpenter, Humphrey. *J. R. R. Tolkien: A Biography*. London: George Allen & Unwin, 1977.

Dickinson, Helen. *J.R.R.T.: A Film Portrait of J. R. R. Tolkien* (directed by Derek Bailey). London: Tolkien Partnership/Landseer, 1992.

Ekwall, Eilert. *The Concise Oxford Dictionary of English Place-names*. Oxford: Clarendon Press, 1936.

English School Association, Leeds. *Leeds University Verse 1914–1924*. Leeds: The Swan Press, 1924.

Ezard, John. 'Tolkien's Shire'. *The Guardian*, 28 December 1991 (www.guardian.co.uk/books/1991/dec/28/jrrtolkien.classics).

Family Album: see under Tolkien, John and Priscilla.

Fimi, Dimitra. *Tolkien, Race and Cultural History: From Fairies to Hobbits*. Basingstoke: Palgrave Macmillan, 2008.

Fisher, Jason. *Tolkien and the Study of His Sources*. Jefferson, NC: McFarland, 2011.

Flowers, Michael. 'Tolkien in East Yorkshire, 1917-18: A Hemlock Glade, Two Towers, the Houses of Healing and a Beacon', in Janet Brennan Croft and Annika Röttingger (eds.), *Something Has Gone Crack: New Perspectives on J. R. R. Tolkien in the Great War* (Zürich: Walking Tree, 2019).

Foster, William. 'An early history of the hobbits'. *Edinburgh Scotsman*, 5 February 1972.

Fussell, Paul. *The Great War and Modern Memory*. Oxford: Oxford University Press, 2013 (first published 1975).

Garth, John. *Tolkien and the Great War: The Threshold of Middle-earth*. London: HarperCollins, 2003.

Gelling, Margaret. *The Place-Names of Oxfordshire*.

Gilliver, Peter, Jeremy Marshall and Edmund Weiner. *The Ring of Words: Tolkien and the Oxford English Dictionary*. Oxford: Oxford University Press, 2006.

Hall, Michael. *Francis Brett Young's Birmingham: North Bromwich – City of Iron*. PhD thesis, University of Birmingham, 2007.

Hammond, Wayne G., and Christina Scull. *J. R. R. Tolkien: Artist and Illustrator*. London: HarperCollins, 1995.

Hammond, Wayne G., and Christina Scull. *The Lord of the Rings: A Reader's Companion*. London: HarperCollins, 2014 (second edition).

Hynes, Gerard. '"Beneath the Earth's dark keel": Tolkien and Geology', in *Tolkien Studies* vol. 9 (2012).

Kington, John. *Climate and Weather*. London: HarperCollins, 2010.

Lewis, C. S. *The Discarded Image*. Cambridge: Cambridge University Press, 1964.

Larrington, Carolyne. *The Norse Myths: A Guide to the Gods and Goddesses*. London: Thames & Hudson, 2017.

Lee, Stuart, and Elizabeth Solopova. *The Keys of Middle-earth*. 2nd edition, Basingstoke, Palgrave Macmillan, 2015.

Lord of the Rings Companion: see under Hammond.

Lyons, Mathew. *There and Back Again: In the Footsteps of J. R. R. Tolkien*. London: Cadogan, 2004.

Mabey, Richard. *Flora Britannica*. London: Sinclair-Stevenson, 1996.

McIlwaine, Catherine. *Tolkien: Maker of Middle-earth*. Oxford: Bodleian Publishing, 2018.

Nansen, Fridtjof. *In Northern Mists* (in two volumes). London: Heinemann, 1911.

Norman, Philip. 'The Hobbit Man', *Sunday Times Magazine*, 15 January 1967.

Orchard, Andy. *Pride and Prodigies: Studies in the Monsters of the Beowulf Manuscript*. Pbk ed. Toronto: University of Toronto Press, 2003.

Organ, Michael. 'Tolkien's Japonisme: Prints, Dragons, and a Great Wave.' *Tolkien Studies* vol. 10 (2013).

Phelpstead, Carl. *Tolkien and Wales: Language, Literature and Identity*. Cardiff: University of Wales Press, 2011.

Prest, John. 'City and University', in *The Illustrated History of Oxford University*, ed. John Prest. Oxford: Oxford University Press, 1993.

Rackham, Oliver. *The History of the Countryside*. London: Phoenix, 2000 (first published London: Dent, 1986).

Rateliff, John D. *The History of the Hobbit*. London: HarperCollins, 2007 (1st ed.)

Reader's Guide: see under Scull, Christina, and Wayne G. Hammond.

Resnick, Henry. 'An Interview with Tolkien', *Niekas*, no. 18 (1967)

Sabo, Deborah. 'Archaeology and the Sense of History in J. R. R. Tolkien's Middle-earth', *Mythlore* vol. 21, no. 1 (Fall/Winter 2007).

Scull, Christina. 'The Influence of Archaeology and History on Tolkien's World', in *Scholarship and Fantasy: Proceedings of the Tolkien Phenomenon*, ed. K. J. Battarbee. Turku: University of Turku Press, 1993.

Scull, Christina, and Wayne G. Hammond. *The J. R. R. Tolkien Companion and Guide: Reader's Guide*. London: HarperCollins, 2017 (2nd ed., in two volumes).

Sheppard, Thomas. *The Lost Towns of the Yorkshire Coast*. London: A. Brown & Sons, 1912.

Shippey, Tom. *The Road to Middle-earth: How J. R. R. Tolkien created a new mythology*. London: HarperCollins, 2005 (revised and expanded edition).

Simek, Rudolf. *Dictionary of Norse Mythology*, trans. Angela Hall. Cambridge: D. S. Brewer, 1993 (repr. 2000).

Tolkien, Hilary. *Black and White Ogre Country: The Lost Tales of Hilary Tolkien*, ed. Angela Gardner. Moreton-in-Marsh: ADC, 2009.

Tolkien, John and Priscilla, *The Tolkien Family Album*. Boston: Houghton Mifflin, 1992.

Uglow, Jenny. *The Lunar Men: The Inventors of the Modern World 1730–1810*.

索引

这份索引不可避免地经过了选择，在有帮助的地方给出了简短的解释和翻译。斜体的页码指的是图片和地图。

阿伯茨伯里（多塞特郡）Abbotsbury（Dorset）110

阿伯福伊尔 Aberfoyle 35

阿德嘉兰 Ard-galen 55、168

阿尔卑斯山 Alps 82、83–90、84–85、86、88、105、129

阿尔波因·埃罗尔（《失落之路》）Errol, Alboin（Lost Road）75、76、133、197；奥杜恩 Audoin 93；奥斯温 Oswin 197

阿尔伯特·施佩尔 Speer, Albert 150、151、199

阿尔达（世界）Arda（the world）90

阿尔–法拉宗 Ar-Pharazôn 41

阿尔夫海姆 Alfheim 66

阿尔弗雷德，国王 Alfred, King 28、47、145、198

阿尔弗雷德·魏格纳 Wegener, Alfred 97–98

阿尔弗雷德·沃特金斯 Watkins, Alfred 121

阿尔诺 Arnor 22、44、56、70、76、80、140、142、150

阿尔玟 Arwen 122

阿芬顿的白马 White Horse of Uffington 16、32、137、144、145、198

阿弗洛斯河 Afros, River 106

阿刚那斯 Argonath 142、143、143

阿格拉隆德 Aglarond 98、99

阿卡德语 Akkadian 39、41

阿科克斯格林 Acocks Green 13–14

阿拉贡 Aragorn 25、39、98、115、121、141、201

阿拉米诺瑞 Alalminórë 48、118

阿莱奇冰川 Aletsch Glacier 88、90、194

阿勒达瑞安，国王 Aldarion, King 129

阿罗拉冰川 Arolla Glacier 88、90、194

阿门洲 Aman 66，另见不死之地 Undying Lands

《阿门洲编年史》Annals of Aman 188

阿鸥 Mew 71

阿什菲尔德路 Ashfield Road 12、189

阿斯加德 Asgard 26、31、66

阿斯卡河 Ascar, River 55、103

阿斯图里亚斯号（医疗船）Asturias（hospital ship）62

阿斯托拉特 Astolat 190

阿瓦隆（威尔士）Ynys Afallon 66

阿瓦隆（亚瑟王传奇中的地方）Avalon（Arthurian land）；阿瓦隆／阿瓦隆尼（托尔埃瑞西亚岛或岛上的港口）Arallon/Arallónë（Tol Eressëa or its haven）34、35、66、192

阿维杜伊，国王 Arvedui, King 70

埃德蒙·布伦登 Blunden, Edmund 162、163、166、171

埃德蒙·韦纳 Weiner, Edmund 19、72、189、197

埃多拉斯 Edoras 144

埃尔达玛 Eldamar 28、43、66、80，另见精灵家园 Elvenhome

埃尔隆德 Elrond 128

埃尔文顿 Elvendon 23

埃尔汶 Elwing 155

埃夫伯里（威尔特郡）Avebury（Wiltshire）134、137、139、145

埃克塞林 Ecthelin 47、48、48

埃克塞特 Exeter 50；埃克塞特学院 Exeter College 50、96、147、192，另见牛津 Oxford

埃兰迪尔（努门诺尔英雄）Elendil（Númenórean hero）41、76、150；名称 name 56

埃里克·勒维利厄斯 Ravilious, Eric 144

埃里欧尔（《失落的传说》中的水手）Eriol（mariner, Lost Tales）28、31、35、49–52、62、106、167；被艾尔夫威奈取代 replaced by Ælfwine 54、191

埃林提（《失落的传说》中的维拉）Erinti（Vala, Lost Tales）49、191

《埃吕别格萨迦》Eyrbyggja Saga 142

埃敏穆伊 Emyn Muil 98、111、161

埃奇巴斯顿 Edgbaston 14、20、154、155、179、180、199

埃瑞博 Erebor 95，另见孤山 Lonely Mountain

埃瑞赫 Erech 190

埃瑞吉安（冬青郡）Eregion（Hollin）88、129、201

埃萨尔·德拉维勒马凯 Villemarqué, Vicomte Hersart de la 79

埃塞弗莉达之丘 Ethelfleda's Mound 49、120、120、196

埃斯加尔都因河 Esgalduin, River 108

埃斯提林 Estirin 50

埃塔普勒 Étaples 62

埃文河 Avon, River 15、108、120、196；名字 name 108

埃文洛德河 Evenlode, River 108

埃雅仁德尔／埃雅仁迪尔（星辰水手）Éarendel, Eärendel/-il（star mariner）27–30、35、36、38、39、56、62、64–66、68、72、81、85、148、155；古英语来源 from Old English 27、36、65；改为精灵语 turned into Elvish 29；第一份剧情大纲 first plot outline 38、65、66、68、81、193

埃泽洛哈尔 Ezellohar 120

矮人 Dwarves 35、56、69、90、99、114、116、164、179、198；语言 language 32、190

艾尔夫威奈（虚构的盎格鲁–撒克逊水手）Ælfwine（fictional Anglo-Saxon mariner）53–56、75、191；名字 name 31、55

艾格峰 Eiger 86、88–89

艾林微奥 Aelin-uial 55、106

艾伦·巴涅特 Barnett, Allen 21

艾伦·李 Lee, Alan 32、93、152–153、165

艾伦萨加 Írensaga 89

艾森河 Isen, River 90

艾森加德 Isengard 98、128、143、157、159、169、169、182、184

爱德华·伯恩–琼斯 Burne-Jones, Edward 179、179

爱德华国王学校 King Edward's School 14、15、147、178、178、179–180、189、194

爱丁堡城堡 Edinburgh Castle 92

爱尔兰 Ireland 33、50、51、75、190；神话 mythology 33、34–35、66、69、134、135、187、192

安布罗斯·达德利 Ambrose Dudley 148

安德鲁·弗格森 Ferguson, Andrew 23；马特 Matt 143

安德鲁·朗 Lang, Andrew 135、198；《红色童话》Red Fairy Book 26

安德鲁·希金斯 Higgins, Andrew 28

安都因大河 Anduin 32、33、98、108、109、111、142、169

安法拉斯 Anfalas 37

安法乌格砾斯（贝烈瑞安德以北的荒漠）Anfauglith（desert north of Beleriand）55、106、168、169、171、172

安戈隆 Angolonn 55

安格班（魔苟斯的要塞）Angband（Morgoth's stronghold）55、56、200

安妮·佩蒂 Petty, Anne 184

黯影海域 Shadowy Seas 66

黯影山脉 Shadowy Mountains 90

昂克尔，河（法国）Ancre, River（France）106、161、162、165、170；河谷 valley 164

盎格鲁人 Angles 22、51

盎格鲁–撒克逊 Anglo-Saxons 6、19、22、26、45、46、51–52、51、53–54、58、75、76、145、196；文化与传统 culture and tradition 23、25、26–28、30–32、33、116、128、142、144、191、198。另见英格兰 England、古英语 Old English

奥布松 Aubusson 176

奥登 Auden, W. H. 36、194

奥地利 Austria 84、124、145

奥尔斯特路 Alcester Road 14、15

《奥菲欧爵士》 *Sir Orfeo* 36、118

奥法堤 Offa's Dyke 142

奥古斯都·皮金 Pugin, Augustus 178、200

奥克 Orcs 162、164、168、200；名称 name 30、90、91；半兽人 goblins 72、98、114、123、164、167、168、176、187

奥克利 Oakley *16*、17

奥力（众维拉中的工匠之神）Aulë（smith of the Valar）96、179

奥特穆尔 Otmoor *16*、17、*18*

《奥托兰多城堡》 *The Castle of Otranto* 137

奥维莱尔－拉布瓦塞勒 Ovillers-la-Boisselle *159*、168

巴迪 Bardi 92

巴拉督尔 Barad-dûr 155、166、199

巴拉希尔 Barahir 117

巴纳巴斯·巴特 Butter, Barnabas 21、189

芭芭拉·赫普沃斯 Hepworth, Barbara 139

白肤族 Fallohides 22

白兰地河 Brandywine, River 19、110

白兰地鹿家 Brandybuck family 127；名称 name 128；梅里 Merry 89、131、141、145、159、171、172

白马山 White Horse Hill 145

白色山脉 White Mountains 89

白食人魔 White Ogre *13*、21、189、200、201

百老汇塔 Broadway Tower *12*、16、*147*、157

拜伦勋爵 Byron, Lord 137

邦布谷（萨尔霍）Bumble Dell（Sarehole）*13*、114；名称 name 189

邦赫迪格，国王 Bonhedig, King 17

傍水镇 Bywater 18

保罗·富塞尔 Fussell, Paul 160

保罗·纳什 Nash, Paul 121、*121*、162

北方 the North，文化影响 cultural influence 25–32、65、67–69。另见北极圈 Arctic、文兰 Vinland

《北方迷雾》 *In Northern Mists* 41、67、68、69、*69*、192

北极圈 Arctic 70

北美洲 North America，森林河流 forest rivers 110；美洲原住民 native Americans 35–36、117–118

北欧（古斯堪的纳维亚）Norse（Scandinavian）厅堂 halls 32、137；神话 myths 26、28、30、31、32、39、40、66、81、90。另见冰岛 Iceland、维京人 Vikings、文兰 Vinland

贝奥恩（《霍比特人》中的换皮人）Beorn（*Hobbit* shapeshifter）103、126；贝奥恩的厅堂 Beorn's Hall *12*、32；贝奥恩的厅堂（插图）Beorn's Hall（drawing）23、137、190

《贝奥武甫》（古英语诗歌）*Beowulf*（Old English poem）26、31、32、40、47、67、72、74、109–110、133、149、152、*154*、155、156、157、190、198；托尔金对《贝奥武甫》的评论 Tolkien on 30、36、67

《贝奥武甫》中的芬恩 Finn in *Beowulf* 135、198；芬威 Finwë 135

贝尔梅霍 Bermejo 62

贝克福德塔 Beckford's Tower 157

贝拉普 Belalp *88*、*89*、90

贝烈格（多瑞亚斯的精灵弓箭手）Beleg（elf archer of Doriath）36、117、*124*、172

贝烈瑞安（"大地尽头"的名称）Belerion（name of Land's End）54、78

贝烈瑞安德（精灵对抗魔苟斯的战争发生的地区）Beleriand（region of elf-wars against Morgoth）7、34、35、43、44、46、55–58、*57*、78、101、103、129、135、167、168、191；地图 maps *55*、*57*；名称 name 78、194；安戈泷德/英戈泷德 Angolonn/Ingolondë 55；布罗塞利安德 Broseliand 35、44、78、194

贝伦（凡人英雄）Beren（mortal hero）44、56、*56*、74、85、95、117–118、*117*、122、172

比尔博·巴金斯 Baggins, Bilbo 13、18、28、44、57、69、83、85、86、*104*、114–116、123、126、137、139、141、164、176–177、182、187、200

比尔卡班巴 Vilcabamba 136

比金斯小姐 Biggins, Miss 74

比莱萨图瓦 Bus-les-Artois 172

彼得·巴顿 Barton, Peter 162、167、171

彼得·吉利佛 Gilliver, Peter 21、190

彼得·杰克逊 Jackson, Peter 155

笔直航道 Straight Way 31、80–81、*80*、156

边见叶子 Hemmi, Yoko 191

边界诸郡 March-counties 18、23、59

宾波湾 Bimble Bay 72、74、75、189、200；宾波镇 Bimble Town 75、180

宾西 Binsey 21

冰岛 Iceland 22、*22*、28、65、68、70、94–95、*94*、194；冰岛萨迦 Icelandic sagas 26、28、30、31、67–69、92、*92*、94、95、109、140、142。另见古斯堪的纳维亚 Norse

波琳·贝恩斯 Baynes, Pauline 17、*64*、69、*170*、191

波罗斯河 Poros, River 108

波洛克 Porlock 75、*75*、193

波斯列文 Porthleven 62

伯格达勒人 Burgdalers 188

伯克郡 Berkshire 17、18、19、22、32、106、139、*162-163*；伯克郡丘陵 Bershire Downs *16*、139、145、162

伯库纳斯 Perkúnas 123、197

伯明翰 Birmingham 13、*14*、15、20、21、33、47、*52*、*102*、114、128、154、172、*175*、175–179、*177*、181–184、*181*、*183*、191、196、197、199、201；伯明翰奥拉托利会 Birmingham Oratory *14*、15、62、147、*148*、178、197；伯明翰大学 Birmingham University 172、178、199；巴罗百货商店 Barrow's Stores 200。另见爱德华国王学校 King Edward's School、埃奇巴斯顿 Edgbaston

伯明翰集团 Birmingham Set 179

伯纳德·斯莱 Sleigh, Bernard *52-53*

伯纳斯勋爵 Berners, Lord 23、156

伯特伦·温德尔 Windle, Bertram 134、135、197

柏拉图 Plato 37、151

博芬面包店 Boffin's Bakery 20、21

博加维尔基（冰岛）Borgarvirki（Iceland）92、*92*、194

博斯科贝尔橡树 Boscobel oak 115、*115*、126

博斯普鲁斯 Bosphorus 108、196

不莱梅的亚当 Adam of Bremen 66、70

不列颠 Britain 17、38、*53*、55–59、*55*、*57-59*、72、78、79、129、178、190；不列颠考古学 archaeology 133–136、137、139、142；凯尔特的不列颠 Celtic Britain 22、31、33、51、52、54、*58-59*、110；"英格兰" 'England' 47；不列颠群岛 British Isles 35、43、46、50、51、52、191；入侵不列颠 invasions *51*；不列颠题材 Matter of Britain 见亚瑟王传奇 Arthurian legends；酒吧名称 pub-names 115；河流名称 river-names 108；河流 rivers 110；特洛伊 and Troy 150；战时 at war 160、168、*185*

不死之地 Undying Lands 33、34、43、44、69、80、155。另见埃尔达玛 Eldamar、托尔埃瑞西亚 Tol Eressëa、维林诺 Valinor

布拉姆·斯托克 Stoker, Bram，《德古拉》 *Dracula* 122、123、126

布莱克敏斯特 Blackminster 15

布雷登山 Bredon Hill *12*、16、23

布雷克诺克郡 Brecknockshire 19

布里安德伍德 Bury Underwood 128

布里尔 Brill *16*、19

布里格 Brig *88*、*89*、90、194

布里斯托尔海峡 Bristol Channel 20、59、75、*75*、110、156、157；塞文海 Severn Sea *75*、191

布里梭宁人（布立吞人）Brithonin（Britons）51

布理 Bree 19、20、21、75、109；名称和布理山 name and Bree-hill 19

布列塔尼 Brittany 33、51、*51*、78、79、193

布林·邓西尔 Dunsire, Brin 17

布隆方丹 Bloemfontein 11、*12*、38–39、*38*

布鲁克勋爵树丛 Lord Brooke's Clump 120、196

布伦地区 the Burren 190

布罗塞利安德（= 贝烈瑞安德）Broseliand（= Beleriand）35、44、78、194

布罗赛利安德（亚瑟王传奇中的森林）Broceliande（forest in Arthurian legend）35、78、193；布罗塞利安德 Broseliand 35

布茹伊能 Bruinen 88；渡口 Ford 64、105；响水河 Loudwater 88、105

布瑞希尔（多瑞亚斯的森林）Brethil（forest in Doriath）32、55、142、192

布瑞希尔的会议之环 Moot-ring of Brethil 32、142

布赞库尔 Bouzincourt 161、162

C.S. 刘易斯 Lewis, C.S. 21、75、110、120、128、192、193、194、197、199；他哥哥沃尼 brother Warnie 61、110、196、201

Cwén 28；Cwénas 28 古英语对芬兰人的称呼

采尔马特 Zermatt 88、194

彩虹桥（北欧神话中的彩虹桥）Bifröst（Norse rainbow bridge）31、81

查尔斯·巴里 Barry, Charles 178、180、200

查尔斯·狄更斯 Dickens, Charles，《艰难时世》 Hard Times 182

查尔斯·金斯利 Kingsley, Charles 129

查尔斯·卡林顿 Carrington, Charles 167

查尔斯·威廉姆斯 Williams, Charles 199

查理二世 Charles II 115、115、126、197

茶社与巴罗社团 T.C.B.S. 142、171–172、177、180、194、199、200

长谷 Longbottom 20

长湖 Long Lake 103

长湖镇 Lake-town 110、137–139、139、190

长崖镇 Long Cleeve 20

常春藤酒馆 Ivy Bush inn 20

彻韦尔河 Cherwell, River 105–106、105、162；名称 name 108、196

沉船 shipwrecks 79

城市发展 urban development 15、179–182

《出埃及记》（古英语诗歌）Exodus（Old English poem）39

《传说的见证》 The Testimony of Tradition 134

传说故事集 legendarium 6、7、29、30、31、33–35、37、44–45、53、58、61–63、66–71、78、79、81、85、86、92、113、116、136、148、149、150、156、159、160、168、175、177–178、184、192、199 等多处（常被称为中洲或托尔金的神话）and passim（often referred to as 'Middle- earth' or Tolkien's 'mythology'）

垂柳之地 Land of Willows 106、162，另见南塔斯仁 Nan-tathren

祠边谷 Harrowdale 89、144

次创造 subcreation 43、179

次生信赖；次生世界 secondary belief; secondary world 43

达戈拉德（"战争平原"）Dagorlad（'Battle Plain'）166、184、188

达南神族 Tuatha Dé Danann 34–36、66、134

大地尽头（康沃尔）Land's End（Cornwall）54、75、76、78

大海 Great Sea 43、44、55、58、61、64、66、67、69、111、166；早期昆雅语 "大海" Haloisi Velikë 68

大海伍德 Great Haywood 43、48、49、50、51、52、54、106、106、107、110、167、191、192，另见塔芙洛贝尔 Tavrobel

大荒野 Wilderland 44、57、123、126、169、194

大街 High Street 180

《大山之根》 The Roots of the Mountains 142、188、201

大卫·布拉特曼 Bratman, David 21

大卫·布利塞特 Blissett, David 180

大卫·道根 Doughan, David 35

大卫·罗比 Robbie, David 49、191

大卫·马森 Masson, David 105

大卫·麦克里奇 MacRitchie, David 134、135、198

大卫·琼斯 Jones, David 160

大雅茅斯 Great Yarmouth 65

大泽（多塞特郡）The Fleet（Dorset）110

袋底洞 Bag End 20

黛博拉·萨博 Sabo, Deborah 138、139、142、144、145

黛蒙德·图克 Took, Diamond 20

戴维斯 Davies, W. H. 75、193

丹尼尔·格罗塔 Grotta, Daniel 21

丹尼斯·布里杜 Bridoux, Denis 88、89、90、103、110、138、199

但丁 Dante Alighieri 151、166、199

道格拉斯·A. 安德森 Anderson, Douglas A. 126、198

德国 Germany 23、51、77、84、98、103、111、122、124、147、160、163、168、170、179

德鲁阿丹森林 Drúadan Forest 36、116、145

德内梭尔 Denethor 151

德维莫伯格 Dwimorberg 89

德文郡 Devon 21、59、75、189

灯芯草岛 Rushey 20

登茨加思 Dents Garth 117、118

《狄奥》（古英语诗歌）Déor（Old English poem）54、191

狄戈 Déagol 109

地方守护灵 genius loci 17

《地心游记》 Journey to the Centre of the Earth 94

地质学 geology 58、88、91–92、95–98、103、111

地中海 Mediterranean Sea 65、85、115、195

第二纪元 Second Age 34、43、44、110、129、150

第三纪元 Third Age 43、44、150

第四纪元 Fourth Age 44

第一纪元 First Age 32、34、43、44、129、172；远古时代 Elder Days 44、57、78、80、134

帝王谷 Valley of the Kings 143

蒂特福德 Titterford 109

蒂耶普瓦勒森林 Thiepval Wood 163、171

东方 the East，文化影响 cultural influence 25、39–41；哥特人 and Goths 123、126；鲁恩 Rhûn 197；东大道 East Road 142

《东方奇观》（古英语）Wonders of the East（Old English）40

东区 Eastfarthing 20

冬青郡 Hollin 88、129、191

都林之门 Doors of Durin 129、201

敦牛 Dun Cow 47、47

多阿姆洛斯 Dol Amroth 65、74

多格滩 Dogger Bank 71；多格地 Doggerland 72

多姆斯顿 Dormston 12、20

多瑞亚斯（在贝烈瑞安德）Doriath（in Beleri- and）56、85、117–118、126、131、172

多塞特郡 Dorset 72、133、139、197

多松尼安（贝烈瑞安德以北的森林）Dorthonion（forest north of Beleriand）55、117、122、131

多温尼安 Dorwinion 69；名称 name 69、193

E.V. 戈登（利兹大学的同事）Gordon, E.V.（Leeds colleague）116、137、144、197、201

俄罗斯 Russia 28、70、122

厄尔辛尼亚森林 Hercynian Forest 36、122、123、126、197

厄瑞玻斯 Erebus 195；厄瑞玻斯号 HMS Erebus 70；厄瑞玻斯山 Mt Erebus 95

厄斯克河 Usk, River 19

厄谢尔大主教 Ussher, Archbishop 195

恩特 Ents 90、129、131、143、168、169、184；名称 name 143；关于范贡 of Fangorn 38；恩特婆 Entwives 169

恩特河 Entwash, River 109、131

法夫岬 Fife Ness 79

法国 France 47、62、98、120、131、155、162、165–167、170、176、188、194，另见布列塔尼 Brittany、索姆河 Somme

法拉米尔 Faramir 117、151

法利（约克郡）Filey（Yorkshire）71、74、81、109、193

法林登（伯克郡）Faringdon（Berkshire）16；法林登荒唐塔 Faringdon Folly 23、156、156–157

范贡 Fangorn 38、74、124、129

方特希尔 Fonthill 131

非洲 Africa 11、38–39、62、134、148、152

菲斯普 Visp *88*、194

费迪南德·凯勒 Keller, Ferdinand 138

费约琴 Fjörgyn 123

芬兰 Finland，芬兰传统 Finnish tradition 17、28、47、113；芬兰语 Finnish language 28、36、68、147；芬兰人 Finns 29。另见卡勒瓦拉 Kalevala

风云顶 Weathertop 19、145

佛洛德地区 Forodwaith 43、70

佛洛赫尔冰湾 Forochel, Ice-bay of 70

《伏尔松萨迦》 *Völsunga Saga* 26、118、126

弗拉德威斯·阿姆罗德 Fladweth Amrod 50

弗拉特岛 Flatholm Island 75、*75*

弗兰伯勒角（约克郡）Flamborough Head（Yorkshire）71、*71*、77、79

弗兰克·赫尔利 Hurley, Frank *70*

弗兰西斯·布雷特·杨 Young, Francis Brett 176、182

弗朗西斯·摩根神父（J.R.R. 托尔金的监护人）Morgan, Father Francis（JRRT's guardian）15、19、72、78、147、191、197

弗朗西斯·汤普森 Thompson, Francis 56

弗里乔夫·南森 Nansen, Fridtjof 31、41、67–70、*69*、192

弗里斯兰人 Frisians *51*、135、198

弗罗多·巴金斯 Baggins, Frodo 19、21、22、66、72、81、95、106、115、121、128、139、157、160、162、165、172、176、191、199、200

福勒 Fawler 133、*137*

福斯路 Fosse Way 142

富士山 Mount Fuji 94

G. K. 切斯特顿 Chesterton, G. K. 145

盖德灵（诺丁汉郡）Gedling（Nottinghamshire）27、*27*、110、191

盖尔人 Gaels 51、52

盖伊·达文波特 Davenport, Guy 21

甘道夫 Gandalf 6、39、58、72、85、86、91、*91*、103、108、109、126、152、157、164、191

刚多林（精灵城市）Gondolin（elf-city）12、37、*55*、62、64、129、136、139、149–150、168、179、191、199

刚铎 Gondor 33、37、*38*、39、41、44、56、76、80、108、111、115、117、126、*127*、142、*143*、149–151、169、178、179、188、190、197

高荒野 High Heath 49、167

高荒野之战 106

《高文爵士与绿骑士》 *Sir Gawain and the Green Knight* 26、116、118、197、201

戈堝洛斯（魔多）Gorgoroth（Mordor）95、166–167、172

哥布林 goblins 72、127、189；托尔金的半兽人 For Tolkien's 见奥克 Orcs

哥特人 Goths 37、123、126、*127*、137；哥特语 Gothic language 26、32

哥特式 Gothic，建筑或气氛 architecture or atmosphere 65、122、123、126、131、137、141；哥特式复兴 Gothic Revival 178、*178*、180

咯哩噗 Glip 72

格拉斯顿伯里 Glastonbury *137*、138、198

格莱丁河 Gliding, River 108

格兰道尔 Grendel 72、133；格兰道尔水潭 Grendel's mere 109

格蓝都因河 Glanduin, River 110

格劳龙 Glaurung 102、103、168

格雷斯威尔路 Gracewell Road 12–13、*13*

《格雷蒂尔萨迦》 *Grettir's Saga* 140

格里特 Greet 105

格陵兰 Greenland 28、65、66、68、70

格罗因 Glóin 176；名称 name 32

格茹伊尔河 Gruir, River 106、*106*

格瓦斯罗河 Gwathló, River 129

格温多 Gwindor *124*、172

葛饰北斋 Hokusai, Katsushika 94

各种语言（创造的语言）languages（invented）26、28–29、44、79、190；阿督耐克语 Adunaic 41；西部语 Westron 或通用语 Common Speech 32、191。另见矮人 Dwarves、精灵语 Elvish、诺多语 Noldorin、昆雅语 Quenya、辛达语 Sindarin

各种语言（真实的语言）languages（real）26–27、35、39、133、190；阿尔贡金语 Algonquin 36；阿拉伯语 Arabic 190；希腊语 Greek 26、36、38、108、196；希伯来语 Hebrew 56、190；拉丁语 Latin 26、31、32、33、36、101、123、128、147、181、197；中古英语 Middle English 26、36、116、118、129、197；古冰岛语 Old Icelandic 26、69、198。另见芬兰 Finland、哥特人 Goths、古英语 Old English、语文学 philology、威尔士语 Welsh

工业化 industrialisation 175–176、179–184

《公主与哥布林》 *The Princess and the Goblin* 98

贡希利丘陵 Goonhilly Downs 62

狗岛 Isle of Dogs 71

孤岛 Lonely Isle，另见托尔埃瑞西亚 Tol Eressëa

孤山（埃瑞博）Lonely Mountain（Erebor）8、*8*、94–95、169、194

咕噜 Gollum 72、83、109、114、165、170、187

古埃及 Egypt, ancient 41、111、136、143

《古老的直道》 *The Old Straight Track* 121

古英语（盎格鲁－撒克逊）Old English（or Anglo-Saxon）53、54；语言 language 6、26–27、29、30、31、32、39；文学 literature 26、28、39、40、54、55、65、67、74、116、118、142–143、149、152、191、192。另见盎格鲁－撒克逊 Anglo-Saxon、贝奥武甫 *Beowulf*

古家岗 Barrow-downs 134、140–142、*140*、144、162、164、172；古家 barrows 76、134、144；古家尸妖 barrow-wights 30、139–141、198

圭尔夫号 Guelph, SS 62、192

圭斯林人（盖尔人）Guiðlin（Gaels）51

鬼火 will-o'-the-wisps' 89、109、126

国王北镇 King's Norton *177*

国王荒地，伯明翰 Kings Heath, Birmingham 12、*14*、33、178、189

H.G. 威尔斯 Wells, H.G. 98

哈巴南（阿拉曼，埃茹曼）Habbanan（Araman, Eruman）160、199

哈格利路 Hagley Road 20

哈拉德 Harad 39、108；哈拉德民 Haradrim 39、108、190；哈拉德地区 Haradwaith 43

哈里奇 Harwich 103

哈洛登 Harrowdown 89

海布拉塞尔 Hy Breasail 34、66、192

海布里大厅 Highbury Hall 178

海尔姆深谷 Helm's Deep 98、142

海克拉 Hekla 91、*94*、95、195

海伦·阿姆斯特朗 Armstrong, Helen 72、201

《海上钟声》 *The Sea-bell* 172

海湾 Bay，巴拉尔湾 of Balar 55、194；贝尔法拉斯湾 Belfalas 65；精灵家园的海湾 Elvenhome 67、72、90、155；芬地湾 Fundy 77

汉弗莱·卡彭特 Carpenter, Humphrey 175、193、201

汉密尔顿·迪恩 Deane, Hamilton 122

汉尼拔 Hannibal 90

汉普郡 Hampshire 128、142、187、194、197

悍－不里－悍 Ghân-buri-Ghân 116、145

《航海》 *Navigatio* 34、66、*67*、80；"航海" imram 34、80–81

河谷城 Dale 32、126、176–177、179

荷马 Homer 36、151；《伊利亚特》 *Iliad* 37；《奥德赛》 *Odyssey* 37、98；荷马式 Homeric 36–38

赫尔 Hel 31

赫尔（约克郡）Hull（Yorkshire）77、117、172、198

赫斯珀里得斯 Hesperides 36

贺拉斯·沃波尔 Walpole, Horace 137

褐地 Brown Lands 169

黑蛮祠 Dunharrow 89、144–145、189

黑蛮地 Dunland 128

黑骑手 Black Riders，另见那兹古尔 Nazgûl

《黑萨维加萨迦》 Heiðarvíga Saga 92

黑色乡野 Black Country 182–184、183、201

黑森林 Mirkwood 44、74、114、122–129、137、154、169、196、197；精灵 Elves 34–35、108、114、117、124、124、126、135；人类 Men 126；欧洲的黑森林 Myrkviðr 36、122、123

黑食人魔 Black Ogre 21、200

亨伯河 Humber, River 76、77、110

亨吉斯特和霍萨 Hengest and Horsa 22、28、32、51、52、145

亨利·福克斯·塔博特 Talbot, Henry Fox 190

亨利·赖德·哈格德 Haggard, Henry Rider 38、134、136、152、154；《她》She 38–39、52、118、136、148、199

亨利·罗·斯库尔克拉夫特 Schoolcraft, Henry Rowe 36

亨利·摩尔 Moore, Henry 139

亨利·沃兹沃斯·朗费罗 Longfellow, Henry Wadsworth，《海华沙之歌》Hiawatha 35–36、35、90、91、91、102–103、109、116、190

胡奥恩 Huorns 169

湖区 Lake District 110

湖镇热 fièvre laustre 138

灰港 Grey Havens 59、64、81、142

灰森林 Grey Wood 188

灰水河 Greyflood, River 110

惠特比 Whitby 109、136、193

惠特比修道院 Whitby Abbey 136

惠廷顿希思 Whittington Heath 113、115

霍比特人 hobbits 7、13、15、21、22、43、46、57、58、72、106、109、110、127、128、129、136、157、160、163、164、175、177、197；霍比特洞府 hobbit-holes 6、21–22、163、182、201；语言 language 32、190；名称 hobbit 72、193

《霍比特人》The Hobbit 7、8、14、18、32、33、57、59、61、69、71、72、74、84–90、103、114、116、123、134、135、137–139、164、168、182；艺术作品 artwork 8、8、9、86、87、88、94、104、135、176；写作 composition 15、20–22、44、57、85、87、88、122–123、126、169、187、195、200、201；出版与读者反响 publication and reception 17、23、44、81、126、181

《霍比特人：插图详注本》The Annotated Hobbit 126

霍比屯 Hobbiton 8、8、13、15–16、18、19、20、21、23、58、58、110、182、191

霍布洞的霍布 Hob-hole Hob 72

霍恩西 Hornsea 76

霍恩西湖 Hornsea Mere 109

霍尔德内斯 Holderness 76、77、109、138、198

霍尔格林 Hall Green 15

霍华德·卡特 Carter, Howard 136

霍莉·奥德韦 Ordway, Holly 188

霍普沃斯黑斯森林 Hopwas Hays Wood 113、115

J.W. 邓恩 Dunne, J. W. 92–93、194

《基督》（古英语诗歌）Crist（Old English poem）27

基恩西 Kilnsea 77；老基恩西 Old Kilnsea 76、78

吉卜赛格林 Gipsy Green 50

吉尔福德 Guildford 190

《吉尔伽美什》Gilgamesh 98

吉姆利 Gimli 39、98、99

蓟桥 Thirtle Bridge 77

加地夫 Cardiff 191

加拉德瑞尔 Galadriel 118、121、154、178

加斯街内湾 Gas Street Basin 175、176

尖刺山 Starkhorn 89

简·尼夫（J.R.R. 托尔金的姨母）Neave, Jane（JRRT's aunt）20、27、84、131

交通 Transport，开车 cars 15–17、21、23、74、139、180–181；火车 railways 109、181

焦煤镇 Coketown 182

杰弗里·巴赫·史密斯 Smith, Geoffrey Bache 142、171、172、180

杰拉德·海因斯 Hynes, Gerard 97

杰森·费舍尔 Fisher, Jason 108、196

杰西卡·耶茨 Yates, Jessica 188

杰伊·约翰斯通 Johnstone, Jay 39

戒灵 Ringwraiths，另见那兹古尔 Nazgûl

金凯尔高地 Kinkell Braes 95–96、97

金凯尔岬 Kinkell Ness 96

金鲈酒馆 Golden Perch inn 20

金莓 Goldberry 17、105、106

金莺尾沼地 Gladden Fields 109、124

精灵 Elves 7、23、28–38、43–59、62–81、90、148–155、178、179；仙灵 fairies 29、31、34、44、46–47、52、115、117、126、134–135、166、198；星辰的子民 Eldar 196。另见诺多族 Noldor

精灵宝钻 Silmarils 34、37、56

《精灵宝钻》Silmarillion 7、31、43、44、55、57、61、80、81、90、105、106、109、110、117、120、126、134、135、136、168、171、199；未完成的作品 As work in progress 7、30、33、43–44、46、54、55、64、69、90、122、124、124、169；世界观的演变 evolving worldviews 44、46、54、55–56；小说当中的作品 As a work within the fiction 54。另见失落的传说 Book of Lost Tales

精灵家园 Elvenhome 28、38、50、65、90、148、155、191、199；位置 location 31、66–67；海湾 Bay 67、72、90、155；埃尔达玛 Eldamar 28、43、66、80。另见科尔 Kôr、提力安 Tirion

《精灵、羊人和仙灵的秘密联邦》The Secret Commonwealth of Elves, Fauns and Fairies 35

精灵语言 Elvish languages 28–29、36、75、79、147、191。另见诺姆族语 Gnomish、诺多语 Noldorin、昆雅语 Quenya、辛达语 Sindarin

精灵之友 Elf-friend（as name）31、56、78；精灵拉丁语 Elf-latin 33；精灵塔 elf-towers 58、157、199

镜影湖 Mirrormere 110

巨石阵 Stonehenge 134、137、142、144–145

喀尔巴阡山 Carpathian Mountains 123、126

喀拉喀托火山 Krakatoa 92、194

卡迪根湾 Cardigan Bay 78

卡尔·穆伦霍夫 Müllenhof, Karl 65、192

卡尔岩 Carrock 103

卡拉奇尔雅 Calacirya 90

卡拉斯加拉松 Caras Galadhon 121

卡拉兹拉斯（红角峰）Caradhras（Redhorn）88–89

《卡勒瓦拉》（芬兰史诗）Kalevala（Finnish epic）28、68、103、113

卡伦·温·方斯塔德 Fonstad, Karen Wynn 110

凯尔巴洛斯 Celbaros 47–48、48

凯尔特 Celts 22、31、35、51、52、54、74、118、122、131、134–135、193；文化与传统 culture and tradition 25、29、33–35、34、47、53、78、118、121、191、192、198；语言 language 19、33、90、103、108、187–188、201；前凯尔特 pre-Celtic 190。另见西方 the West

凯勒博恩 Celeborn 118、178

凯勒布迪尔（银齿峰）Celebdil（Silvertine）88、91、91

凯勒布兰特 Celebrant 108

凯南斯湾 Kynance Cove 62、187

坎布里亚山 Cambrian Mountains 110

坎诺克蔡斯（斯塔福德郡）Cannock Chase（Staffordshire）12、49、50、128、167

坎特尔·瓜洛德 Cantre'r Gwaelod 78、80

康沃尔 Cornwall 54、58、59、64、76、76、77、78、79、79、187；1914 年造访 1914 visit 62–64、63、81、160、192、199；1932 年造访 1932 visit 21、74；《失落之路》The Lost Road 76

考古学 archaeology 33、92、133–145、187–188

考克斯洞穴 Cox's Cave 98–99、99

柯尔布鲁德尔 Coalbrookdale 182

科巴斯港 Cobas Haven 74

科茨沃尔德丘陵 Cotswold Hills 16、20、129、139、141、157、162

科尔 Kôr 29、65、90、149、199；哈格德作品中的

科尔 in Haggard 38、152

科尔河 Cole, River 13、15、105、109

科尔提力安 Kortirion 48、48、49、50–51、50、53、54、120、121、122、149

科克桑莫斯 Cockersand Moss 187

科林 korin 49、121

科林·布鲁克斯 – 史密斯 Brookes-Smith, Colin 89、194；布鲁克斯 – 史密斯家族 family 84

科瑁兰 Cormallen 172

科帕斯·澳阔伦滕（天鹅港） Kópas Alqalunten（Swanhaven） 74、193

克拉弗登 Claverdon 22

克雷吉 Craigie, W. A. 68、192

克里克洼 Crickhollow 22

克里斯蒂娜·斯卡尔 Scull, Christina 16、89、111、136、143、144、163、193

克里斯托弗·怀斯曼 Wiseman, Christopher 193、194

克里斯托弗·托尔金（J.R.R. 托尔金的儿子） Tolkien, Christopher（JRRT's son） 20、38、44、85、131、145、157、189、190、191、192、199

克利夫登（萨默塞特郡） Clevedon（Somerset） 59、77、191

克罗默 Cromer 193

克诺索斯 Knossos 136

肯塔基 Kentucky 21

枯荒野 Withered Heath 169

库·丘林 Cú Chullain 35

库兹都语 Khuzdul 190

"快乐少女"巨石圈 Merry Maidens 76

匡托克丘陵 Quantock Hills 21、120、193、196

昆雅语 Quenya 28、29–30、33、56

捆木林 Bindbole Wood 189

拉达加斯特 Radagast 126

拉德卡斯特 Radegast 126

拉斐尔前派兄弟会 Pre-Raphaelite Brotherhood 177

拉莱丝 Lalaith 102–103

拉梅顿 Lamedon 37

拉莫纳湾 Lamorna Cove 21、74、75、193

拉美西斯二世 Rameses II 143

拉姆岩 Lamrock 103

拉农 Ranon 47、48、48

拉瓦尔阿勒达 lavaralda 69、76

拉文塞尔·奥德 Ravenser Odd 78

拉兹角 Pointe du Raz 79

莱昂·贝尔杜德 Berthoud, Léon 138、139

莱昂内塞 Lyonesse 53、54、58、76、78、80

莱夫·埃里克森 Leif Eriksson 68

莱戈拉斯 Legolas 36、39、99、117、152

莱姆里吉斯 Lyme Regis 22、72、72、74、75、108、110、189、193、194、196

莱斯利·赫克斯特布尔 Huxtable, Leslie 162

莱亚门，《布鲁特》 Layamon, Brut 66

莱茵河 Rhine, River 84、98、102、103、110、111、123、124；莱茵黄金 Rhinegold 103

蓝色山脉（埃瑞德林顿/路因） Blue Mountains（Ered Lindon/Luin） 44、55、56、57、58、59、83、110

《狼族传说》 The House of the Wolfings 124、142、188

劳拉·奈特 Knight, Laura 74

劳特布伦嫩 Lauterbrunnen 83、86、86、88–89、88、105、195

老彼得·布吕格尔 Bruegel the Elder, Pieter 150

老林子 Old Forest 114、127–129、127、139、162

老普林尼 Pliny the Elder 123

老乌普萨拉 Old Uppsala 144

涝洛斯瀑布 Rauros, Falls of 25、103、111

雷德纳尔 Rednal 12、15、114、197

雷恩 Wrenn, Charles Leslie 75–76、193

雷神托尔 Thor 123、142、197

蕾希恩 Leithien 55、56，另见路沙尼 Luthany

里克山 Lickey Hills 12、15、114、197

里斯本 Lisbon 62、66、192

理查德·博尚 Richard Beuchamp 148

理查德·福提 Fortey, Richard 95

理查德·高夫 Gough, Richard 98、99

理查德·瓦格纳 Wagner, Richard 103

利德尼 Lydney 137、187–188、201

利德尼公园 Lydney Park 33

利姆清河 Limlight, River 108

利耐温湖 Linaewen 55、109

利奇菲尔德伯爵 Earls of Lichfield 49

利泽德半岛 Lizard 62、63、64、76、79、81、192

利兹（约克郡） Leeds（Yorkshire） 17、72、102、116、129、201；利兹大学 University 27、33、53、72、116、137、191

列克星敦 Lexington 21

林顿 Lindon 23、58–59、57–59、110、191

林恩·弗雷斯特 – 希尔 Forest-Hill, Lynn 187

林木地 Woodhall 23

林中居民 Woodmen 117、126

凛格罗谷地 Ringló Vale 37

灵泊 Limbo 151

《流浪者》（古英语诗歌） The Wanderer 149、152

琉璃溪 Brook of Glass 106

柳树老头 Old Man Willow（Willow-man） 17、105–106

柳条河 Withywindle, River 105、106、108、128

龙 dragons 8、17、25、26、30、74、102、103、110、145、168、169、181、193、200

龙山 Dragon Hill 145

龙岩山 Drachenfels 102、103

吕奇纳河 Lütschine, River 86、88、105、195

鲁恩内海 Sea of Rhûn 43、69

鲁斯 Roos 54、117–118、117、131

路沙尼（不列颠） Luthany（Britain） 56、53、54、56；露西恩 Lúthien 55；蕾希恩 Leithien 55、56；名称 names 56

鹿厅 Heorot 133、152、154

露西恩·缇努维尔 Lúthien Tinúviel 44、53、56、58、59、95、117–118、122、172；名字 names 56、56、192

绿林 greenwood 自由 and liberty 116–117、129、131；在黑森林 in Mirkwood 122、124、126；大绿林 Greenwood the Great 126

绿龙酒馆 Green Dragon inn 20、74

绿丘乡野 Green Hill Country 189

伦斯威克湾 Runswick Bay 72

罗宾·达沃尔 – 史密斯 Darwall-Smith, Robin 124

罗宾汉传说 Robin Hood legend 116、117

罗伯特·布莱卡姆 Blackham, Robert 22、105、145、172、189

罗伯特·达德利 Robert Dudley 148、149

罗伯特·柯克 Kirk, Robert 35

罗伯特·奎尔特·吉尔森 Gilson, Robert Quilter 142、163、171、172、180、191、194；他父亲罗伯特·卡里·吉尔森 Robert Cary（his father） 194

罗伯特·芒罗 Munro, Robert 138

罗伯特·斯科特 Scott, Robert 70

罗尔德·阿蒙森 Amundsen, Roald 70

罗尔莱特石圈 Rollright Stones 16、17、137、139、141

罗杰·艾科 – 霍克 Echo-Hawk, Roger 36、69、193

罗蕾莱 Lorelei 103、106、195；洛勒莱（罗蕾莱跳下去的岩石） Loreley（her rock） 102、103、124

罗蕾莱·加思 Garth, Lorelei 22

罗马人 Romans 25、33、37、51、126、133、151、187、188；军事 military 123、127、140；道路 roads 142；罗马 Rome 52、137、150、197

罗姆人（罗马人） Rúmhoth（Romans） 51

罗纳河谷 Rhone Valley 88、89、194

罗瑟迦，国王 Hrothgar, King 152

罗斯 Rôs（1）城镇 town 54；（2）海角 promontory 79

罗斯戈贝尔 Rhosgobel 126

罗塔尔峰 Rottalhorn 86、89

罗特峰 Rothorn 89

罗瓦尼安（北方人类的王国） Rhovanion（kingdom of Northmen） 32、98、197。作为地区 As region，见大荒野 Wilderland

罗西·科顿 Cotton, Rosie 20

洛德姆 Lowdham 27、75、191

洛汗 Rohan 23、32、36、37、89、133、144–145、152、*154*、155；马克 the Mark 32；洛汗骠骑（洛希尔人）Riders of Rohan（Rohirrim）32、*32*、37、116、126、142

洛瑞·李 Lee, Laurie 175、184

洛丝罗瑞恩 Lothlórien 12、17、33、34–35、38、76、108、111、114、117、118–121、*118*、122、152、154、179、190、199

洛斯索斯人 Lossoth 36、70

落基山脉 Rocky Mountains 36、90、91

《马比诺吉昂》 *The Mabinogion* 33、118

马德拉岛 Madeira 62、65、*91*、92、192

《马尔登战役》（古英语诗歌）*Battle of Maldon*（Old English poem）149

马尔科和布兰科 Marcho and Blanco 22

马尔科姆·吉特 Malcolm Guite 145

马尔文 Malvern 110、194；马尔文山 Malvern Hill *11*、*12*、16、89；名称 name 196

马克斯·温德尔 Windle, Max 197

马丘比丘 Machu Picchu 136

马特峰 Matterhorn 89、194

马修·博尔顿 Boulton, Matthew 182、*182*

马修·莱昂斯 Lyons, Mathew 131、201

马扎布尔室 Chamber of Mazarbul 164

玛哈那克萨 Máhanaxar 142

玛吉·彭斯 Burns, Maggie 175、177

玛丽·巴恩菲尔德 Barnfield, Marie 89、105、190、195

玛丽亚·阿塔莫诺娃 Artamonova, Maria 17、21、145

玛－努－法尔玛 Mar-nu-Falmar 80

玛乔里·彭斯 Burns, Marjorie 34

迈恩黑德 Minehead 75、*75*、193、196

迈克尔·奥根 Organ, Michael 94

迈克尔·弗劳尔斯 Flowers, Michael 118、155

迈克尔·托尔金（J.R.R. 托尔金的儿子）Tolkien, Michael（JRRT's son）126、191

迈林根 Meiringen 88、*88*、89

麦德维德 Medwed 126

麦豪石室 Maeshowe 144

麦基凯威斯 Mudjeekeewis 90、91

《麦克白》*Macbeth* 169

麦曼·黄油菊 Butterbur, Barliman 21

麦西亚 Mercia 23、32、47、142

曼威 Manwë 36、90

芒特湾 Mount's Bay 75

毛脚族 Harfoots 22

珥珑 Mallorn 76、114、118、*118*

梅贝尔·托尔金（婚前姓萨菲尔德；J.R.R. 托尔金的母亲）Tolkien, Mabel（née Suﬁeld; JRRT's mother）11、12、*12*、15、20、38、72、78、84、109、114、147、175、190

梅登城堡 Maiden Castle *133*、*137*、139–140、*140*、198

梅里尔－伊－图林奇 Meril-i-Turinqi 49、120、121

梅林 Merlin 33

美杜塞尔德 Meduseld 32、133、152、*154*

美丽安 Melian 99

美尼尔塔玛 Meneltarma 93

美索不达米亚 Mesopotamia 39、*40*、136；亚述 Assyria 39、143；尼尼微 Nineveh 39、136、150

门迪普丘陵 Mendip Hills 98

蒙德堡墓冢 Mounds of Mundburg 169

蒙福之地 Blessed Realm 56、66，另见不死之地 Undying Lands

蒙茅斯的杰佛里 Geoffrey of Monmouth 47

梦之路 Path of Dreams 81

弥尔顿 Milton, John 106、166

迷雾山脉 Misty Mountains 36、*57*、90、91、123、164、194

迷咒群岛 Enchanted Isles 66

米德加德 Midgard *30*、31

米尔 Meare 138、198

米尔寇 Melkor 96，另见魔苟斯 Morgoth

米伦 Mürren 84、86、*86*、89

米那斯阿诺尔 Minas Anor 151

米那斯魔古尔 Minas Morgul 155、199

米那斯提力斯 Minas Tirith *32*、37、142、151、*152*、155、164、178、188、191、199

米奇·利德尔 Liddell, Mitch 98

密林河 Forest River 108

密瓦顿 Mývatn 109

秘银 mithril 109

喵吻 Mewlips 170、*170*

明霓国斯 Menegroth 34、*55*、99、108、*130*、131、135

魔多 Mordor 44、93、95、101、161、*167*、175、179、181、182–184、*183*；边境 117、155、162、166、188、201；名称 name 35、184

魔多的黑门（魔栏农）Black Gate of Mordor（Morannon）95、188

"魔多特遣飞行大队" Mordor Special Mission Flying Corps 168

魔苟斯 Morgoth 30、56、70、93、96、122、150、151、187、200；王国 realm 31、95、168；神庙 temple 41、93、150、*151*；战争 war against 44、50、55、78、117、168–169

魔古尔山谷 Morgul Vale 115、172

魔鬼的风箱 Devil's Bellows 63

魔幻群岛 Magic Isles 66

《魔戒》*The Lord of the Rings* 7、12–13、17、19–23、37–38、39、41、88–89、90–95、98–99、105、106、108–111、114–117、118–121、126–131、139–145、151–157、160–167、169–172、176、178–179、182–184、187–188；写作 composition 19、20、33、39、44、*45*、68、72、93、144、178、195；第二版前言 Foreword to 2nd edition 199；地图 maps 43、44、45、69、95、191；世界观 worldview 57–59；其他 other references by title 19、21、56、61、64、66、70、76、81、85、86、103、104、134、166、168、190、196、197、198

魔戒大战 War of the Ring 22、81、141

魔栏农（魔多的黑门）Morannon（Black Gate of Mordor）95、188

末日山 Mount Doom 38、93、94–95、184、195

莫德雷德 Mordred 35、184

莫蒂默·惠勒 Mortimer Wheeler 139–141、187–188、198、201

莫里斯·考利 Morris Cowley 16、180、*180*、181

莫斯利 Moseley *14*、15、20；莫斯利沼泽 Bog 13、15、114

墨涅 Mornië 79

墨瑞亚 Moria 88、108–110、129、164、201

墨象社 Inklings 20、21、27、76、93、151、166、190、196、197、199、201；与墨象社成员徒步旅行 walks with 75、120、128

默里·史密斯 Smith, Murray 143

木材山 Timber Hill 74、189

穆默里 Mummery, A.F. 89、194

穆斯贝尔 Múspell 39

那兹古尔（索隆的仆从）Nazgûl（servants of Sauron）164、168；黑骑手 Black Riders 105、115、157；戒灵 Ringwraiths 165

纳国斯隆德（精灵城市）Nargothrond（elf-city）34、*55*、108、135、144

纳洛格河 Narog, River *55*、101、108

奈芙拉斯特 Nevrast *55*、64

南顿埚塞布 Nan Dungortheb *55*、172

南方（文化影响）the South（cultural inﬂuence）25、38–39

南方海岸 South Coast 72

南塔斯仁（垂柳之地）Nan-tathren（Land of Willows）*55*、*105*、106、131

能恩河（或能河）Nen(e), River 65、108

能激栗斯 Nen Girith 103、108

"能人"布朗 Brown, Lancelot 'Capability' 120、196

能希斯艾尔 Nen Hithoel 103、108

能拉莱丝 Nen Lalaith 102–103

尼德 Nudd 187

尼尔多瑞斯 Neldoreth 55、118、131

尼尔耐斯·阿诺迪亚德（泪雨之战）Nirnaeth Arnoediad（'Unnumbered Tears'）106、168

"年少的" 埃奥尔 Eorl the Young 152

涅诺尔 Nienor 103、108

宁达尔夫 Nindalf 98、109

宁洛德尔 Nimrodel 106、108

佞舌 Wormtongue 152

牛津 Oxford 7、16、17、55、72、105-106、*105*、108、110、*111*、127、*137*、147-149、152、163、178、180-181、*180*、191、196、201；在传说故事集中 in the legendarium 50、52、54、58、131；阿什莫尔博物馆 Ashmolean Museum 138、198；博德利图书馆 Bodleian Library 36、147、151；博芬面包店 Boffin's Bakery *20*、21；植物园 Botanic Garden 131；埃克塞特学院 Exeter College 50、96、147、192；绿龙酒馆 Green Dragon pub 20、74；默顿学院 Merton College 27；噪声消减协会 Noise Abatement Society 180；彭布罗克学院 Pembroke College 188、194；鲈鱼酒馆（位于宾西）The Perch（Binsey）21；皮特·里弗斯博物馆 Pitt Rivers Museum 116；拉德克利夫馆 Radcliffe Camera *150*、151；牛津大学 University，见约翰·罗纳德·鲁埃尔·托尔金（学术事业，教育）Tolkien（academic career, education）；大学公园 University Parks 115；白马酒馆 White Horse pub 20；沃尔弗科特公墓 Wolvercote Cemetery *56*、118。另见彻韦尔河 Cherwell、泰晤士河 Thames

牛津郡 Oxfordshire 16-18、21、23、32、89、106、108、121、133、*137*、139、181、189

《牛津英语词典》 *Oxford English Dictionary* 19、21、27、35、56、72、74

纽伯里 Newbury 19

农夫科顿 Cotton, Farmer 182

农夫马戈特 Maggot, Farmer 21

弄潮者 Foamriders 54

努阿达 Nuada 187

努尔能 Núrnen 108

努门诺尔 Númenor 34、43、44、75、81、92-93、143、150、168、178、179；作为亚特兰蒂斯 as Atlantis 37、61、76、78-80、151；建筑 building 41、92、142-143、*143*、151、*152-153*、157；林业 forestry 110、129；近东 Near East 41；特洛伊 Troy 150

《诺埃尔抄本》 *The Nowell Codex* 40

诺登斯 Nodens 187-188

诺多语 Noldorin language 33、195；诺姆族语（《失落的传说》）'Gnomish'（*Lost Tales*）33、48、106、138、191、192、193。另见精灵语 Elvish

诺多族 Noldor 33、34、50、55、70；诺姆族

Gnomes 34、44、47、*48*、50、200

诺福克 Norfolk 65、193

诺里奇 Norwich 65、193

诺姆族，诺姆族语 Gnomes, Gnomish；另见诺多族 Noldor、诺多语 Noldorin

诺伊里南 Noirinan 143

欧尔桑克 Orthanc 92、*93*、143、155、157、199

欧洛米 Oromë 99

欧内斯特·沙克尔顿 Shackleton, Ernest 67、70、*70*

欧文·巴菲尔德 Barfield, Owen 75、120、128

欧西 Ossë 64、96

欧西瑞安德 Ossiriand 55、56、131

欧辛 Oisín 35

《欧洲水上建筑》 *Les Stations Lacustres de l'Europe* 138

帕特里克·库里 Curry, Patrick 184

《潘趣》 *Punch* 67

培雷火山 Pelée 92、*93*、195

佩格·波勒 Powler, Peg 106

佩拉基尔 Pelargir 178

佩兰诺平野 Pelennor Fields 145；佩兰诺平野之战 battle *32*、169

佩罗瑞山脉 Pelóri 90

佩罗特荒唐塔 Perrott's Folly 154

朋格洛德 Pengolod 54

皮卡第 Picardy 160、162

皮克特人 Picts *51*、134

品那斯盖林 Pinnath Gelin 37

皮平·图克 Took, Pippin 20、129、131、159、164、171

珀肖尔 Pershore *12*、15

菩科尔人 Púkel-men 144-145、189

普莉希拉·托尔金（J.R.R. 托尔金的女儿）Tolkien, Priscilla（JRRT's daughter）193

七峰山 Siebengebirge *102*、103、124

七姐妹山毛榉 Seven Sisters 120、196

西格夫里·萨松 Sassoon, Siegfried 164、172、184

西古尔德（齐格弗里德）Sigurd（Siegfried）*25*、26、35、103、118

奇立斯乌苟（魔多的塔楼）Cirith Ungol（Mordor tower）143、155

强大的格瓦尔 Gwar the Mighty 47

乔顿伯雷树环 Chanctonbury Ring 121

乔叟 Chaucer, Geoffrey 52、142

乔治·艾伦与昂温 George Allen & Unwin 81、190

乔治·麦克唐纳 Macdonald, George 66、98

乔治·塞耶 Sayer, George 89、190

切达峡谷 Cheddar Gorge 98、99、131

切尔滕纳姆 Cheltenham 20、47、48、*48*、117、150

切特森林 Chetwood 19

区（夏尔分区）farthing（Shire division）21

R.G. 科林伍德 Collingwood, R. G. 188、194、201；他父亲 W.G. 科林伍德 father W. G. 92、194

人民大厅 Volkshalle *150*、151

日本版画 Japanese prints 94

日耳曼 Germanic，民族 peoples 22、28、39、61、123、144；文化与传统 culture and traditions 25-32、65、118、121、187、192；语言 language 90、142。另见盎格鲁－撒克逊 Anglo-Saxons、哥特人 Goths、语文学 philology、维京人 Vikings

儒勒·凡尔纳 Verne, Jules 94、110、195

瑞士 Switzerland *83*、83-91、*84-85*、*86*、*89*、*102*、103、110、124、129、131、138、*138*

sigelhearwan 39

萨尔霍 Sarehole 12-15、*13*、*14*、21、105、109、114、116、147、160、175、176、180-182、*180*、*182*、184、189、197、200、201

萨菲尔德家族（J.R.R. 托尔金的母系家族）Suffield family（JRRT's maternal ancestors）12、15、20、59、189

萨顿胡的船葬 Sutton Hoo ship burial 144

萨莉·佩尔松 Pehrsson, Sally 86、194

萨米 Sami 69

萨默塞特 Somerset 19、21、59、75、*75*、77、128、138、193、196、198

萨茹曼 Saruman 145、157、168、169、171、182、201

撒克逊人 Saxons 22、32、51、*51*、193

塞缪尔·柯勒律治－泰勒 Coleridge-Taylor, Samuel 102

塞缪尔·泰勒·柯勒律治 Coleridge, Samuel Taylor 75

塞尼尚努斯 Senicianus 187

塞文河 Severn, River 58、59、*59*、77、106、110、142、182；塞文海 Severn Sea，另见布里斯托尔海峡 Bristol Channel

三区石 Three Farthing Stone 21

三石门 trilithons 134、135、*135*

伞屋 Umbrella Cottage 22

《散文埃达》 *Prose Edda* 66、98

桑戈洛锥姆 Thangorodrim 95

瑟兰杜伊 Thranduil 126

森林 forest 113-131；被淹没的森林 drowned forests 76、78；词源 etymology 127-128；阿尔丁森林 Forest of Arden 128；仙境森林 of Faërie

18、126、131；暗夜森林 of Night 122、169，另见陶尔－努－浮阴 Taur-nu-Fuin、树木 trees

森林地 The Weald 128

僧侣峰 Mönch 86、88

杀戮之丘 Hill of Slain 168

莎士比亚 Shakespeare, William 29、46、168、169

山脉 mountains 8、8、82–95；高山岛 mountains islands 65、66；墨瑞亚山脉 Mountains of Moria 88、109、129；恐怖山脉（贝烈瑞安德北方）of Terror（north of Beleriand）172；维林诺山脉 of Valinor 68、90。另见阿尔卑斯山 Alps、蓝色山脉 Blue、坎布里亚山 Cambrian、喀尔巴阡山 Carpathian、铁山脉 Iron、迷雾山脉 Misty、落基山脉 Rocky、黯影山脉 Shadowy、白色山脉 White Mountains

山姆·甘姆吉 Gamgee, Sam 13、20、21、39、58、61、64、66、81、115、160、161、162、165、166、172、182、190；后代 descendants 23、59、157；老头儿 Gaffer 21；姓氏 surname 189

闪闪发光的地板 fágne flór 133

商业 commerce 98、99、176–177、179、180

《尚流》The Tatler 156

绍斯韦尔大教堂 Southwell Minster 131

少女峰 Jungfrau 84、86、88、89

舍伍德森林 Sherwood Forest 117

神话（通称）myth（in general），"神话即历史"论 euhemerism 135；奠基神话 foundational myth 37、52、54–55、128、150–151

神圣罗马帝国 Holy Roman Empire 150、199

审判之环 doom-rings 142

圣阿尔达特街 St Aldates 20

圣安德鲁斯 St Andrews 62、77、79、95、198

圣彼得曼克罗夫特 St Peter Mancroft 65

圣布伦丹 Brendan, St 34、66、67、75、80–81、93、192

圣米迦勒山 St Michael's Mount 76、78

圣乔治 George, Saint 145

《失落的传说》The Book of Lost Tales, the Lost Tales 16、30、31、43、62、66、68、70、74、79、90、96、106、120、121、122、136、138、145、150、167、172、191、199；最初版 original version 44、45、47–52、167、192、197；第二版 second version 45、53–54、192；埃里欧尔或艾尔夫威奈听说并记录的"失落的传说" Lost Tales as heard and written down by Eriol or Ælfwine 29、31、35、52、54、62、136；框架故事 frame story 53、62；"失落的传说"概念 'lost tale' as concept 27、29，另见《精灵宝钻》Silmarillion "失落的世界"风格 lost world genre 52、136–137

《失落的约克郡海岸城镇》The Lost Towns of the Yorkshire Coast 76、77

《诗体埃达》Poetic Edda 32

施塔尔登 Stalden 88、194

施特歇尔贝格 Stechelberg 86、88、129、194

湿平野 Wetwang 109

石马车山谷 Stonewain Valley 188

《时间实验》An Experiment with Time 92、195

食人妖 trolls 22、26、30、164、190、194；森林食人妖 wood-trolls 116

世界大战 world wars 第一次世界大战 First（the Great War）15、21、30、44、49、61、62、76、81、95、98、106、117、147–150、158、159–172、164、166、167、173、184、185、188；第二次世界大战 Second 181、199、201

《世界尽头的井》The Well at the World's End 178

世界之树 Yggdrasil 30、31、40

舒恩（海湾和河流）Lhûn（gulf and river）43、58、58、59、59、110

舒格伯勒庄园 Shugborough Hall 49

树木、树林 Trees 35、36、39、71、110、113–131、154、160、162–163、162–163、169–171、182、184；尼葛的树 Niggle's tree 44；树丛 tree clumps 120–121、121、196；树人 Tree-men 38；日月双树 Trees of Sun and Moon 29、40、40；白树 White Tree 41；山毛榉 beech 99、113、118–121、131、196；榆树 elm 6、11、47–49、118、120、126、128、131、160、181、196；橡树 oak 6、13、114、115、115、123、126、128、196、197；柳树 willow 13、54、105–106、105、108、191、197。另见恩特 Ents、胡奥恩 Huorns、拉瓦尔阿勒达 lavaralda、珆珑 mallorn、双圣树 Two Trees、世界之树 Yggdrasil

树须 Treebeard 129、131、143、169

双塔 Two Towers 154–155、199

水流呜咽的山谷 Valley of Weeping Waters 106、168

《水手》（古英语诗歌）The Seafarer（Old English poem）192

睡眠七圣童 Seven Sleepers 66

《斯基迪波尼族的传统》Traditions of the Skidi Pawnee 36

《斯基尼尔之歌》Lay of Skirnir 90

斯基台人 Scythians 38

斯基特 Skeat, W.W. 109

斯罗克莫顿 Throckmorton 20

斯毛格 Smaug 8、103、164、168、200

斯毛格荒漠 Desolation of Smaug 169

斯奈菲尔火山 Mount Snæfellsjökull 94

斯诺里·斯蒂德吕松 Snorri Sturluson 98

斯珀恩角 Spurn Head 76、77

斯坦利·昂温 Unwin, Stanley 85

斯特龙博利火山 Stromboli 94、195

斯托克 Stock 19

斯托小镇 Stow-on-the-Wold 129

死而复生者之地 Land of the Dead that Live 55、56、58

死灵法师 Necromancer，另见索隆 Sauron

死人堤 Deadmen's Dike 142

死人脸沼泽 Mere of Dead Faces 109

死亡沼泽 Dead Marshes 36、89、106、109、165、165、168、170、172、184、188

四郡石碑 Four Shire Stone 16、21

苏格兰 Scotland 33、35、46、51、62、75、77、88、90、95、97、134–135、165

苏豪制造厂 Soho Manufactory 182、182

苏维克号 Suevic 79

凤巫 Thû，另见索隆 Sauron

梭林 Thorin 32、84、103、114、177

索尔芬·卡尔塞夫尼 Thorfinn Karlsefni 28、67、68、193

索隆（死灵法师，凤巫）Sauron（the Necromancer, Thû）30、35、39、40、41、44、93、95、122、126、145、150、152、165、168、175、187–188、199

索姆河（战役）Somme（battle）47、77、81、106、109、117、149、159、159–172、162、164、165、168、171、184、188、189

索乌河 Sow, River 106、106、192

T.E. 劳伦斯 Lawrence, T.E. 139

塔 Tower，巴别塔 of Babel 41、150、151；英吉尔之塔 of Ingil 48、49；珍珠之塔 of Pearl 155；海鸟之塔 of Seabirds 155

塔恩艾路因 Aeluin, Tarn 110

塔芙洛贝尔 Tavrobel 43、49–51、50、54、106、167；在布瑞希尔 in Brethil 192。另见大海伍德 Great Haywood

塔尼魁提尔 Taniquetil 29、30、36、68、74、90

塔丘 Tower Hills 157

塔茹伊松 Taruithorn 50、52

塔斯洛贝尔 Tathrobel 54

太阳城 Civitas Solis 151、199

泰德·山迪曼 Sandyman, Ted 21

泰格林河 Taiglin, River 103、108、192

泰姆 Thame 16、17

泰坦尼克号 Titanic 79

《泰晤士报》The Times 47、67、89、95、98、127、139、140、195、198

泰晤士河 Thames, River 17、71、106、108、110、111、180、196

坦博拉 Tambora 92

汤姆·邦巴迪尔 Bombadil, Tom 12、17、17、105–106、129、139、140；名称 name 189

汤姆·希比 Shippey, Tom 17、32、36、39、90、108、111、116、151、152、182、188、194、201

陶尔－努－浮阴（早期形式陶尔－那－浮阴，暗夜森林）Taur-nu-Fuin（earlier Taur-na-Fuin, Forest of Night）57、74、122-126、124、171、172

陶洛贝尔 Taurobel 48、49，另见塔芙洛贝尔 Tavrobel

特德斯利海伊 Teddesley Hay 50

特兰西瓦尼亚 Transylvania 123

特伦特河 Trent, River 49、106、106、110、192

特洛伊 Troy 26、37、136、162、150、199

特尼里弗岛 Tenerife 62、65、66、92、192

提尔纳诺 Tír na nÓg 34、35

提力安 Tirion 65、90、191、199

提斯河 Tees, River 106

天鹅泽 Swanfleet 110

天主教 Catholicism 15、62、115、137、147

条顿堡 Teutoberg 123

铁山脉 Iron Mountains 95

统御魔戒 Ring, Ruling 154、187

图奥 Tuor 48、62-64、64、106、150

图恩 Tûn 90

图恩 Thun 88、90；图恩湖 Thunsee（Lake Thun）88、110

图尔巩 Turgon 48、150

图克地 Tookland 128

图林·图伦拔 Túrin Turambar 44、74、102-103、167、169、172、192

图纳 Túna 90

托德沼泽 Marsh of Tode 170

托尔埃瑞西亚 Tol Eressëa 34、35、43、46、47、50-51、50、54、62、66、69、80、81、192；孤岛 Lonely Isle 34、45、48、62、65、66、78、167、172、192；作为不列颠或英格兰 as Britain or England 31、46、47-52、50、110

托尔布兰迪尔 Tol Brandir 103

托尔浮阴 Tol Fuin 57、58、59、191

托尔纬瑟农 Tol Withernon 50、50、138、198

托尔西瑞安 Tol Sirion 55、74、103、122

托马斯·格雷 Gray, Thomas 26

托马斯·哈代 Hardy, Thomas 140、160

托马斯·卡莱尔 Carlyle, Thomas 182

托马索·康帕内拉 Campanella, Tommaso 151、199

托马斯·马洛礼 Malory, Thomas 190

托马斯·威廉·肖 Shore, Thomas William 28

托马斯·谢泼德 Sheppard, Thomas 77、198

蛙泽屯 Frogmorton 20

瓦尔妲 Varda 36、90

瓦尔朗库尔丘 Butte de Warlencourt 162

万奈摩宁 Väinämöinen 17

万神殿（建筑）Pantheon（building）151

万斯堤 Wansdyke 142

王室橡树 Royal Oak 115

亡者之路 Paths of the Dead 89、134、164

威尔弗雷德·欧文 Owen, Wilfred 160、165-166

威尔士 Wales 16、19、31、33、34、46、58-59、75、83、110、116、196；威尔士语 Welsh language 19、33、36、58、103、108、189、191、196；威尔士边界 Welsh marches 18、23、59；威尔士神话 Welsh mythology 33、34、47、66、78、118、187

威廉·奥彭 Orpen, William 23

威廉·贝克福德 Beckford, William 131

威廉·亨德森 Henderson, William 72、193

威廉·莫里斯 Morris, William （1）艺术家与作家 artist and writer 26、123、142、177-179、178、188、194、201；（2）企业家，牛津的纳菲尔德勋爵 industrialist Lord Nuffield of Oxford 180、200

威廉·斯蒂克利 Stukeley, William 134、144

威瑟恩西 Withernsea 50、50、76、138、155、155；老威瑟恩西 Old Withernsea 76、78

微光群岛 Twilit Isles 155；早期昆雅语"微光群岛" Tolli Kimpelear 68

韦恩·哈蒙德 Hammond, Wayne 16、89、163、193

韦尔琳·弗利格 Flieger, Verlyn 92、171

韦尔斯大教堂 Wells Cathedral 131

韦兰锻坊 Wayland's Smithy 135

韦斯特林山 Westerwald 102、124

韦斯特伍德 Westwood 18

维杜加维亚 Vidugavia 126

维杜马维 Vidumavi 126

维吉尔 Virgil，《埃涅阿斯纪》Aeneid 36、37、52、98、150

维京人 Vikings 26、47、54、68、75

维拉 Valar（pl. of Vala）30、33、36-37、50、66-67、69、80、90、94、96、97、101、142、151、179；名称 name 193

维林诺 Valinor 28-31、28、33、41、43、50、66、68、69、74、78、79、80、90、157、160、192、193；维林诺的双圣树 Two Trees of Valinor 40-41、120、129、142；劳瑞林 Laurelin 191

维伦多夫的维纳斯 Venus of Willendorf 145

维农之戒 Vyne ring 187、201

维滕纳姆树丛 Wittenham Clumps 121、121

《为国捐躯》Dulce Et Decorum Est 166

温根 Wengen 86、89

文兰 Vinland 28、31、66、67-69、192、193

文森特·里德神父 Reade, Father Vincent 62

蚊水泽 Midgewater Marshes 109

沃登（盎格鲁－撒克逊神，即奥丁）Woden（Anglo-Saxon god, Odin）189；沃登堤

Woden's dike 142

沃里克 Warwick 12、46、47-52、47、48、50、53、54、108、108、120、120、122、148、149、149、152、154、160、191、192

沃里克郡 Warwickshire 12、13、18、21、22、48、118、118、128、131、189、197

沃明霍尔 Worminghall 16、17-18；沃明家族 Wormings 17

沃切特 Watchet 75、75、193

沃特林街 Watling Street 142

乌利 Uley 134、137

乌鲁克族 Uruk-hai 98

乌欧牟 Ulmo 62-64、68、72、101、106、150、199；名称 name 193

伍德豪斯，利兹 Woodhouse, Leeds 116、197

伍德赛德小屋 Woodside Cottage 15

伍德伊顿 Wood Eaton 105、127、128

伍斯特郡 Worcestershire 11、12、15、18、20、21、110、115、176、189

伍屯 Wootton；大伍屯 Wootton Major 18

西德茅斯 Sidmouth 21、75

西尔维亚努斯 Silvianus 187

西方（文化影响）the West（cultural influence）25、31-36、58-59、62-69、74-76、80

西界 Westmarch 23、59、59、157

西界红皮书 Red Book of Westmarch 23、59、136

西肯尼特 West Kennet 134

西蒙内·博内基 Bonechi, Simone 169

西米德兰兹郡 West Midlands 11、12、32、33、182

西区 Westfarthing 18、23、157

西瑞安河 Sirion, River 56、101、103、106、111、192

希奥顿 Théoden 32、38、144、152

希达斯皮斯河 Hydaspes, River 108

希尔德·席亚芬 Scyld Scefing 67

希拉里·托尔金（J.R.R. 托尔金的弟弟）Tolkien, Hilary（JRRT's brother）13-16、14、72、84、103、109、114、115、129、147、157、175、197

希腊神话 Greek myths 36-38、90、98、197

希伦达 Heorrenda 52

希罗多德 Herodotus 137

希洛布 Shelob 98、172

希姆凌 Himling 57、58、59、191；希姆凛 Himring 57、194

希斯路姆（贝烈瑞安德以北）Hithlum（north of Beleriand）36、90、102、194

锡永 Sion 85、88、194

夏多布里昂子爵 Chateaubriand, vicomte de 131

夏尔 The Shire 7、11-15、18-23、44、46、58-59、58、59、109、110、111、114、115、128、139、141、155、157、163、167、182、184、189、

191；夏尔平乱 Scouring of the Shire 145、*180*、201

夏尔乡村公园 Shire Country Park 15

仙境、仙境传统、仙灵 Faërie, faëry tradition, fairies 25-26、28-29、30、31、34-35、*34*、66、115、126、134-135、167；仙境奇谭 fairy-stories 12、25、26、29、40、113、128、190、192

仙境（作为地点）Faërie（as place），fairyland *52*；在托尔金的作品中 in Tolkien's works 18、46、54、72、*73*、79、81、108、118、126

《仙境的古老地图》*Anciente Mappe of Fairyland 52*

仙丘 Fairy Knowe 35、134

仙族 Áes Sídhe 34、134

响水河 Loudwater, River 88、105、195

肖恩克利夫 Shorncliffe 62

小河（夏尔的河流）The Water（Shire river）8、*8*、18、182、189

小卢安 Ruan Minor 62

小丘 The Hill 8、*8*、23、110、184、189；名称 name 18

小王国 Little Kingdom *16*、17-19、*18*、181

小夏戴克 Kleiner Scheidegg *86*、89

谢默斯·哈米尔–凯斯 Hamill-Keays, Seamus 19

辛贝穆奈 simbelmynë 152

辛达族精灵（灰精灵）Sindar（Grey-elves）33；辛达语 Sindarin 33、58、76、102、108、121、166、168、191、193、195

辛葛 Thingol 99、118

新森林 New Forest 127、128、197

新厦 Nobottle 20、189

新艺术 Art Nouveau 178

幸福之地 Land of Happiness 66、67

幸运（群）岛 Fortunate Isle(s) 34、66、69、71、78、81；幸运之地 fortunate land 22、69

匈人 Huns 123、126-127、188

雄鹿地（巴克兰）Buckland 19、*19*、22、110、128；名称 name 128；伯克郡 Berkshire *127*；威尔士 Wales 19、*19*

雄鹿镇 Bucklebury 19

休·布罗根 Brogan, Hugh 165

休·塞西尔 Cecil, Hugh 166

许勒斯塔的雕刻 Hylestad carvings *25*

许珀耳玻瑞亚 Hyperborea 90

叙尔特岛 Sylt 135、198

雪河 Snowbourn, River 89

雪莱 Shelley, Percy Bysshe 143

雅克塔·霍克斯 Hawkes, Jacquetta 128、201

亚历山大大大帝 Alexander the Great 40-41、*40*、108

亚历山大·基勒 Keiller, Alexander 139

亚历山德拉·哈里斯 Harris, Alexandra 139

亚瑟·托尔金（J.R.R.托尔金的父亲）Tolkien, Arthur（JRRT's father）11、39、62、78

亚瑟王传奇 Arthurian legends 17、33、34、35、47、54、66、69、*76*、78、98、118、123、160、178、184

亚特兰提 Atalantë 80

亚特兰提斯 Atlantis 37、44、61、76、80、151；"亚特兰提斯噩梦" 'Atlantis haunting' 76、78。另见努门诺尔 Númenor

炎魔 Balrog 39、91、*91*、168

耶尔河 Yare, River 65、108

耶稣受难角 Crucifix Corner 162

野人 Wild Men 26、116、*116*、145、170；野人 Woses 116

叶芝 Yeats, W.B. 40

伊奥温 Éowyn 172、201

伊迪丝·托尔金（娘家姓布拉特；J.R.R.托尔金的妻子）Tolkien, Edith（née Bratt; JRRT's wife）20、47、48-49、*48*、*49*、50、54、56、59、62、77、78、98、106、109、117、*117*、118、122、148、150、155、*155*、191、199

伊恩·米勒 Miller, Ian *168*

伊恩·希斯洛普 Hislop, Ian 175

伊夫舍姆（伍斯特郡）Evesham（Worcestershire）*12*、15、16、23、*147*、157

伊芙林湖（贝烈瑞安德）Ivrin, Lake（Beleriand）*55*、101、102、110、172

伊利大教堂 Ely Cathedral 131

伊丽莎白·玛丽·赖特 Wright, Elizabeth Mary 72、106

伊露维塔 Ilúvatar 30、151、179

伊斯特伯里 Eastbury 22

伊苏 Ys 78、80

伊希利恩 Ithilien 38、115、117、142、143、162、190

伊缀尔 Idril 48、150

艺术与工艺运动 Arts and Crafts Movement 177-179

因纽特人 Inuit 36、70

吟唱诗会 Gorsedh Kernow 76

银脉河 Silverlode, River 108

银山谷 Silver-dale 188

英戈泷德 Ingolondë 55

英格兰 England 7、*10*、11-13、18-23、28、29、43、46-47、54-59、62、81、139、184、191；名称 name 47、49、55

英国地名协会 English Place-Name Society 20

英吉尔，英吉尔诺瑞 Ingil, Ingilnórë 48、49

永志花 Evermind 152

涌泉厅 Wellinghall 131、143

幽谷 Rivendell 12、28、64、75、*83*、86-88、*86*、105、139、142、157、179、194、199

尤利乌斯·凯撒 Caesar, Julius 151；《高卢战记》*Gallic Wars* 36、123

宇宙观 Cosmology 30、31、*68*、80-82、*80*

语文学 philology 26-27、33、133、188

寓言 allegory 51、156-157、168、197

雨果·戴森 Dyson, Hugo 190-191

原初世界 primary world 43

远古时代 Elder Days，另见第一纪元 First Age

远伊斯顿 Far Easton 18

约翰·奥布里 Aubrey, John 145

约翰·鲍尔斯 Bowers, John 106

约翰·拉特利夫 Rateliff, John D. 44、116、123、126、139、187、196

约翰·邓肯 Duncan, John《仙族骑士》*The Riders of the Sidhe*，*34*、34

约翰·富兰克林 Franklin, John 70、71

约翰·豪 Howe, John *80*、154

约翰·考珀·波伊斯 Powys, John Cowper 139

约翰·拉斯金 Ruskin, John 178

约翰·里斯 Rhys, John 134、135、198

约翰·鲁斯 Rous, John 47

约翰·曼德维尔 Mandeville, John 41、90

约翰·罗纳德·鲁埃尔·托尔金 Tolkien, John Ronald Reuel 7、26、*49*、84；鲁埃尔 Reuel 56；出生 birth 11；迁到英格兰 move to England 11、62；童年 childhood 12-13、15、*15*、25、175、180；教育 education 15、26、33、36、67、135、147、*178*；婚姻 marriage 20、47、48-49、55、56、59、62、150；参军 military service 47、62、76、81、159、160-162、163、167、168、171、172；事业 career 27、33、53、55、156；墓碑 gravestone 55、*56*

艺术作品 Art：*161*、*176*；《从前》*Before* 134、*135*；《贝烈格在陶尔–那–浮阴发现格温多》*Beleg Finds Gwindor in Taur-na-Fuin 124*；《比尔博醒来，眼前一片清晨阳光》*Bilbo Awoke with the Early Sun in His Eyes* 86、190；《比尔博来到木筏精灵的小屋》*Bilbo Comes to the Huts of the Raft-elves 104*；《意势集》（画簿）*Book of Ishness*（sketchbook）199；《卡提利安湾和狮子岩》*Caerthilian Cove and Lion Rock* 79、*79*；《利泽德附近的海湾》*Cove near the Lizard 63*；《阴森》*Eeriness* 120、129；《凌驾仙境之上，坐落在世界山脉之巅的曼威的殿堂》*Halls of Manwë on the Mountains of the World above Faërie 72*；《小丘：小河对岸霍比屯》*The Hill: Hobbiton-across-the Water* 8、*8*、189；《霍比特人》封面图 *Hobbit* book jacket 8、*8*；《伦敦经伯克郡到牛津》*London to Oxford through Berkshire 162*、163；《魔戒》地图 *Lord of the Rings* map 44、*45*；《洛丝罗瑞恩》*Lothlórien*

119；《迷雾山脉》Misty Mountains 90；《凤凰农场，盖德灵》［“羔羊农场”］Phoenix Farm, Gedling［'Lamb's Farm'］27、27；《幽谷东瞰》Rivendell Looking East 86；《大灾难和努门诺尔沉没之后的世界》World after the Cataclysm and the ruin of the Númenóreans 80；《仙境的海岸》Shores of Faery 28；《滚塌山》Tumble Hill 74；《水、风和沙》Water, Wind & Sand 63；《世界之船》I Vene Kemen 68、193；Wudu Wyrtum Fæst 110

讲座与论文 Lectures and essays：《贝奥武甫：怪物与批评家》Beowulf: The Monsters and the Critics 156；《英语和威尔士语》English and Welsh 33、193、198；《论仙境奇谭》On Fairy-Stories 68、192；《西格尔瓦拉土地》Sigelwara Land 39

诗歌 Poetry：《汤姆·邦巴迪尔历险记》Adventures of Tom Bombadil 17、105、139；《汤姆·邦巴迪尔历险记》（诗集）Adventures of Tom Bombadil（anthology）65、64、108、170、170、172、192；《如今的悲伤之城》City of Present Sorrow 106；《圣布伦丹之死》Death of St Brendan 34、193；《巨龙来访》Dragon's Visit 74；《亚瑟王的陨落》Fall of Arthur 33、35、66、69、123、155；《法斯提托卡隆》Fastitocalon 66、192；《森林漫步者》Forest Walker 172；《咯哩噗》Glip 72；《塔芙洛贝尔的灰桥》Grey Bridge at Tavrobel 106、191；《星空下的哈巴南》Habbanan beneath the Stars 160；《伊姆兰》Imram 34、81、193；《敲门》Knocking at the Door 170、200；《科尔：一座失落与死亡之城》Kôr: A City Lost and Dead 148；《林中的科尔提力安》Kortirion among the Trees 48、108、118、120、160、192、196；《最后的方舟》Last Ark 79；《领主与夫人之歌》Lay of Aotrou and Itroun 33、78、79；《胡林的子女之歌》Lay of the Children of Húrin 44、102；《蕾希安之歌》Lay of Leithian 44、56、74、78、95、103、117、122、123、168、187、201；《西古尔德与古德露恩的传奇》Legend of Sigurd and Gudrún 196、197；《孤独的瓦信子》Lonely Harebell 193；《孤岛》Lonely Isle 46、47；《疯人》Looney 79、171、172、194；《宾波镇的进步》Progress in Bimble Town 75、180；《仙境的海岸》Shores of Faery 29；《阿里雅多之歌》Song of Aryador 113；《埃里欧尔之歌》Song of Eriol 199；《宾波湾的传说与歌谣》（诗集）Tales and Songs of Bimble Bay（collection）74；《潮汐》/《远古时代的海颂》/《乌欧牟的号角》（Tides / Sea Chant of an Elder Day / Horns of Ulmo）62、63、77、95、160、199；《梦想之镇和如今的悲伤之城》Town of Dreams and the City of Present Sorrow 148、152；《暮星埃雅仁德尔的远航》Voyage of Éarendel the Evening Star 27–29、64；《月仙来太早》The Man in the Moon Came Down Too Soon 65、108；《林间日光》Wood-sunshine 113

散文小说 Prose fiction：《英格兰的艾尔夫威奈》Ælfwine of England 53、54、58；《努门诺尔沦亡史》Akallabêth 80；《阿姆巴坎塔》（“世界的面貌”）Ambarkanta（'Shape of the World'）70、97；《博瓦狄乌残篇》Bovadium Fragments 181；《失落的传说》见独立词条 Book of Lost Tales q.v.；《胡林的子女》Children of Húrin 44；《金莺尾沼地之祸》Disaster of the Gladden Fields 124；《刚多林的陷落》Fall of Gondolin 33、44、48、62、64、106、129、136、168、172、193；《努门诺尔沦亡史》Fall of Númenor 156、184；《哈莫农夫贾尔斯》Farmer Giles of Ham 16、17、18、19、21、127、169、181；《霍比特人》见独立词条 Hobbit q.v.；《尼葛的叶子》Leaf by Niggle 44；《魔戒》见独立词条 Lord of the Rings q.v.；《失落之路》Lost Road 33、44、67、69、75、75、76、93、128、133、168；《幸福先生》Mr. Bliss 16、21；《爱努的大乐章》Music of the Ainur 39；《摹想社档案》Notion Club Papers 27、33、34、44、75、75、93、134、150、151、193；《罗弗兰登》Roverandom 15、71、71、81；《奇谈》Sellic Spell 190；《精灵宝钻》见独立词条 Silmarillion q.v.；《神话概要》Sketch of the Mythology 44、55、188；《大伍屯的铁匠》Smith of Wootton Major 18；《库勒沃的传说》Story of Kullervo 28、113；《缇努维尔的传说》Tale of Tinúviel 54；《胡林的流浪》Wanderings of Húrin 142

约翰·派珀 Piper, John 139

约翰·托尔金（J.R.R. 托尔金的儿子）Tolkien, John（JRRT's son）50

约克郡 Yorkshire 19、21、50、54、71、72、76、77、79、81、102、106、109、117、117、129、138、155、155、193

约克郡高原 Yorkshire Wolds 71、109

约瑟夫·奥尼尔 O'Neill, Joseph 98

约瑟夫·康拉德 Conrad, Joseph 110

约瑟夫·赖特 Wright, Joseph 72、147

约瑟夫·普利斯特里 Priestley, Joseph 182

月光社 Lunar Society 182

跃马客栈 Prancing Pony inn 20、21

越河 Overbourne 20

云崖 Cleeve Cloud 20

泽地 The Marish 109

詹姆斯·费尼莫尔·库珀 Cooper, James Fenimore 36、116

詹姆斯·弗雷泽 Frazer, James，《金枝》The Golden Bough 197

詹姆斯·瓦特 Watt, James 182

战车民 Wainriders 126、197

战鹰凯诺 Keneu 90、91

战争 Battle，五军之战 of Five Armies 123；山巅之战 of the Peak 91；佩兰诺平野之战 of the Pelennor Fields 32、169；骤火之战 of Sudden Flame 95、168；泪雨之战 of Unnumbered Tears 106、168

战争平原 Battle Plain，另见达戈拉德 Dagorlad

珍妮·多尔芬 Dolfen, Jenny 64

《珍珠》（中古英语诗歌）Pearl（Middle English poem）108、118

诊疗院 Houses of Healing 172

中洲 Middle-earth，大海以东的土地 lands east of the Great Sea 33、41、43、70、81、110、154、156，特别是 and especially 30、43、46、81、97；名称 name 6、31、44；创造出来的整体背景 invented milieu as a whole 6、11、32、96–98、141、184。另见传说故事集 legendarium

朱特人 Jutes 22、51、51

诸神的黄昏 Ragnarok 30

猪背（南非）Hogsback（South Africa）190；猪背（英格兰）Hog's Back（England）190

壮躯族 Stoors 22

吱咯吱嘎虫 Neekerbreekers 109

兹马特山脊 Zmutt ridge 89

子嗣之柱 Barnstock 118

钻石庆典 Diamond Jubilee 12、14、22

最后联盟 Last Alliance 165–167

座狼 wargs 91、114

致谢

《托尔金的世界》隶属于一项规模更大的对托尔金创造过程的研究。我以《托尔金与世界大战》（由哈珀柯林斯出版社于 2003 年首次出版）开始了这项研究，续以《托尔金在埃克塞特学院》（由牛津大学埃克塞特学院于 2014 年出版）。大部分材料是在为另一本关于托尔金的书进行研究的期间发现的，那本书尚未出版，是我 2015 — 2016 年在内华达州黑山研究所（Black Mountain Institute，BMI）做研究员的时候开始的；我衷心感谢 BMI 的慷慨支持。同样，我也感谢英国作家协会（Society of Authors）及其作家基金会（Authors Foundation）对编写那本书的慷慨资助，以及为《托尔金的世界》提供的间接帮助。

我可以写一本介绍那些给予托尔金灵感的地点的书 —— 这个想法是我以前在《晚旗报》的同事维多利亚·萨默利（Victoria Summerley）提出的，她帮忙说服了她自己的出版商。我感谢安德鲁·邓恩（Andrew Dunn）的最初兴趣，以及四开本（Quarto）出版集团的菲利普·库珀（Philip Cooper）、尼基·戴维斯（Nicki Davis）、爱玛·哈维尔森（Emma Harverson）和其他人为本书发挥的神奇作用。

对于允许引用托尔金的作品、使用他的图片以及引用他未发表的著作，我对托尔金遗产（Tolkien Estate）和凯思琳·布莱克本（Cathleen Blackburn）深表感谢。对于协调研究牛津博德利图书馆中的托尔金文稿，我要感谢凯瑟琳·麦基尔韦恩（Catherine McIlwaine）和珍本与手稿（Rare Books and Manuscripts）阅览室的工作人员。

对各种信息、建议和支持，我要感谢：道格拉斯·A.安德森（Douglas A. Anderson）、玛丽亚·阿塔莫诺娃（Maria Artamonova）、马塞尔·奥伯伦 - 比勒斯（Marcel Aubron-Bülles）、尼基·巴尔弗·彭尼（Nicky Balfour Penney）、杰里米·班宁（Jeremy Banning）、约翰·巴雷特（John Barret）、布拉德利·J.比尔泽（Bradley J. Birzer）、罗伯特·S.布莱卡姆（Robert S. Blackham）、简·查恩斯（Jane Chance）、珍妮特·布伦南·克罗夫特（Janet Brennan Croft）、何塞·曼纽尔·费尔南德斯·布鲁（José Manuel Ferrández Bru）、约翰·大卫·科菲尔德（John David Cofield）、詹姆斯和珍妮·柯蒂斯（James and Jenny Curtis）、珍妮·狄克逊（Jenni Dixon）、韦恩·狄克逊（Wayne Dixon）、珍妮·多尔芬（Jenny Dolfen）、杰里米·埃德蒙兹（Jeremy Edmonds）、杰森·费舍尔（Jason Fisher）、迈克尔·弗劳尔斯（Michael Flowers）、丽莎·加思（Lisa Garth）、苏珊·加思（Suzanne Garth）、谢默斯·哈米尔 - 凯斯（Seamus Hamill-Keays）、边见叶子（Yoko Hemmi）、尼尔·霍尔福德（Neil Holford）、托马斯·霍尼格（Thomas Honegger）、丹尼尔·乔伊斯（Daniel Joyce）、乔纳森·柯克帕特里克（Jonathan Kirkpatrick）、克莉丝汀·拉尔森（Kristine Larsen）、艾伦·李（Alan Lee）、安德鲁·麦克默里（Andrew McMurry）、南希·马奇（Nancy Martsch）、杰尔杰伊·纳吉（Gergely Nagy）、查尔斯·诺德（Charles Noad）、珍妮·帕克斯曼（Jenny Paxman，婚前姓 Brookes-Smith）、托利·帕克斯曼（Tory Paxman）、卡尔·菲尔普斯泰德（Carl Phelpstead）、伊恩·普里查德（Ian Pritchard）、保罗·雷德曼（Paul Readman）、艾伦·雷诺兹（Alan Reynolds）、帕特丽夏·雷诺兹（Patricia Reynolds）、大卫·罗比（David Robbie）、斯卡布罗海洋遗产中心、克里斯蒂娜·斯卡尔（Christina Scull）、汤姆·希比（Tom Shippey）、奥利·泰勒（Ollie Taylor）、摩根·汤姆森（Morgan Thomsen）、亚当·托尔金（Adam Tolkien）、克里斯托弗·托尔金（Christopher Tolkien）、吉恩·韦布（Gene Webb）、斯科特·怀特豪斯（Scott Whitehouse）、维多利亚·惠特沃思（Victoria Whitworth）和杰西卡·耶茨（Jessica Yates）。

我的父母琼和罗伊·加思（Jean and Roy Garth）为这本书的写作提供了宁静的环境。丹尼斯·布里杜（Denis Bridoux）、大卫·道根（David Doughan）、梅根·恩格尔（Megan Engel）、汤姆·希尔曼（Tom Hillman）、罗宾·达沃尔 - 史密斯（Robin Darwall-Smith）、彼得·吉利佛（Peter Gilliver）、迈克拉·豪斯曼（Michaela Hausmann）、米切尔·利德尔（Mitchell Liddell）、罗比·帕克（Robbie Park）、萨莉·佩尔松（Sally Pehrsson）、黛博拉·萨博（Deborah Sabo）、克利斯·斯旺克（Kris Swank）、埃德蒙和克莱尔·韦纳（Edmund and Clare Weiner）阅读了部分草稿，他们全都提出了宝贵的建议。我的妻子杰西卡·温斯坦（Jessica Weinstein）也阅读并完善了草稿章节。她与我们的女儿罗蕾莱·加思（Lorelei Garth）一起，以理解和耐心分担了写作过程。我感谢他们所有人，也感谢知名和不知名的出色摄影师，他们的影像丰富了本书。

我无疑忽视了一些欠下的人情，我希望我能得到谅解。当然，任何错误都属于我自己。

约翰·加思

图片来源

4 Getty (Alec Owen-Evans); **7** TopFoto (Pamela Chandler / ArenaPAL); **8** Bodleian Library, University of Oxford MS. Tolkien Drawings 32 / © The Tolkien Estate Limited; **9** Bodleian Library, University of Oxford MS. Tolkien Drawings 26 / © The Tolkien Estate Limited; **10** Lee Webb Nature Photography / Alamy Stock Photo; **12** Antiqua Print Gallery / Alamy Stock Photo; **13l** Birmingham Museums and Art Gallery; **13r** Photographer unknown, image courtesy of Robert S. Blackham; **14** Reproduced with the permission of the National Library of Scotland; **15** Bodleian Library, University of Oxford MS. Tolkien Photogr. 4 fol. 7 / © The Tolkien Estate Limited; **16** Getty (duncan1890); **17** © The Tolkien Estate Limited 1961; **18** Thyrsis / Stockimo / Alamy Stock Photo; **19l** Frances Lincoln; **19r** Reproduced with the permission of the National Library of Scotland; **20** Shutterstock / Historia; **22** Getty (PEDRE); **23** Courtesy of the Shell Heritage Art Collection; **24** Heritage Image Partnership Ltd / Alamy Stock Photo; **26** Bodleian Library, University of Oxford MS. Tolkien Photogr. 4 fol. 16 / © The Tolkien Estate Limited; **27** Bodleian Library, University of Oxford MS. Tolkien Drawings 85 fol. 12r / © The Tolkien Estate Limited; **29** Bodleian Library, University of Oxford MS Tolkien Drawings 87 fol. 22r / © The Tolkien Estate Limited; **30** Chronicle / Alamy Stock Photo; **32** © Alan Lee 1991; **34** Artmedia / Alamy Stock Photo; **35** The Stapleton Collection / Bridgeman Images; **37** Heritage Image Partnership Ltd / Alamy Stock Photo; **38** Getty (Print Collector / Contributor); **39** Jay Johnstone; **40** Koninklijke Bibliotheek National Library of the Netherlands; **41** ZUMA Press, Inc. / Alamy Stock Photo; **42** Lucy Thomas / Alamy Stock Photo; **45** Bodleian Library, University of Oxford MS. Tolkien Drawings 103 / © The Tolkien Estate Limited; **46** Warwickshire County Record Office reference CR 2409/8/10; **48t** Bodleian Library, University of Oxford MS. Tolkien S 1/XIV fol. 105r / © The Tolkien Estate Limited; **48b** Niday Picture Library / Alamy Stock Photo; **49l** Bodleian Library, University of Oxford MS Tolkien Photogr. 16 fol. 7 / © The Tolkien Estate Limited; **49r** Bodleian Library, University of Oxford MS Tolkien Photogr. 4 fol. 33 / © The Tolkien Estate Limited; **50** Frances Lincoln; **51** Frances Lincoln; **52-3** Library of Congress Geography and Map Division Washington, D.C. 20540-4650 USA dcu; **53** Frances Lincoln; **55t** © The Tolkien Estate Limited and C.R. Tolkien 1977; **55b** Frances Lincoln; **56** Jeremy Moeran / Alamy Stock Photo; **57t** © The Tolkien Estate Limited 1954, 1955, 1966; **57b** Frances Lincoln; **58**; **59t** Frances Lincoln; **59b** Hamza Khan / Alamy Stock Photo; **60** Richard Wadey / Alamy Stock Photo; **63** Bodleian Library, University of Oxford MS Tolkien Drawings 85 fol. 13r / © The Tolkien Estate Limited; **64** Jenny Dolfen; **65** Pauline Baynes © The Tolkien Estate Limited 1961; **66** Antiqua Print Gallery / Alamy Stock Photo; **67** The History Collection / Alamy Stock Photo; **68** Bodleian Library, University of Oxford MS Tolkien S 2/III fol. 9r / © The Tolkien Estate Limited; **69** Granger Historical Picture Archive / Alamy Stock Photo; **70** Getty (Scott Polar Research Institute, University of Cambridge / Contributor); **71** Jon Blankfield / Alamy Stock Photo; **73** Bodleian Library, University of Oxford MS Tolkien Drawings 89 fol. 13 / © The Tolkien Estate Limited; **74** Photo © Peter Nahum at The Leicester Galleries, London / Bridgeman Images; **75** North Wind Picture Archives / Alamy Stock Photo; **76** University of California Libraries; **77** Getty (Education Images / Contributor); **79** Bodleian Library, University of Oxford MS Tolkien Drawings 85 fol. 20v / © The Tolkien Estate Limited; **80** Bodleian Library, University of Oxford MS Tolkien Drawings S 2/III fol. 8r / © The Tolkien Estate Limited; **80-1** © John Howe; **82** Getty (Douglas Pearson); **84** © The Tolkien Estate Limited; **84-5** Baedeker's Switzerland (Leipzig, Karl Baedeker, 1909); **86** Antiqua Print Gallery / Alamy Stock Photo; **87** Bodleian Library, University of Oxford MS Tolkien Drawings 12 / © The Tolkien Estate Limited; **88** Dragan Jelic / Alamy Stock Photo; **91** © John Howe 1999; **92** Holly Gold / Alamy Stock Photo; **93** © Alan Lee 1991; **94** Getty (Bettmann / Contributor); **97** Permit Number CP19/091 Photograph P000666 was digitized with grant-in-aid from SCRAN the Scottish Cultural Resources Access Network, Reproduced with permission of BGS © UKRI. All Rights Reserved; **99** Andrew Holt / Alamy Stock Photo; **100** Getty (AlenaPaulus); **102t** Antiqua Print Gallery / Alamy Stock Photo; **102b** Antiqua Print Gallery / Alamy Stock Photo; **104** Bodleian Library, University of Oxford MS Tolkien Drawings 29 / © The Tolkien Estate Limited; **105** Jonathan Kirkpatrick; **107** Tim Wayne; **108** age fotostock / Alamy Stock Photo; **111** Getty (milangonda); **112** Adam Burton / Alamy Stock Photo; **114** Getty (Leon Hawley); **115** Historical Images Archive / Alamy Stock Photo; **116** Jonathan Burton; **117** Michael Flowers; **119** Bodleian Library, University of Oxford MS Tolkien Drawings 89 fol. 12 / © The Tolkien Estate Limited; **120** Kevin Allen / Alamy Stock Photo; **121** Hussey Bequest, Chichester District Council (1985) / Bridgeman Images; **122** Antique Maps and Prints; **124-5** Bodleian Library, University of Oxford MS Tolkien Drawings 89 fol. 14 / © The Tolkien Estate Limited; **127t** Jastrow (Wikimedia Commons, Public Domain); **127b** Authentic-Originals / Alamy Stock Photo; **129** Mim Friday / Alamy Stock Photo; **130** Architectural Press Archive / RIBA Collections; **131** Architectural Press Archive / RIBA Collections; **132** robertharding / Alamy Stock Photo; **134** Bodleian Library, University of Oxford MS Tolkien Drawings 88 fol. 4r / © The Tolkien Estate Limited; **135** Stephen Dorey / Alamy Stock Photo; **136** eye35.pix / Alamy Stock Photo; **137** UniversalPhotography / Alamy Stock Photo; **138** Property of the Latenium Museum, Hauterive, Neufchâtel, Switzerland, courtesy of Mark-Antoine Kaeser, via Denis Bridoux; **140** Photo © Tate, Paul Nash; **141** Nature Picture Library / Alamy Stock Photo; **143** Matt Ferguson; **144** Eric Ravilious 'The Vale of the White Horse', Photo © Tate; **146** DAVID NEWHAM / Alamy Stock Photo; **148** Getty (Christopher Furlong / Staff); **149** marc zakian / Alamy Stock Photo; **150** Getty (Imagno / Contributor); **151l** INTERFOTO / Alamy Stock Photo; **151r** Steve Allen Travel Photography / Alamy Stock Photo; **152–3** Alan Lee, courtesy of Warner Bros. Home Entertainment Inc. **154** © John Howe 1989; **155** Courtesy East Riding Archives; **157** keenbean / Stockimo / Alamy Stock Photo; **158** Imperial War Museums; **161** Bodleian Library, University of Oxford MS Tolkien Drawings 87 fol. 26 **162-3** Bodleian Library, University of Oxford MS Tolkien Drawings 87 fol. 25 / © The Tolkien Estate Limited; **164** Getty (Windmill Books / Contributor); **165** © Alan Lee 1991; **166** Arterra Picture Library / Alamy Stock Photo; **167** Mr Jake Whitehouse c/o Staffordshire County Council; **169** Ian Miller; **170** © The Tolkien Estate Limited 1961; **171t** Bodleian Library, University of Oxford MS Tolkien Photogr. 30 fol. 65 / © The Tolkien Estate Limited; **171b** reproduced with permission of Julia Margretts; **173** KGPA Ltd / Alamy Stock Photo; **174** Chris Fletcher / Alamy Stock Photo; **176** Weaving of the first Tolkien Tapestry *Bilbo Comes to the Huts of the Raft-Elves* by Atelier A2, Aubusson, 2018, for the collections of the Cité internationale de latapisserie, Aubusson, France. Photo Cité internationale de la tapisserie; **177t** Birmingham Mail; **177b** Sketchley's Birmingham, Wolverhampton and Walsall Directory (1767), image courtesy of Jenni Dixon; **178** Governors of the Schools of King Edward VI in Birmingham; **179t** Birmingham Museum; **179b** Artokoloro Quint Lox Limited / Alamy Stock Photo; **180** Getty (Popperfoto / Contributor); **181l** Reproduced with the permission of the National Library of Scotland; **181r** Reproduced with the permission of the National Library of Scotland; **182** Getty (Science & Society Picture Library / Contributor); **183t** Pictorial Press Ltd / Alamy Stock Photo; **183b** Look and Learn / Illustrated Papers Collection / Bridgeman Images; **185** Archive Images / Alamy Stock Photo; **186** Ollie Taylor.

作者简介

约翰·加思，生于1966年。作家、学者、编辑。长期从事托尔金及其相关创作的研究，于2004年凭借《托尔金与世界大战：跨过中洲世界的门槛》（ *Tolkien and the Great War: The Threshold of Middle-earth* ）获神话协会创神奖。另著有《托尔金在埃克塞特学院：一名牛津本科生如何创造了中洲》（ *Tolkien at Exeter College: How an Oxford Undergraduate Created Middle-earth* ）。

译者简介

邓嘉宛，专职译者，英国纽卡斯尔大学社会语言学硕士。从事文学与基督教神学翻译工作二十余年，译有《魔戒》《精灵宝钻》《胡林的子女》《纳尼亚传奇》《饥饿游戏三部曲》《鲁滨逊漂流记》等五十余种作品。

石中歌，资深托迷，又名Ecthelion、喷泉。热爱托尔金教授笔下那个名为阿尔达的世界，长年累月迷路其中，且乐不思返。

文景

社 科 新 知　文 艺 新 潮

Horizon

托尔金的世界：中洲的灵感之地

[英] 约翰·加思 著

邓嘉宛　石中歌 译

出 品 人：姚映然
责任编辑：卢　茗
营销编辑：杨　朗

出　　品：北京世纪文景文化传播有限责任公司
　　　　　（北京朝阳区东土城路 8 号林达大厦 A 座 4A　100013）
出版发行：上海人民出版社
印　　刷：凸版艺彩（东莞）印刷有限公司

开 本：850×1092mm　1/16
印 张：14　字 数：190,000
2023 年 8 月第 1 版　2024 年 1 月第 2 次印刷
定 价：228.00 元
ISBN：978-7-208-18248-6 / K·3278

选题策划：双又文化
策划编辑：陈小齐
特约编辑：饶莎莎
特约校对：zionius　虫子
封面插画：Flo Snook
中文排版：罗家洋

图书在版编目（CIP）数据

托尔金的世界：中洲的灵感之地 /（英）约翰·加
思（John Garth）著；邓嘉宛，石中歌译 . -- 上海：
上海人民出版社，2023
书名原文：The Worlds of J.R.R. Tolkien：The
Places that Inspired Middle-earth
ISBN 978-7-208-18248-6

Ⅰ . ①托… Ⅱ . ①约… ②邓… ③石… Ⅲ . ①托尔金
（John Ronald Reuel Tolkien, 1892-1973）– 传记
Ⅳ . ① K835.615.6

中国国家版本馆 CIP 数据核字（2023）第 065342 号

本书如有印装错误，请致电本社更换 010-52187586

视觉系丛书

主编　张维军

《时尚通史》

《电影通史》

《科幻编年史》

《摇滚编年史》

《八卦摇滚史》

《托尔金的世界》

《太空探索通史》

《时尚品牌图典》

《电影海报艺术史》

《审丑：万物美学》

《神秘主义艺术图鉴》

《神秘主义符号图鉴》

《世界花纹与图案大典》

《迈克尔·杰克逊所有的歌》

《时间图谱：历史年表的历史》

（以上为已出版品种，以下为计划出版品种）

《黄金时代巴黎时尚插画艺术》

《V&A花纹与图案大典》

《100种动物的世界史》

《世界各民族服饰史》

《美丽的科学实验史》

《化学元素发现史》

《图书馆世界史》

《伏尼契手稿》

《书的历史》

《玫瑰图史》

《插画史》

主编公号　欢迎交流